教育与乡村振兴
耦合发展的机制研究

姚娟娟　高建宇　刘　灿　◎著

中国商务出版社
·北京·

图书在版编目（CIP）数据

教育与乡村振兴耦合发展的机制研究 / 姚娟娟，高建宇，刘灿著. -- 北京：中国商务出版社，2025.2.
ISBN 978-7-5103-5596-7

Ⅰ. G52；F320.3

中国国家版本馆 CIP 数据核字第 20255249ZQ 号

教育与乡村振兴耦合发展的机制研究

姚娟娟　高建宇　刘　灿 ◎著

出版发行：中国商务出版社有限公司

地　　址：北京市东城区安定门外大街东后巷 28 号　邮　　编：100710

网　　址：http://www.cctpress.com

联系电话：010—64515150（发行部）　　010—64212247（总编室）
　　　　　010—64515164（事业部）　　010—64248236（印制部）

责任编辑：丁海春

排　　版：北京天逸合文化有限公司

印　　刷：宝蕾元仁浩（天津）印刷有限公司

开　　本：710 毫米×1000 毫米　1/16

印　　张：18.5　　　　　　　　　　　字　　数：277 千字

版　　次：2025 年 2 月第 1 版　　　　印　　次：2025 年 2 月第 1 次印刷

书　　号：ISBN 978-7-5103-5596-7

定　　价：79.00 元

前　言

随着全球化的深入和城市化进程的加速，乡村地区面临着新的挑战。一方面，人口向城市的持续迁移，导致乡村劳动力短缺、土地抛荒、传统产业衰退；另一方面，生态环境压力增大，文化传承面临断层。教育作为提升人力资本、传承文化精髓、促进社会进步的重要动力，如何与乡村振兴战略实现有效耦合，进而共同推进乡村的全面发展，值得我们深入探讨。

近年来，国家高度重视乡村振兴，出台了一系列政策措施。然而，在具体实施过程中，教育与乡村的发展仍然存在脱节现象。传统教育模式过于强调理论知识的灌输，忽视了实践能力和创新精神的培养，难以满足乡村发展的多样化和个性化需求。教育资源的配置长期存在城乡差距，乡村地区教育设施陈旧、师资力量薄弱，教育质量难以提升。人才培养与乡村实际需求之间的错位，使教育未能有效服务于乡村经济社会发展。这不仅削弱了乡村教育的功能，也在一定程度上制约了乡村振兴的步伐。

本书立足于教育与乡村振兴耦合发展的现实需求，从理论和实践的双重视角，深入探讨两者协同发展的机制。书中基于耦合理论，分析了教育在乡村振兴中的作用机制，阐释了教育与乡村振兴之间的内在关联和互动逻辑。同时，通过对教育资源分配不均、教育内容与乡村需求脱节、耦合机制不健全、师资队伍与需求不匹配等主要困境的分析，揭示了影响两者耦合发展的深层次原因，为机制的构建提供了现实依据。

教育与乡村振兴的耦合发展，受多重因素影响。政策与制度因素决定了教育与乡村振兴的方向和力度；经济与社会因素影响资源配置和公众参与程度；

技术与创新因素为两者的耦合提供新的手段；地理与区位条件制约具体策略的实施和效果。这些因素相互作用，构成了教育与乡村振兴耦合发展的复杂环境。

本书在机制构建方面，提出了资源整合与优化配置、需求导向的人才培养、协同创新与合作共赢等关键机制。资源整合旨在打破教育与乡村之间的壁垒，实现资源高效利用；需求导向的人才培养机制强调教育应以乡村发展的实际需求为导向，培养适应乡村发展的各类人才；协同创新与合作共赢机制强调多方参与，共同推动教育与乡村的协同发展。

在实践路径的探讨中，本书深入分析了高等教育、职业教育、基础教育、社会教育等不同教育层次与乡村振兴的融合策略。高等教育通过产学研合作、科技下乡等方式，助力乡村科技水平提升；职业教育对接农业现代化需求，培养新型职业农民；基础教育与乡村文化振兴相结合，促进传统文化的传承与创新；社会教育在乡村社会治理中具有重要影响，可提升村民的综合素质和参与能力。

为保障教育与乡村振兴耦合发展的顺利推进，精准的政策引导和支持体系不可或缺。各地要构建广泛的社会力量动员与协同合作机制，鼓励企业、社会组织、个人等多元主体积极参与。同时，建立科学的监督与评估机制，确保各项措施的有效落实。营造良好的外部环境与氛围，提升公众对教育与乡村振兴耦合发展的认同感和参与度，也是不可忽视的重要环节。

本书从理论基础、主要困境、影响因素、机制构建、实践路径和保障措施等多个方面，系统地探讨了教育与乡村振兴耦合发展的机制。希望通过对这些问题的深入研究，为相关政策制定和实践提供有价值的参考，推动教育与乡村的协同发展，助力乡村振兴战略的有效实施，促进乡村的全面振兴和可持续发展。

本书由姚娟娟、高建宁、刘灿共同完成，具体分工：姚娟娟负责编写第二章、第三章、第四章，高建宁负责编写第一章和第六章，刘灿负责编写第五章。在编写过程中，借鉴了许多同行的著作，在此一并表示感谢。

作　者

2024.12

目　录

第一章　教育与乡村振兴耦合发展的理论基础

第一节　耦合理论

一、耦合理论的起源与基本概念

（一）耦合理论的历史发展与学术渊源

耦合理论，源自人们对自然界和社会现象中复杂系统的深入观察与思考。早在古代，人们就注意到不同事物之间的关联与影响，但未能形成系统的理论框架。随着科学的发展，特别是在物理学和生物学领域取得的突破，人们对系统之间相互作用的理解逐渐深化。在 19 世纪，物理学家在研究振动和波动现象时，首次提出了耦合的概念，用以描述两个或多个振荡系统之间的能量交换和相互影响。

进入 20 世纪，随着非线性科学和复杂系统理论的兴起，耦合理论得到了进一步的发展。生物学家在研究生态系统时，发现不同物种之间存在复杂的共生和竞争关系，这些关系可以用耦合的思想来解释。与此同时，化学家在研究化学反应动力学时，也发现了耦合反应现象，即多个化学反应通过中间产物或能量的传递而相互影响。这些研究推动了耦合理论在自然科学领域的广泛应用。

在社会科学领域，随着人们对社会系统复杂性的认识不断加深，耦合理论开始被引入经济学、社会学和管理学等领域。学者们发现，社会系统中的各个子系统，如经济、政治、文化等，彼此之间存在着复杂的耦合关系。研究这些耦合关系，可以更深入地理解社会现象的演化规律。到 20 世纪末，随着全球化和信息化的推进，社会系统的复杂性进一步增加，耦合理论在社会科学中的地位也日益凸显。

耦合理论的学术渊源广泛，既有来自自然科学的实证研究，也有来自哲学的思辨。系统论和控制论的兴起，为耦合理论提供了方法论的支持。系统论强调整体性和层次性，认为系统的整体功能不是各部分功能的简单相加。控制论关注信息的传递和反馈机制，这些思想都为耦合理论的发展奠定了基础。复杂性科学的发展，进一步推动了对非线性和自组织现象的研究，使耦合理论的应用范围得以拓展。

（二）耦合强度、效应与状态的多维解析

耦合强度，是指系统之间相互作用的程度。它反映了不同系统或要素之间联系的紧密程度。耦合强度的大小，直接影响到系统的整体行为和动态特征。在物理学中，耦合强度可以通过系统参数来量化，例如两个振荡器之间的弹簧刚度。在社会科学中，虽然耦合强度难以精确量化，但可以通过交互频率、资源共享程度等指标进行评估。在强耦合系统中，各子系统之间的相互影响较大，系统整体的协调性较高；而在弱耦合系统中，各子系统较为独立，整体的协同性较弱。

耦合效应，是指系统间相互作用所产生的结果或影响。耦合效应可以是正向的，也可以是负向的。正向耦合效应指系统间的相互作用促进了整体功能的提升，如协同效应和增益效应。负向耦合效应则指相互作用导致了系统功能的减弱或紊乱，如干扰效应和冲突效应。理解耦合效应，对于优化系统的功能和提高效率具有重要意义。在实际应用中，人们常常需要通过调整耦合强度和方式，来增强正向效应，减弱负向效应。

耦合状态，描述了系统之间相互作用的模式和特征。根据耦合强度和效

应的不同，耦合状态可以分为紧耦合、松耦合和解耦合等。在紧耦合状态下，系统之间联系紧密，协同性强，但灵活性可能较差；在松耦合状态下，系统之间联系较弱，具有一定的独立性，灵活性较高；在解耦合状态下，系统之间基本没有直接的相互作用，各自独立运行。不同的耦合状态适用于不同的场景，需要根据实际需求进行选择和调整。

从多维度解析耦合强度、效应与状态，有助于全面理解系统之间的相互关系。在复杂系统中，耦合关系往往不是单一的，而是多层次、多维度的。从强度、效应和状态等不同维度进行分析，可以更准确地把握系统的特性和行为，这对系统的设计、优化和管理都具有重要的指导意义。

二、耦合理论的核心要素

（一）系统性与关联性：耦合系统的整体视角

耦合理论的首要核心要素是系统性，即强调将研究对象作为一个整体系统的特征。系统性要求从宏观角度审视系统内外部的结构和功能，而不仅仅关注个别要素的表现。系统中的各个部分彼此关联，形成一个有机的整体，这种整体性使系统具备了单个要素所不具备的特性和功能。

关联性是系统性的内在体现，指的是系统内各要素之间的相互联系和作用。关联性的存在，使系统呈现出复杂的动态行为。研究关联性，可以了解系统的内部机制，揭示系统的运行规律。在耦合系统中，关联性不仅存在于系统内部，还体现在系统与外部环境之间的互动上。

整体视角强调在研究耦合系统时，要综合考虑系统的各个方面，包括结构、功能、环境等。只有从整体上把握系统的特征，才能准确理解耦合关系的本质。整体视角还要求我们关注系统的层次性和多样性，不同层次的耦合关系可能具有不同的特征和影响，需要区别对待。

系统性与关联性的结合，赋予了耦合理论强大的解释力和适用性。在实践中，采用整体视角，有助于避免片面性和局限性，全面把握复杂系统的运行机制，对于解决实际问题、制定战略规划具有重要的意义。

（二）互动性与动态性：耦合过程中的变化特征

耦合系统的另一个核心要素是互动性，强调系统内外部要素之间的相互作用。互动性体现为信息、能量、物质等在系统之间的流动和交换。这种相互作用是系统变化和演化的动力源泉。研究互动性可以了解系统的反应机制和适应能力。

动态性是耦合系统的基本特征，指的是系统在时间维度上的变化和发展。由于互动性的存在，耦合系统呈现出非线性的动态行为，具有一定的不可预测性和复杂性。动态性使得系统具有适应和自组织的能力，能够在变化的环境中保持生存和发展。

在耦合过程中，互动性和动态性相互影响。互动性的强弱和互动方式，直接影响系统的动态行为；而系统的动态变化，又会通过反馈影响互动的模式和强度。研究耦合过程中的变化特征，有助于理解系统的演化规律，预测未来的发展趋势。

把握互动性与动态性，对于管理和调控耦合系统具有重要的价值。通过调整互动方式，控制系统的动态行为，可以实现对系统的有效管理。这在复杂系统的治理中具有广泛的应用前景。

（三）平衡性与适应性：耦合系统的稳定性与适应机制

平衡性是耦合系统保持稳定运行的关键。系统内部和外部的相互作用，只有达到一种动态平衡，才能保证系统的正常运行。平衡性的破坏，会导致系统的紊乱或崩溃。因此，研究平衡机制，对于维护系统的稳定性非常重要。

适应性是耦合系统应对环境变化的能力。由于外部环境和内部条件不断变化，系统需要调整自身的结构和功能来适应新的情况。适应性体现了系统的弹性和灵活性，是系统生存和发展的重要保障。

平衡性与适应性相互关联。适应性的提升，有助于系统在平衡被打破时，迅速调整并重新达到新的平衡①。反之，稳定的平衡状态，为系统的适应性提供了基础和保障。研究耦合系统的平衡性与适应机制，可以为系统的设计和优化提供指导。

在实际应用中关注平衡性与适应性，有助于提高系统的韧性和抗风险能力。这对于复杂系统的管理，如生态环境保护、经济系统调控等，具有重要的现实意义。

三、耦合理论的研究方法与分析工具

（一）数学模型与定量分析：耦合模型的构建与优化

数学模型在耦合理论的研究中发挥着重要的作用。构建精确的数学模型，可以对复杂的耦合系统进行深入的定量分析，揭示其内在的运行机制和动态行为。在模型构建过程中，需要明确系统的核心要素、关键参数以及所受的约束条件。常用的方法包括微分方程模型，它可以描述连续变化的系统状态；网络模型，适用于分析系统中节点与节点之间的关系；代理模型，通过模拟个体的行为来预测整体的演化。

为了使模型更贴近现实，需要对参数进行细致的调整，确保模型的输出与实际观测数据相符。模型的优化过程涉及算法的改进，如采用遗传算法、模拟退火等优化算法，提高模型的计算效率和准确性。此外，模型的简化也是优化的重要手段，可通过舍弃次要因素，突出主要影响因素，使模型更具可操作性。

在模型的验证阶段，实际数据的支持非常重要。将模型的预测结果与真实数据进行比较，可以评估模型的可靠性和有效性。如果发现偏差，需要回溯模型的构建过程，寻找可能的误差来源，进行相应的修正。数学模型与定量分析的方法，为耦合理论的研究奠定了坚实的科学基础。

---

① 张沁蕊，段笑．基于"三螺旋"理论的高职校创新创业教育与乡村振兴耦合协调发展路径研究［J］．公关世界，2024（07）：45-47.

（二）定性研究与案例分析：社会耦合现象的实证研究

在社会科学领域，许多耦合现象难以用简单的数学模型加以描述，因此，定性研究和案例分析成为重要的方法手段。通过深入的田野调查、深度访谈和参与式观察，可以获得丰富的第一手资料，从而对社会耦合现象的细节有更深入的理解。案例分析能够揭示特定环境下耦合关系的特点，挖掘背后的社会、文化、经济因素，为理论的发展提供有力的实证支持。

定性研究注重对过程和机制的探究，关注事件的背景、参与者的动机、互动的方式等。相比定量研究的抽象和概括，定性研究更能捕捉到社会现象的复杂性和多样性。

将定性研究与定量分析相结合，可以形成更加全面的研究方法体系。定性研究提供了深刻的背景理解和理论假设，定量分析则可以对假设进行验证和量化。两者的融合，使得研究既具有科学性，又不失对社会复杂性的敏感度，能够更好地把握住现象的本质。

（三）跨学科视角：结合教育、经济、生态等领域的综合分析

耦合理论的应用范围广泛，跨学科的研究视角能为其带来新的方向。教育、经济、生态等领域，看似相互独立，实则存在着深刻的耦合关系。综合运用不同学科的理论和方法，可以更全面地理解复杂系统的特征和运行规律。

在探讨教育与乡村振兴的耦合发展时，需要借鉴教育学的理论，理解教育对个人发展和社会进步的影响；从经济学的视角，分析资源配置、收益分配等问题；结合生态学的理念，关注可持续发展和环境保护。这种跨学科的综合分析，能够从多个角度揭示教育与乡村振兴之间的互动机制，找到促进两者协同发展的有效路径。

跨学科研究要求研究者具备广博的知识和开放的思维。打破学科壁垒，融合不同领域的智慧，可以创新研究方法，提出新的理论观点。这对于解决现实中的复杂问题，具有重要的实践意义，推动了耦合理论的发展和应用。

四、耦合理论的发展方向与前沿问题

(一) 从单向耦合到多向耦合：复杂系统的多重互动

传统的耦合理论多关注两个系统之间的单向或双向互动，然而现实中的复杂系统往往存在多向、多层次的耦合关系。多个系统相互影响、相互制约，形成一个高度复杂的网络。这种多重互动的特性，使得系统的行为难以预测，呈现出非线性和涌现性特征。

研究多向耦合，需要新的理论框架和方法工具。复杂网络理论为我们提供了分析多节点、多连接系统的工具，有助于揭示网络结构对系统行为的影响。系统动力学方法能够模拟系统的动态演化过程，探索系统在不同条件下的稳定性和敏感性。

深入理解复杂系统的多重互动，有助于揭示系统的整体特性和演化规律。例如，在生态系统中，物种之间的食物链关系构成了复杂的网络结构，任何一个物种的变化都可能引发整个系统的连锁反应。类似地，在社会系统中，不同的社会群体、组织、机构之间的互动，形成了复杂的社会网络，影响着社会的运行和发展。

(二) 耦合理论与人工智能、数字化的结合

随着人工智能和数字化技术的迅猛发展，耦合理论的研究和应用迎来了新的契机。大数据、机器学习、深度学习等技术，为我们提供了强大的数据处理和模式识别能力，使对复杂耦合系统的分析和预测成为可能。

利用人工智能算法，可以从海量的数据中挖掘出隐藏的模式和规律。例如，对社会媒体数据进行分析，可揭示社会舆情的演变和传播路径；对传感器数据进行处理，可以监测生态系统的动态变化，预测可能的环境风险。

数字化平台和工具的应用，让耦合系统的模拟、监测和管理机制变得更加便捷。借助虚拟现实、增强现实技术，可以构建复杂系统的可视化模型，

直观地展示系统的结构和动态。实时的数据监测和反馈机制，能够及时发现系统的问题，并采取相应的措施进行干预。

耦合理论与人工智能、数字化的结合，丰富了理论研究的手段，也开辟了广阔的应用前景。在智慧城市建设、智能交通管理、环境保护等领域，都可以看到这种耦合系统带来的巨大效益。

五、耦合理论在教育与乡村振兴融合研究中的可行性

（一）教育与乡村系统作为复杂耦合体的特征

教育与乡村系统之间存在着紧密的联系，两者构成了一个复杂的耦合体。教育在乡村振兴中起着关键的作用，可提升人力资本，改变居民的思维方式和技能水平，进而促进经济发展和社会进步。反过来，乡村的经济和社会环境也影响着教育的发展，资源的投入、文化的氛围、政策的支持等因素，都对教育系统产生影响。

这种复杂的耦合关系体现在多个层面：在微观层面，个体的教育水平影响着他们的就业机会和生活质量；在中观层面，学校作为教育的主体，与社区、家庭、政府之间存在着多重互动；在宏观层面，教育政策与乡村发展的战略相互关联，影响着整个区域的发展方向。

从耦合理论的视角，可以更全面地理解教育与乡村振兴之间的互动机制。分析两者之间的反馈回路、关键节点、阻滞因素等，从而找到提升耦合效应的方法，促进两者的协同发展。

（二）两者在目标、资源与过程中的耦合关系

教育与乡村振兴在目标上有着高度的一致性，都是为了提升居民的生活质量，实现社会的可持续发展。在资源配置上，教育需要乡村提供生源、场地、实践机会等；乡村振兴需要教育提供人才、知识、技术等支持。在发展过程中，教育的发展促进了乡村的人力资本积累，推动了经济增长和社会进步；乡村的改善为教育创造了良好的环境，可以吸引优秀的师资力量，提高

教育质量。

这种耦合关系体现在政策的制定和实施上。政府在制定乡村振兴战略时，需要考虑教育的发展需求，加大投入，完善教育基础设施；在推进教育改革时，需要关注乡村的特殊需求，因地制宜，制定适合当地的教育模式。

深入分析教育与乡村振兴在目标、资源、过程中的耦合关系，可以找到促进两者协同发展的有效路径。例如，开展校企合作，培养符合乡村产业需求的人才；推进产教融合，利用学校的科研力量支持乡村技术创新；加强教育扶贫，阻断贫困的代际传递。

第二节　乡村振兴战略

一、乡村振兴战略的政策背景

（一）新时代中国特色社会主义总体布局对乡村振兴的战略需求

新时代中国特色社会主义总体布局，强调经济、政治、文化、社会和生态文明建设的协调推进。这一总体布局对乡村振兴提出了全新的战略需求，要求乡村在多个维度上实现全面提升。

在政治层面，基层治理的现代化是国家治理体系和治理能力现代化的重要环节。乡村治理的有效性和民主化程度，直接关系到社会的稳定与和谐。加强基层党组织建设，提升乡村治理的规范化和法治化水平，可以增强乡村居民的参与意识和主体地位，为乡村振兴提供坚实的政治保障。

在经济层面，乡村作为国家经济发展的重要组成部分，其现代化进程直接影响着整体经济的质量和效益。推动乡村经济从传统的农业生产向现代化、多元化的产业结构转型，已成为时代发展的必然要求。

在文化层面，乡村是中华民族传统文化的根基，承载着丰富的历史和人文资源。面对全球化和城市化的冲击，乡村传统文化面临着传承与创新的双重挑战。新时代中国特色社会主义的总体布局要求保护和弘扬乡村优秀文化，促进文化产业的发展，提升乡村文化的影响力和凝聚力，为乡村振兴注入精神动力。

在社会层面，人民生活水平的提高是新时代中国特色社会主义建设的出发点和落脚点。乡村地区在教育、医疗、养老等公共服务方面，与城市存在明显差距，这不仅影响乡村居民的生活质量，也制约了乡村的可持续发展。通过完善公共服务体系，提升乡村社会保障水平，可以增强乡村的吸引力和凝聚力，促进城乡协调发展。

生态文明建设是新时代中国特色社会主义总体布局的内在要求。乡村拥有丰富的自然资源和生态环境，然而，粗放式的发展模式导致了环境的破坏和资源的浪费。新时代要求在乡村振兴过程中，践行绿色发展理念，推进生态环境的保护和修复，实现人与自然的和谐共生。通过发展生态农业、绿色产业，提升乡村的生态价值和可持续发展能力。

新时代中国特色社会主义总体布局对乡村振兴提出了全方位的战略需求。乡村振兴不仅是经济的振兴，也是政治、文化、社会和生态的全面提升。这一战略需求为乡村振兴指明了方向，提供了行动指南，需要在实践中深入贯彻落实。

（二）脱贫攻坚全面胜利后巩固成果的政策延续性要求

脱贫攻坚的全面胜利，标志着中国在消除绝对贫困方面取得了历史性成就。然而，脱贫攻坚的胜利并不意味着扶贫工作的结束，而是开启了巩固脱贫成果、防止返贫的新阶段。巩固脱贫成果，需要政策的延续性和稳定性，乡村振兴战略正是这样应运而生的，承担着巩固拓展脱贫攻坚成果的使命。

在脱贫攻坚期间，国家投入了大量的人力、物力和财力，为贫困地区的基础设施、教育、医疗等方面提供了有力支持。然而，我国脱贫地区的发展基础仍然薄弱，内生动力不足，存在返贫的风险。乡村振兴战略的实施有助于全面提升乡村的经济、社会和生态水平，增强乡村的自我发展能力，巩固脱贫攻坚成果。

（三）农业农村优先发展方针在国家治理体系中的核心地位

农业农村的优先发展，是中国特色社会主义新时代的重要方针。作为国家治理体系中的重要内容，这一方针体现了对"三农"问题的高度重视。农业是国民经济的基础，农村是社会稳定的基石，农民是乡村振兴的主体。优先发展农业农村，关系到国家的粮食安全、生态安全和社会稳定。

在国家治理体系中，农业农村优先发展的重要地位，要求在资源配置、政策制定和制度安排上，给予农业农村更多的倾斜和支持，包括财政投入的增加、金融服务的拓展、土地制度的改革、科技创新的引领等方面，从而提升农业的生产效率，促进农村的经济发展，改善农民的生活水平。

落实农业农村优先发展方针，需要统筹城乡发展，打破城乡二元结构。通过城乡融合发展，促进资源要素的自由流动，推动公共服务的均等化，缩小城乡差距。只有这样才能实现乡村的全面振兴，构建和谐的社会结构。

农业农村优先发展方针在国家治理体系中占有重要地位，为乡村振兴战略的实施提供了制度保障。坚持这一方针，充分发挥农业农村的基础作用，可以为乡村地区的长远发展提供有力支撑。

（四）城乡融合发展政策体系对乡村振兴的引导作用

建立城乡融合发展政策体系，旨在打破城乡二元结构，实现城乡要素的双向流动和平等交换。城乡融合发展政策体系对乡村振兴具有重要的引导作用，为乡村的发展提供了新的机遇和动力①。

城乡融合发展政策促进了公共服务的均等化。该政策加大了对乡村教育、医疗、文化等公共服务的投入，缩小了城乡差距，提高了乡村居民的生活质量，增强了乡村的吸引力，有效防止了人口过度向城市流动。

城乡融合发展政策还推动了体制机制的创新。该政策支持乡村地区改革土地制度、户籍制度等，以打破制度壁垒，促进资源要素的自由流动，为乡

---

① 董芩. 民族地区高等职业教育与乡村振兴的耦合协调发展研究 [D]. 呼和浩特：内蒙古师范大学，2024.

村振兴创造了良好的制度环境，激发了乡村发展的内生动力。

城乡融合发展政策体系的实施，为乡村振兴提供了有力的引导作用。该政策促进了城乡之间的互动和合作，有助于实现城乡共同繁荣，构建新型的城乡关系，推动乡村振兴战略的深入开展。

（五）生态文明建设战略对乡村发展的具体要求

生态文明建设战略是新时代中国特色社会主义的重要组成部分，对乡村发展提出了具体要求。乡村地区的生态环境质量，直接关系到全国的生态安全和可持续发展。生态文明建设战略要求乡村在发展过程中，统筹经济发展与生态保护，实现人与自然的和谐共生。

生态文明建设战略明确要求积极推进绿色发展进程，大力发展生态友好型产业。乡村地区发展有机农业、生态旅游等绿色产业，可在提升乡村经济的同时，保护生态环境，减少对环境的破坏，促进资源的可持续利用。

生态文明建设战略强调对生态环境的治理和修复。乡村地区针对存在的水土流失、土地退化、污染等环境问题，开展综合治理，通过植树造林、退耕还林、污染防治等措施，改善乡村的生态环境，提高生态系统的稳定性和服务功能。

生态文明建设战略倡导绿色生活方式，提升居民的环保意识。乡村地区积极宣传教育，促进乡村居民树立环保理念，改变不良的生活和生产习惯，有助于维护美丽乡村的建设。

生态文明建设战略对乡村发展的具体要求，为乡村振兴指明了绿色发展的方向。乡村地区践行生态文明理念，可实现经济、社会和环境的协调发展，走上可持续发展的道路。

二、乡村振兴战略的理论基础

（一）城乡二元经济与区域发展不均衡理论

城乡二元经济理论指出，发展中国家在现代化进程中，经济结构呈现出传统农业部门与现代工业部门并存的特征。这种二元经济结构导致了资源配置的不合理，使得城乡之间的经济发展水平和生活质量存在显著差异。区域发展不均衡理论进一步强调，由于受到地理、历史、政策等多种因素的影响，不同地区的发展速度和水平存在较大差异，形成了发展不平衡的格局。

在我国，城乡二元经济结构长期存在，农村地区的经济发展相对滞后，基础设施和公共服务薄弱。这种结构性的矛盾，制约了国家整体的发展和现代化进程。乡村振兴战略的提出，正是为了破解城乡二元经济结构，促进城乡协调发展，实现共同富裕。

城乡二元经济理论为乡村振兴提供了理论支撑。了解城乡之间的结构性差异，可以针对性地制定政策，优化资源配置，推动农村经济的发展。区域发展不均衡理论强调，需要关注不同地区的实际情况，因地制宜，制定差异化的振兴策略。

（二）乡村治理现代化理论

乡村治理现代化理论强调，在现代化进程中，乡村治理需要适应社会经济的变化，提升治理能力和水平。传统的乡村治理方式，往往依赖于宗族、习俗等非正式制度，难以应对复杂的社会问题和发展需求。现代化的乡村治理，需要建立规范化、制度化、民主化的治理体系。

乡村治理现代化包括治理主体、治理机制、治理方式的转变。在治理主体方面，需要加强基层党组织的领导，发挥村民自治组织的作用，鼓励社会组织和公众积极参与。在治理机制方面，建立健全法律法规，完善村规民约，规范治理行为。在治理方式方面，运用现代科技手段，提高治理的效率和透明度。

乡村治理现代化理论为乡村振兴提供了制度保障。通过提升治理水平，可以营造良好的社会环境，维护社会秩序，促进经济发展。加强法治建设，保障居民的合法权益，增强社会的公平正义。

（三）乡村社会转型与文化复兴理论

乡村社会转型理论关注在现代化和城市化背景下，乡村社会结构和功能的变化。传统的乡村社会以农业生产为主，社区关系紧密，文化传统丰富。然而，随着经济的发展和人口的流动，乡村社会面临着空心化、老龄化、文化流失等问题。文化复兴理论强调，要挖掘和弘扬乡村的文化资源，重建乡村的文化认同和社会凝聚力。

乡村社会转型与文化复兴理论为乡村振兴提供了人文关怀的视角。关注乡村居民的精神需求，保护和传承文化遗产，可以增强乡村的内在活力。文化的复兴，不仅有助于提升居民的幸福感，也可以成为经济发展的新动力，如发展文化旅游、文化产业等。

三、乡村振兴战略的核心内容

（一）产业兴旺

产业兴旺是乡村振兴战略的核心内容之一，注重通过发展乡村经济实现农村的可持续发展。这要求在农业生产的基础上推进产业结构优化和多元化，强调从单一传统农业向复合型现代农业转变。农业科技的引入推动了农产品质量的提升，而生产方式的现代化提高了土地和劳动力的利用效率。乡村经济的发展不仅依赖于第一产业，还通过延伸产业链和优化价值链实现了农、工、商的融合。

产业兴旺还涉及特色产业的培育和品牌化发展。乡村依托区域的自然资源和文化特色，发展了以绿色农业、休闲农业和乡村旅游为核心的产业模式。电子商务渠道的拓展使乡村产品能够直达市场，同时缩短了中间环节。金融支持和基础设施建设进一步为乡村产业的兴旺提供了有力支撑。

（二）生态宜居

生态宜居以优化乡村居住环境为目标，关注乡村自然资源的保护和生活环境的改善。乡村振兴战略强调通过合理规划土地资源，避免生态破坏和环境污染，同时推进绿色农业和循环经济的发展。生态宜居注重山水林田湖草沙等生态系统的保护，将资源可持续利用作为发展的优先考量。

生态宜居还聚焦农村基础设施的建设和优化。农村生活污水、垃圾处理系统的完善提升了居民的生活质量；安全饮水工程和清洁能源的普及改善了乡村居民的日常生活条件。生态宜居还倡导人与自然的和谐共生，提倡通过生态教育的推广提升乡村居民的环保意识。

（三）乡风文明

乡风文明以提升乡村社会的文化和道德水平为核心，关注乡村精神文明建设。乡风文明推动了乡村传统文化的传承与现代价值观的融合，强调地方特色与时代发展的协调统一。乡村文化活动的开展丰富了居民的精神生活，而乡村文化基础设施的建设，则为文化传递提供了载体。

乡风文明还致力于规范乡村社会行为，改善农村社会风尚。村规民约的制定和推广，引导了村民在公共生活中的行为规范，而道德模范的评选和宣传则推动了良好社会风气的形成。教育系统在乡风文明中发挥了文化传播的作用，通过课堂和社区活动普及了现代治理观念，提升了公民意识。

（四）治理有效

治理有效关注乡村治理体系的完善和治理能力的提升，要求建立健全自治、法治和德治相结合的乡村治理结构。治理有效强调村民自治机制的运行，通过村委会选举和村民大会决策实现居民的广泛参与。同时，现代法治理念的引入推动了乡村治理的规范化，为乡村事务的高效处理提供了制度保障。德治则通过传统文化和伦理道德的教化作用增强了社区的凝聚力。

治理有效还聚焦乡村治理手段的创新。信息化技术的引入推动了治理的智能化与高效化，电子政务和数字化村务管理提高了乡村事务的透明度和便捷性。乡村治理的有效性还依赖于干部队伍能力的提升，通过培训和指导提升了基层治理的专业化水平。

（五）生活富裕

生活富裕以提升农村居民的收入水平和生活质量为目标，是乡村振兴的最终落脚点。生活富裕强调通过多种途径增加农民收入，例如优化农业生产效益、拓展农村二三产业和促进农村劳动力转移就业。电子商务、合作社和订单农业等模式为农民提供了增加收入的新路径，而农业保险和财政补贴则为农民的收入提供了稳定性保障。

生活富裕还关注农村公共服务的均等化，通过教育、医疗和社会保障体系的完善为农民提供更加可靠的生活条件。乡村的教育资源通过远程教育和城乡对口帮扶得到补充，医疗服务通过基层卫生机构的扩展得以优化，而社会养老服务的普及让乡村老年人群体的生活更加安稳。

第三节　教育对乡村振兴的作用机制

一、教育在乡村经济发展中的支撑作用

（一）推动农业技术创新与应用

教育对科学知识的传播和技术培训的普及，为农业技术创新奠定了理论和实践基础。农业职业教育机构和高校科研力量不断深入乡村，推动了农业技术的普及。教育培养了技术型人才和农业科学研究者，使农民掌握了新的生产技术，如高效灌溉系统、作物精准施肥技术和病虫害防控措施。这些技术的应用直接提升了农业生产效率，显著改善了乡村的经济效益。教育还促进了农业技术与生产实践的结合。通过农业技术推广体系的建设，教育让农业技术从实验室走向田间地头，使农业技术应用不再是高成本、高门槛的尝试，而是切实可行的增产增收方式。

教育在农业技术创新中激发了农民的创造力。农民通过接受教育和培训，不仅学习到现有技术，还在实践中发现生产环节的优化空间。教育赋予农民理解技术背后科学原理的能力，使他们可在不同的环境条件下调整技术应用方案，从而实现技术的本地化和适应性发展。教育让技术应用从单一推广向复杂环境中的多元适应转变，进一步提升了乡村农业生产的自主性。

教育在推动农业技术转型过程中发挥了系统性作用。随着教育网络的扩展和技术传播的深化，农业技术的推广不再局限于单点实验，而是逐渐覆盖更广泛的区域。乡村教育机构通过对课堂教学、实践示范和线上资源的综合利用，为农民提供了更广阔的技术学习平台。这种模式使农业技术的传播速度显著加快，技术从一个村庄到另一个村庄的扩散效应大大增强。同时，教育为农民搭建了技术交流的平台，让不同地区的农业技术应用经验可以快速共享。教育因此成为农业技术创新过程中的核心环节，推动了区域农业技术水平的整体提升。

教育不仅推动了农民意识的转变，还促进了农业技术与生态保护理念的融合。教育让农民认识到科技在提高产量的同时，也可以实现环境友好的农业生产方式。通过环境科学和生态技术的普及，教育帮助农民逐步接受并采用了轮作种植、有机肥料应用和生态保护型养殖等新型农业技术。

教育为农业技术应用提供了适应市场需求的能力支持。通过职业教育的专业化课程，使农民理解技术的生产意义，同时了解其市场价值。这使得农民在选择技术方案时能够结合市场需求，从而提升农产品的市场竞争力。教育增强了农民对技术选择的主动性和对技术应用结果的评估能力，推动了乡村农业从生产导向向市场导向的转型。

（二）促进乡村劳动力技能转型升级

乡村地区普及技术培训和强化职业教育，为乡村劳动力技能升级创造了条件。职业学校的建立和成人教育的推进，让乡村劳动力获得了向更高层次技能发展的机会。乡村地区开设农业机械操作、电子商务、市场营销等实用课程，使乡村劳动力逐步掌握与现代产业接轨的技能。通过教育培训，农民不再局限于传统农业劳动，而是开始涉足与产业链其他环节相关的职业领域，这有效推动了乡村劳动力结构的优化，并增强了乡村经济的适应能力。

教育还在提升乡村劳动力综合素质方面发挥了显著作用。随着文化基础教育的普及，乡村劳动力逐渐掌握了基础的计算、沟通和信息处理能力。这些能力使劳动力能够更有效地理解和运用新的工作技能，为进一步的职业技能学习创造了条件。

职业技能认证体系的建立，为乡村劳动力技能的社会认可提供了平台。职业学校和培训机构通过课程设置和考核标准，帮助学生获得相关职业资格认证，这不仅提高了劳动力的就业竞争力，还增强了他们在市场中的议价能力，让乡村劳动力更加自信地参与到区域经济网络中，进一步扩大了乡村就业的领域和范围①。

教育在技能转型过程中推动了乡村劳动力的产业流动。通过就业指导和创业扶持，教育为劳动力从低附加值产业向高附加值产业的转移提供了支持。这不仅使劳动力在本地实现了技能升级，还为他们在城市产业中的就业奠定了基础。

终身学习体系的建设，为乡村劳动力提供了持续技能更新的途径。开放大学和线上教育平台的普及，使乡村劳动力可根据自身需求不断调整和优化技能结构，从而有效应对快速变化的市场环境，并保持在经济活动中的竞争力，为乡村经济的可持续发展注入了源源不断的动力。

（三）助力乡村产业链延伸与融合

教育推动了乡村产业链条的纵向延伸和横向融合。职业教育和高等教育机构设置的农业经济学课程，让乡村居民逐渐认识到农业产业链并非局限于生产环节，而是涵盖了生产、加工、运输、销售以及市场服务等多个环节。通过案例分析和实践教学，农民理解了产业链各环节之间的作用和利益分配逻辑，从而在自身生产活动中主动探索产业链延伸的可能性。

教育机构培养农产品加工和包装技术人才，为乡村产业链条的延长提供了核心动力。农产品加工业作为农业生产的下游环节，其发展程度直接影响农业的整体效益。教育机构通过课程培训、技术实操和示范活动，向乡村居民传授产品深加工的知识和技能。从粮食加工到特色农产品的深度开发，教育让乡村居民能够创造更高附加值的产品，并在市场竞争中占据优势。

---

① 古洁灵. 乡村振兴与新型城镇化耦合协调研究：以郑州市为例 [J]. 山西农经，2024（17）：100-103+116.

教育在一、二、三产业融合中扮演了连接者的角色。通过教育培训，乡村居民掌握了农旅融合、生态农业与观光旅游结合等新模式的核心技能。例如，教育机构组织实践活动，引导乡村居民学习如何将地方特色资源与旅游市场需求相结合，从而创建新的产业增长点。教育还推动了乡村经济从传统生产导向向服务导向的转型。例如，在电子商务教育中，乡村居民学习到了通过直播、短视频和网络平台推广农产品的新方式，将第一产业和第三产业紧密联系起来。这种跨产业的融合大幅提升了乡村经济的韧性和适应能力。

教育还提高了乡村居民的市场意识，推动了产业链与区域经济的深度融合。通过市场营销课程和商业模拟训练，乡村居民理解了品牌塑造、市场定价以及消费者行为分析的重要性。教育机构通过校企合作和区域经济交流活动，让农民接触到城市企业的经营理念和管理模式，这种知识的互动提升了乡村产业在区域经济中的参与度，使乡村产业链不仅向纵深延伸，还能有效融入区域经济大循环，为乡村振兴创造更多的经济机会。

教育在产业链发展的过程中塑造了创新文化。教育机构鼓励乡村创业活动，为创新项目提供了必要的知识支持和实验平台。乡村居民了解到如何利用创新技术和商业模式优化产业链各个环节，例如运用大数据分析提高供应链效率，或者通过社交媒体扩大市场覆盖率。如此，教育激活了乡村经济的内生动力，使产业链的延伸与融合成为乡村经济可持续发展的重要引擎。

（四）支持乡村创业及小微企业发展

教育为乡村创业者和小微企业提供了必要的知识和技能储备。职业学校和成人教育机构开设的创业课程，涵盖了商业计划书撰写、市场调研方法和财务管理技巧等内容。教育机构通过模拟商业环境的方式，让创业者在虚拟情境中熟悉市场竞争规则和商业决策流程，增强了乡村创业者应对现实挑战的能力。通过教育的系统化指导，乡村居民不仅能够完成创业的初步规划，还能够在企业运营中不断优化经营策略，从而推动小微企业的持续发展。

教育机构构建创业服务网络，为乡村创业者提供了多方面的支持。高校和职业学校与乡村社区建立合作关系，为创业者提供技术咨询和市场指导。

教育机构还与地方政府合作，为乡村创业者搭建资源共享平台。这种平台整合了生产要素，通过政策解读和市场需求分析，为乡村创业者提供了动态信息支持。

教育机构推广电子商务知识，为乡村创业注入了新的动力。在教育的指导下，乡村居民学会了如何利用电子商务平台开设网店、优化产品展示和进行网络营销。教育机构通过实际操作课程，让创业者熟悉物流管理和供应链协调的基本原理，推动乡村小微企业在互联网经济中快速崛起。电子商务教育还为乡村特色产品的市场化提供了技术支持，使乡村创业项目能够打破地理限制，进入全国甚至国际市场。

教育机构普及创业孵化模式，推动了乡村小微企业的集群化发展。教育机构建立创业孵化中心，为乡村创业者提供低成本的办公场所和技术服务。教育机构还组织创业竞赛和创新项目评选，为乡村小微企业注入了创新精神。通过教育机构的引导，乡村小微企业开始以协作模式取代传统的单打独斗，形成了产业链上下游合作的良性循环。

教育提升了乡村创业者的社会资本，进一步增强了创业的可持续性。教育机构组织乡村创业者与外部市场的交流活动，为他们建立了广泛的社会关系网络。教育机构还指导乡村社区建立合作社和产业联盟，让创业者在资源共享的基础上开展多边合作。这种社会资本的积累，提升了乡村创业者的竞争力，还为乡村小微企业的发展提供了更多的可能性。

二、教育在乡村社会发展中的功能发挥

（一）改善乡村社会公平与发展机会

乡村地区普及基础教育并推动终身学习体系建设，显著改善了乡村社会的公平状况。义务教育的全面覆盖，使乡村儿童能够获得与城市孩子平等的学习机会，从而弥补了城乡教育资源分配不均的差距。教育的普及让更多乡村家庭享受到文化资本积累的好处，为阻断贫困代际传承提供了有力支撑。随着教育投入的持续增加，乡村学校的设施逐渐完善，教学质量也稳步提升，

弱势群体子女的受教育水平因此显著提高。这种教育资源的下沉让乡村居民在社会竞争中拥有了更坚实的起点，改变了以往城乡发展机会分布不均的局面。

部分地区通过政策倾斜的方式，为乡村特殊群体提供了更多的学习支持。贫困家庭子女、留守儿童和少数民族学生得以通过教育获得针对性帮助。助学贷款、免费营养餐和定向资助等政策的实施，减轻了乡村家庭的经济负担，让更多孩子能够顺利完成学业。

教育在缩小城乡性别差距方面也发挥了关键作用。乡村地区对女性教育越发重视，乡村女性的受教育年限逐渐延长，这一趋势直接推动了乡村社会性别平等的发展。教育使乡村女性从传统家庭角色中逐渐解放出来，更多地参与到社会经济活动中，从而在家庭和社会中争取到了更大的话语权和资源分配权。教育机构对乡村女性进行职业技能培训，帮助她们实现经济独立，使其在社区事务中发挥更大的作用。

成人教育和职业培训，为乡村成年人提供了第二次学习的机会。乡村的中青年劳动力接受教育，不仅能获得提升自身能力的机会，还能通过知识更新，更好地适应社会发展变化的需求。教育使乡村居民的社会流动性得以增强，他们通过技能提升和知识掌握得以进入更广阔的社会经济领域。这种动态的学习过程为乡村社会注入了活力，也在根本上改善了乡村社会中发展机会的分配模式。

教育也为乡村社会公平意识的建立提供了理论支持。通过教育，乡村居民逐步认识到平等和公平在社会生活中的重要性，这种观念的普及推动了乡村社会关系的良性化发展。教育不仅在技术层面解决了乡村社会发展的障碍，还在观念层面为乡村居民提供了新视野，使他们在社会参与中能够更有效地争取资源与机会。这种意识的觉醒为乡村社会的发展奠定了思想基础，推动了乡村社会从传统的封闭性向现代的开放性转变。

（二）提升乡村居民的社会参与能力

教育在乡村社会的演变中发挥了促进作用，提升了居民的社会参与意识和能力。通过知识的普及，乡村居民逐步掌握现代社会的基本规则与公民权利，从而更加主动地参与社会事务的管理。文化教育的熏陶使居民学会在公共场合表达自身需求与意见，逐渐摆脱传统权威结构的束缚，向更民主化的治理模式过渡。这种转变增强了居民的社会存在感，并赋予他们更多自信去参与公共事务。

实践经验的融入使教育在乡村居民社会参与能力的提升方面卓有成效。社区活动的组织、合作社的建立以及村级治理项目的开展，均为居民提供了实际的锻炼场景。在模拟治理环境中，乡村居民体验到决策过程的复杂性与重要性，为未来的实际参与积累了经验。这种实践与理论相结合的教育模式，使居民的社会参与更加具有主动性和现实针对性。

信息传播通道的构建进一步拓展了乡村居民社会参与的可能性。教育机构帮助乡村居民熟练使用现代信息传播工具，使他们能够高效获取和分享社会事务的相关信息。随着在线平台和移动应用的普及，打破了传统线下参与的局限，居民通过线上渠道表达意见、参与讨论和寻求资源的能力显著增强。

集体意识的培养是教育推动乡村社会发展的另一重要方面。学校和社区通过文化熏陶与道德引导，使居民更加关注集体利益。居民逐渐形成了对集体事务的主人翁态度，推动了乡村公共生活的良性发展。

通过外部交流与合作项目，教育还为乡村居民开辟了更广阔的社会参与路径。全球化的视角让居民了解到外界的社会发展理念，并将这些理念融入本地实践。这样的教育模式不仅增强了乡村居民的社会参与能力，还为乡村社会注入了开放性与活力，使其更能适应现代化的多维发展需求。

（三）强化乡村社区的凝聚力和自治能力

社区教育活动和公共课程的开展，提升了乡村居民的社区认同感和责任感。学校、乡村社区中心以及文化活动场所是传播社区意识的重要平台，通过教育活动的组织，让居民认识到个人利益与集体发展的紧密联系。教育机构开展历史文化传承和地方传统的宣传活动，帮助乡村居民更深刻地理解自身社区的独特价值。乡村学校在节日庆典和社区活动中融入教育元素，让居民在参与集体活动的过程中逐渐加强对社区的认同感。这不仅增进了村民之间的互动，也在情感上增强了乡村社区的凝聚力。

教育机构引导居民了解现代社区管理知识，提升了乡村的自治能力。乡村居民通过教育逐渐掌握了基层治理的基础知识，例如公共资源分配、冲突调解方法和民主协商的基本规则。教育机构通过专题讲座和实践活动，让居民体验自治过程中的决策难题和执行挑战，从而为他们实际参与自治活动奠定了知识和技能基础。

教育在推动乡村社区协同治理中发挥了桥梁作用。乡村社区教育机构通过与地方政府、社会组织和外部企业的合作，将外部资源引入乡村发展。这种多方协作模式在教育的纽带作用下得以实现，让乡村居民认识到协作的重要性，同时也提升了他们在协作中的主动性。

教育机构还引导乡村居民理解法治与德治的重要性，促进了社区内部的自律管理。学校和乡村社区教育机构通过法律知识普及、道德行为引导和公共规范讲解，促使居民形成了依法治理的观念和自我约束的意识。教育通过这种法治与德治并行的教育模式让乡村居民在自治实践中更加理性，减少了因信息不足或规则模糊而产生的矛盾，使乡村社区的治理更加规范和科学，进一步增强了社区的凝聚力与自治能力。

（四）传播现代社会治理知识

教育机构通过知识传递和技能培养，为乡村社会治理提供了现代化的理论框架与实践指引。在乡村教育体系中，治理知识的传播以系统化的现代组织理论和实践案例为核心，帮助居民逐步掌握组织、协调和推进集体事务的能力。例如，通过课程讲授和实地考察，乡村居民接触到透明度、问责制及参与式管理等核心理念，从而以更开放的视角参与社区治理。

在培养乡村领导者方面，教育提供了专门的途径。乡村干部培训和社区骨干培养项目采用系统课程与实战演练相结合的方式，帮助治理者掌握更高级别的管理知识与技能。例如，政策分析、资源调配和风险评估等科学管理手段在教育项目中被反复实践。通过这些教育形式，乡村治理者的综合能力得以提升，他们能够更加专业地应对治理中的复杂挑战，从而带动整个社区治理水平的提升。

同时，跨地区的学习交流，使乡村居民能够了解并借鉴外部先进的治理经验。例如，参观先进地区、参与跨区域交流活动，让乡村居民学习到多样化的治理策略。教育不仅让他们认识到治理模式需要因地制宜，还启发了其对本地特色的治理创新，为乡村社区构建了更加适应自身发展的治理模式。

此外，教育推动了治理文化的传播，为乡村社会治理提供了深层次的支持。道德课程的开设与公共行为规范的引导，使居民认识到治理的内核不仅在于技术和制度，还深植于文化与观念之中。例如，集体主义精神、公共意识与责任感通过教育得到强化，并不断影响着居民的行为习惯和价值选择。这种文化认同的渗透，为乡村治理带来了韧性和可持续性，也让治理实践更具包容性和多元性。

三、教育在乡村文化振兴中的作用途径

（一）传承乡村传统文化与地方知识

教育机构通过系统化课程设计与实践活动的安排，为乡村传统文化的延续提供了有效路径。乡村学校将本地历史、民俗和传统技艺融入教学内容，让年轻一代了解地方文化的独特性与多样性。居民在教育的参与下重新发现自身文化的深厚内涵，并意识到其在经济、社会与精神层面的多重价值。教育机构邀请传统工匠和文化传承人走进课堂，让学生直接接触并学习传统技艺，使传承不再局限于书面知识，而是在生活实践中得以鲜活展现，帮助传统文化在社会变迁中保持生命力。

在文化传承过程中，教育强调地方知识的现实意义。农耕技术、生态管理和建筑工艺等地方智慧，经由教师的系统整理，以清晰易懂的方式传递给居民。通过这样的方式，教育使地方文化在保留记忆的同时增强了本地发展的特色与可持续性。

教育机构还通过乡村文化节和传统节日活动，为文化传承注入活力。学

校与社区教育机构策划的文化节，将传统艺术表演、手工艺展示及地方美食制作融为一体，为居民创造了参与的机会和实践的场景。这种形式吸引了广泛的参与者，使传统文化在互动中焕发出新的价值。通过这些活动的组织与实施，居民的审美意识与协作能力得到提升，而乡村文化的代际传递也因此变得更具吸引力与生动性。

（二）促进现代文化与乡村文化的交融

教育机构引入现代文化元素，为乡村文化注入了新的表现形式，同时激活了传统文化的内在潜能。乡村学校和乡村社区教育机构结合现代艺术、科技和设计理念，使传统文化以更新颖的方式呈现。例如，传统民俗表演在现代舞台设计的配合下展现出焕然一新的视觉效果；传统手工艺与现代设计语言结合，孕育出更多样化的产品形态。这种融合让传统文化得以保留核心精神，也让其在现代审美和消费环境中焕发新的活力。

通过多样化的文化交流活动，教育机构在乡村与外界之间建立了深层次的互动渠道。乡村学生通过参与城市学校的联谊活动或文化交流项目，接触到不同的文化视角和生活方式。这种双向流动让乡村居民更全面地理解现代文化，也让外界对乡村文化产生更多认同。教育作为纽带，促进了文化之间的碰撞和融合，同时为乡村文化带来了新鲜的创意灵感，提升了居民的文化包容度。

在现代科技的普及过程中，教育发挥了桥梁作用，教育机构通过信息技术课程和数字媒体培训，让乡村居民掌握了展示和传播文化的新工具。例如，教育机构帮助乡村居民学习短视频制作与社交媒体运营，将传统文化以数字化形式传播到更广泛的受众。这种传播形式的创新让乡村文化突破了地域限制，同时也为居民带来了参与数字经济的全新机遇。通过教育的引导，科技与文化内容深度融合，使乡村文化在现代语境中更具传播力和吸引力。

教育机构对现代文化的引入还帮助乡村居民拓宽了对外部世界的认知维度。课程内容的设置让居民了解到多元价值观、环保理念以及创新精神等现代文化特质。这不仅丰富了居民的文化素养，还使他们能以更加自信的姿态参与到文化互动与交流中去。教育通过知识传递和观念启发，为乡村居民融入更广阔的文化空间创造了条件，使乡村文化在全球化背景下依然保持自身特色与生命力。

在文化交融的实践中，教育推动了多方协同的参与机制。学校通过艺术节、科技节等活动引导学生探索现代与传统文化的融合；社会组织以教育项目为平台支持文化创新；地方政府通过政策扶持和资金支持构建了保障体系。教育将这些不同主体的力量聚合在一起，为现代文化与乡村文化的融合搭建了平台。通过这种合作模式，乡村文化在多方助力下实现了创新发展，展现出更加多元和生机勃勃的面貌。

（三）提升乡村居民的文化素养与审美能力

教育机构对文化课程与艺术实践的引入，有效提升了乡村居民的文化素养与精神视野。乡村学校开设的文学、历史、哲学课程，使学生深入了解不同文化体系与人类文明的多样性。这些课程不但拓宽了认知边界，还让乡村居民在思想层面对自身文化身份形成了更加清晰的认知。与此同时，教育机构通过书籍、影视、讲座等多样化的形式，将高质量的文化内容融入乡村日常生活，打破了传统文化活动单调乏味的局限，激发了居民的精神追求。

艺术教育项目的开展进一步增强了乡村居民的审美能力。音乐、美术、舞蹈等课程为学生创造了感受美、表现美的机会。通过邀请艺术家指导、举办展览与表演等实践活动，居民得以接触到高水平的艺术作品，在潜移默化中提升了艺术鉴赏力。这种教育模式让居民的审美意识逐步显现，不仅在个人生活中追求美，也将这种审美意识延伸至环境美化和社区氛围营造之中。

在传统艺术的传承与创新方面，教育也起到了引领作用。通过现代艺术元素与传统艺术的融合，乡村居民探索出新的艺术表现形式。例如，地方戏曲通过现代舞台设计焕发新生，传统手工艺结合当代设计语言走向更广阔的市场。这些创新实践让传统艺术更具吸引力，同时也扩展了其传播范围。教育将文化传承与创新紧密结合，为乡村文化的可持续发展注入了生机。

语言与表达能力的培养是文化素养提升中的重要环节。语文课程、演讲比赛与辩论赛等活动，帮助乡村学生在逻辑表达与思想组织方面取得显著进步。通过教育的介入，乡村居民在表达个人观点时更加清晰有力，这种能力在职业发展与社会交往中显现出实质性作用，为个人与乡村社区的发展拓宽了可能性。

数字技术的普及为乡村居民接触优质文化资源提供了便捷途径。在线教育平台与电子图书馆的推广，让乡村居民能随时获取全球范围内的文化与艺术资源。教育机构组织数字技能培训，让居民学会使用这些工具参与各类文化活动，例如线上讲座、虚拟艺术展览甚至国际演出直播。这就突破了地理与经济的限制，使乡村居民能够与外界保持文化同步，从而进一步提升其文化素养。

在提升文化素养的过程中，教育机构还注重批判性思维的塑造。哲学课程、文学分析与历史研究为乡村居民提供了深度思考与独立判断的机会。教育让居民在面对多元文化时保持开放与理性的态度，同时也能够反思与重构自身的文化传统。这种能力的提升不仅增强了乡村居民在文化振兴中的创新性，还让乡村文化的可持续发展具备了更深层的思想动力。

（四）激活乡村文化产业与新经济形式

教育机构引入创新型文化产业课程，为乡村居民提供了发展文化经济的系统支持。课程涵盖文化产业管理、品牌营销与文创设计等领域，通过理论与实践结合的方式，让学生掌握从资源挖掘到经济转化的完整链条。例如，学生在实际项目中学习文化项目的策划、资金管理以及市场运营，进一步了解了如何将地方文化资源有效转化为经济价值。这种教育模式让乡村居民从观念到技能都具备了参与文化产业的能力，并由此拓展了经济发展的可能性。

在文化品牌建设与传播领域，教育推动了乡村特色产品的塑造与推广。地方文化符号的市场潜力通过品牌建设课程得以发掘。培训机构以文创产品设计为核心，帮助学生将本地文化元素融入商品开发。例如，通过教育指导，乡村居民学会了以故事化叙事提升产品的文化附加值，并利用互联网平台实现高效传播。这就让乡村文化资源焕发活力，同时为居民创造了可持续的经济收益。

教育进一步引导乡村居民参与数字化经济，加速了文化产业与现代技术的融合。职业教育机构通过电子商务培训、视频制作与网络推广课程，让乡村居民熟练掌握数字化商业模式。例如，居民通过电子商务平台销售文化产品，以低成本触达广阔市场。数字技能的普及不仅提升了文化产业的市场竞争力，还让乡村经济在区域发展中占据了更加主动的位置。

在推动乡村文化产业集群化方面，教育提供了协作与共享的理念支持。区域合作课程与产业联盟培训帮助乡村居民认识到资源整合的重要性。通过教育引导，乡村社区逐渐建立起文化产业的协作平台，在资源共享与市场联动中实现了集体经济效益的提升。这种规模化的合作模式增强了乡村文化产业的竞争力，使其在区域经济布局中更具影响力。

生态化理念的融入是文化产业教育中的另一重要内容。生态文化课程强调环境保护与文化经济之间的共生关系。教师推广绿色生产方式，让乡村居民认识到可持续资源利用的重要性。例如，居民逐步接受循环经济与生态旅游的概念，在文化产业开发中更加关注长远的生态效益。这就为乡村文化产业注入了环境友好的发展理念，让其既能创造经济价值，又能在生态保护中发挥积极作用。

四、教育在乡村生态保护中的潜力挖掘

（一）推广绿色教育理念与生态生活方式

教育机构传播绿色理念、开展生态实践课程，使乡村居民逐步形成环境保护意识，并将生态生活方式融入日常实践。学校课程融入生态学、环境科学以及可持续发展内容，帮助学生理解自然系统的运行机制和资源的深远价值。例如，居民通过垃圾分类、节水节能和有机种植等活动，感知生活行为对生态系统的影响。理论与实践结合的教学方式，促使乡村居民从传统习惯向生态友好的生活方式转变，让绿色理念渗透至社区的日常实践。

在生态理念的推广过程中，一些教育机构注重区域特性的融合。乡村学校与社区教育中心结合地方自然资源，量身定制生态保护与绿色发展的教学内容。例如，在水资源稀缺地区的课程聚焦于节水技术和水资源管理，而在森林覆盖率较高的区域则强调森林保护与生态旅游的知识普及。这种因地制宜的教育方式，将生态保护的抽象概念转化为具体行动，让居民通过自身经验理解自然的重要性，并积极采取措施守护家园。

教育机构对绿色生活技能的传授使乡村居民在生态保护中具备了更强的主动性。生态农业课程指导农民如何使用自然资源进行可持续生产，减少化学农药和化肥的使用；技术培训让居民学会应用太阳能发电和雨水收集等绿色科技。这些技能提高了自然资源的利用效率，也降低了生产活动对环境的负面影响。教育的推广让生态技术真正具有可操作性，使绿色生活方式从理念变为实际行动。

教育机构还传播生态文化，为乡村生态保护注入深层的精神动力。环保主题的文艺活动、自然科普展览和社区演讲唤起居民对环境的情感认同感。通过历史和文学视角，教师讲述本地与自然相关的文化遗产与传统智慧，让居民在保护自然环境的同时，意识到自身文化与自然共生的意义。生态文化的传播使环保从技术实践上升为文化认同，进一步将保护行为深深植入乡村生活。

此外，教育机构借助社会化宣传活动让绿色理念在乡村社区内得到广泛传播。通过植树节、环保志愿行动以及生态主题竞赛，居民在具体的生态保护行动中强化了环保意识。教育机构通过组织与引导，将零散的个人行为转变为社区的集体行动，逐渐使绿色生活成为乡村社区的共同价值追求。这就激发了居民的主动参与，也让乡村的生态保护得到持续和有力的保障，为绿色发展的未来提供了广泛支持。

（二）培养生态经济发展的专业人才

教育机构建立系统化的生态经济课程体系，为乡村培养了一批具备实践能力和创新意识的专业人才。高校与职业教育机构在课程中融入生态农业、循环经济、绿色金融等学科内容，帮助学生掌握从理论到实践的全面知识。例如，生态农业技术课程通过实地种植项目，使学生学会如何平衡土壤肥力与作物高产；循环经济课程则注重农业废弃物的资源化利用，探索从废物到资源的转化路径。这种知识传递模式，使乡村居民深入理解了生态经济的理念，并将其付诸实践，推动地方经济转型。

在培养生态经济专业人才的过程中，教育机构注重其实践能力的提升。通过校企合作与产学研结合，乡村学生得以在真实项目中锻炼技能。例如，与农业企业合作，让学生参与生态农业园区的规划与管理；与政府部门联动，让学生直接参与生态工程的实施与评估。这种实践导向的教学方法，使学生从实际工作中感知生态经济发展的复杂性，并在具体场景中积累经验，为乡村发展储备高水平的实用型人才。

同时，教育机构通过创业扶持计划，为生态经济的创新发展提供了舞台。创业指导课程结合资金支持，引导乡村居民在生态保护与经济发展之间找到平衡点。教育机构指导居民创办生态农场、开发生态旅游项目以及设计绿色产品，帮助乡村居民将乡村的生态资源优势转化为市场竞争力。这就推动了乡村生态经济的多元化发展，拓宽了经济增长渠道，为地方振兴注入了更多活力。

多学科交叉是生态经济教育的另一重要特征。通过整合环境科学、经济学与社会学等学科知识，教育机构培养了一批能从全局视角思考问题的复合型人才。例如，学生在掌握农业生产技术的同时，学习生态保护原则，并理解市场机制的运行规律。这种跨领域的知识结构，使乡村学生具备从事多样化工作的能力，有助于推动乡村经济向绿色转型。

此外，教育机构组织国际合作与交流项目，为生态经济人才的培养提供了全球视野。高校与国际知名大学合作，引入先进的生态经济理念与技术，让学生能够接触到全球最佳实践。交流项目让学生了解国际生态经济的发展模式，并将这些经验运用于本地实践之中。这种开放式教育模式，增强了乡村在全球生态经济网络中的参与度，也为乡村经济开辟了更广阔的发展前景。

（三）引导乡村社区参与环境保护行动

教育机构设计社区组织和集体活动，激发乡村居民积极参与环境保护行动的动力。乡村学校与教育机构通过环保宣传和培训活动，使居民认识到环境保护对个人生活和社区整体发展的深远影响。通过案例分析与形象地讲解，教师让居民了解到环境破坏的具体后果及保护行动的紧迫性。例如，展示水污染对农业和健康的威胁，使居民意识到节约用水和规范污水排放的重要性。这种具体化的教学方式促使居民从被动观念者转变为积极行动者。

教育机构创建社区环保小组，提升了乡村居民的组织化参与能力。教育机构为环保小组提供系统培训和技术支持，使其具备垃圾分类、生态修复和水土保持等技能。这些小组在社区中承担环保行动的执行任务，成为理念传播的核心力量。在教育引导下，社区成员逐渐找到自己在环保行动中的位置，推动了环境保护的广泛参与和持续发展。

生态志愿者活动则增强了居民的主动性与协作意识。植树造林、清理河道和野生动植物保护等活动，为社区成员提供了共同实践的机会。这些活动以实践为切入点，不仅提高了居民的环保意识，还强化了他们之间的协作能力和集体认同感。通过教育的推动，环境保护逐渐融入社区文化，成为一种具有凝聚力的社会活动。

在推动乡村社区参与环保行动的过程中，教育机构还注重提升居民的科学决策能力。通过环境监测课程与社区数据采集项目，居民学习使用科学工具评估环境问题，例如利用水质检测工具判断河流水体健康状况，或通过观测植物了解土壤变化。这种科学能力的养成让居民的环保行动更加理性，为社区的决策提供了可靠依据。教育将环境保护实践从感性层面提升至科学层面，大幅提高了行动的精确性和效果。

通过多方合作，教育机构为乡村环境保护注入了资源与动力。学校、地方政府及社会组织借助教育平台联合发起环保项目，为社区提供技术支持、政策指导和资金保障。例如，教育机构策划公众环保活动，促成企业对乡村生态修复的资助，或推动政府开展清洁能源推广工程。这种协作模式扩大了社区环保行动的资源来源和社会影响力。

教育机构组织的跨地区合作与交流则帮助乡村社区学习其他地区的成功经验。乡村居民考察先进垃圾处理技术或生态农业示范基地，直观感受到环保技术的成果。居民将先进做法与乡村实际结合，让社区环保行动更具针对性和可操作性。教育以跨区域视野，为乡村环境保护提供了更多实践可能和长远发展思路。

（四）提升乡村居民对自然资源可持续利用的意识

教育机构通过理论课程与实地教学的结合，深化了乡村居民对自然资源可持续利用的认识。学校将生态经济学、资源管理和可持续发展理念纳入课程体系，引导居民系统了解自然资源的有限性和合理开发的必要性。例如，通过参观自然保护区或生态农业示范园，居民直观感受到科学利用资源的成果。这种理论与实践并重的教育模式，使居民不仅掌握了可持续发展的核心原则，还学会了如何将这些原则转化为实际操作方法。

在传播生态农业理念方面，教育机构引导乡村居民探索高效利用资源的途径。生态种植与绿色养殖课程，通过教授轮作、间作和有机肥的使用方法，使农民在提升土壤生产力的同时减少化肥与农药的使用。这就促使乡村生产方式遵循自然规律，实现经济效益与环境保护的协调统一，推动资源利用逐渐从粗放型向精细化过渡，为乡村实现可持续发展目标提供了实践方向。

教育机构在资源可持续利用中注重传统智慧与现代技术的结合，通过文化梳理与技能培训激发地方知识的潜能。例如，传统的雨水收集与土壤改良方法，在教育机构的推动下被重新整合，并与现代滴灌技术、光伏农业等相结合。这种结合方式提升了资源管理的科学性，还让传统智慧在新的环境中焕发活力，为乡村居民提供更多样化的、有效的选择。

通过公众宣传活动，教育机构增强了乡村居民对资源利用后果的认知。学校与社区教育中心借助环境纪录片、生态主题讲座以及互动问答活动，以生动的形式展示不合理的资源利用可能引发的环境与社会问题。这种直观且互动的教育形式，在情感和认知两个层面触动了居民，使其对资源保护形成更深刻的理解，并在日常生活中采取更为审慎的行为。

教育机构还通过政策解读和技术指导，帮助乡村居民更加规范地管理资源。教育机构普及国家资源管理相关政策，如森林保护补偿机制、节能补贴政策等，让居民理解政策内容并充分利用激励措施。例如，解读水资源管理条例，推动居民在水资源使用上更加合理合法，同时鼓励他们积极参与公共资源管理。这种政策知识的传播，提升了乡村社区在资源管理中的自主性与合作性。

通过培养长远思维，教育机构推动乡村居民以可持续的视角规划资源利用。教育机构开设生态伦理课程与未来学讲座，引导居民认识到资源的可持续利用不仅决定当前生活质量，更关乎后代的福祉。教育机构植入这种长期意识，使乡村社区在规划生活与生产方式时更加注重资源的节约与保护。这种观念的形成，有助于实现生态保护与经济发展的平衡，推动乡村的长远发展。

五、教育对乡村治理现代化的支持作用

（一）培养乡村治理所需的专业干部和技术人才

教育机构通过课程体系的设计和实践环节的融入，为乡村治理培养了具有综合能力的高素质人才。乡村学校、高校及职业教育机构在课程中融入乡村发展规划、社会治理及政策执行等内容，使学生在理论学习与实践训练的结合中掌握治理的核心要点。例如，公共管理课程围绕乡村政策设计与评估展开，而农村发展课程着眼于乡村实际需求的深度剖析。这种教育方式通过多层面的知识传递，让学生在逐步构建理论基础的同时，锻炼应对复杂治理情境的能力，从而成长为具备全局视野的治理型人才。

干部培训项目的推行进一步推动了乡村治理队伍的专业化进程。地方政府携手教育机构，为乡村干部设计了涵盖治理理念、信息化管理及社区发展策略的系统培训计划。培训采用集中授课、模拟演练和专题讨论等形式展开，使乡村干部能够在学习中掌握现代治理工具的操作与应用。例如，大数据技

术的引入帮助干部分析乡村发展趋势，运用多方利益协调的方法提高政策执行的效率，而政策工具的合理运用则促进了经济与社会的协同发展。通过这一系列培训，乡村干部在解决复杂问题和提升执行效率方面获得了显著的能力提升。

教育机构还与科研实践相结合，为乡村治理模式的创新提供支持。教育机构与科研单位共同组织干部与技术人员参与治理项目，使他们在实践中应用理论知识。例如，智慧乡村建设中，干部掌握了数字化技术优化治理的具体路径；生态修复工程中，技术人员熟悉了将环境保护与经济发展相结合的方法。通过参与这些项目，治理团队不仅提升了对现代治理需求的适应能力，还为乡村治理的长远发展积累了宝贵经验。

在本土化人才的培养上，教育机构注重发掘乡村潜力，通过奖学金计划、定向培养和专项培训等机制，为优秀学生提供学习深造的机会，并通过政策引导吸引他们回归乡村工作。这一模式将乡村治理与当地实际深度对接，增强了政策实施的文化适应性及社会信任感，同时促进了治理队伍的长期稳定性和持续性发展。

（二）增强乡村居民法治观念与制度意识

教育机构通过多层次的法治课程与政策宣传，提升了乡村居民的法律认知与制度意识。学校课程涵盖宪法、民法、土地法等基础内容，让学生在学习中了解国家法律体系的结构及个体权利义务的具体体现。借助情境模拟、案例剖析等教学形式，学生得以直观理解法律的实际运作，例如解决土地纠纷或处理继承问题的具体方法。这就让乡村居民逐步养成法律思维，其行为也更加规范，为社会法治化的推进创造了条件。

社区定期举办法治讲堂，将法律知识延伸至更多乡村家庭。学校与社区教育机构联合行动，邀请法律专业人士对乡村常见问题进行针对性讲解，如土地承包权、环境保护义务和劳动合同的合法性等。通过互动教学与案例讨论，乡村居民逐渐消除了对法律的陌生感，在实际生活中增强了运用法律维护自身权益的能力。

学校与社区的法治文化建设也在推动乡村社会治理中发挥了积极作用。通过模拟法庭、法律竞赛等活动，学生得以亲身感受法律的严谨性与公平性。而社区利用法律宣传墙、音视频传播等手段，将法律知识以更通俗直观的方式传递至乡村的每个角落。这种多渠道的教育方式让法治观念逐步融入居民的日常思维模式，推动治理逻辑从经验依赖向规则遵从的方向转型。

在政策宣传层面，教育机构与政府合作，开展覆盖性课程与活动，向乡村居民系统讲解政策背景、实施过程与反馈机制。例如，关于土地流转政策的专题培训，让居民明确其权益范围和操作流程，增加了居民对政策的理解深度，也提高了他们在制度实践中的参与积极性，为乡村治理的长效化提供了保障。

实践型法治教育通过解决实际问题进一步强化了法律知识的应用价值。法律咨询活动和法律援助项目为乡村居民提供了接触实际案例的机会，例如帮助填写法律文书、协助申请援助服务等，增强了居民的实践能力，同时提升了他们对法律制度的信任与依赖，为法治化治理注入了实际操作意义和持久影响力。

（三）构建"三治"融合教育机制

教育机构注重对乡村居民自治能力的培养，为自治、法治、德治相结合的治理模式提供了实践支持与理论指引。乡村学校和社区教育机构开设自治课程与组织实践活动，使居民逐步掌握自治理念和运作方式。例如，村民通过课程了解如何召开村民会议进行集体决策，如何通过选举产生管理者，以及如何制定和遵守村规民约。这些教学内容的设计，赋予乡村居民更高的参与主动性，同时在教育过程中提升了对自治机制的接受度与应用能力。

法治知识的普及为乡村自治的有序开展奠定了规则基础。教育机构通过法律课程和案例讨论，让居民理解法律在维护社会公正与约束行为中的作用。在村规的制定和实施中，教育机构特别强调法律框架的必要性。例如，居民学习如何结合法律原则制定具有地方特色的村规，以及如何通过法律渠道解决村内纠纷。在这一过程中，教育让法治成为推动自治规范化的重要力量，为治理过程提供了清晰的制度指引。

通过弘扬传统文化与道德理念，教育机构为自治机制增添了德治的价值维度。乡村学校利用德育课程和文化活动，促使居民认识到个人品德修养与社区和谐之间的深层关联。传统价值观如儒家思想、地方礼俗等，通过教育形式得以传承。例如，村史教育活动唤醒了居民对本地文化的认同，还将历史中的道德精髓融入现代治理规则。这种文化影响通过教育渗透到日常行为中，使德治成为自治与法治的道义支柱。

在教学实践中，教育机构通过情境模拟促进三治融合机制的应用。学校与社区教育机构联合设计模拟治理项目，让居民在场景化的体验中感受自治、法治与德治的动态关系。例如，在模拟议事活动中，居民经历了从道德讨论到规则制定的过程，再通过法律程序进行约束与实施。这种模拟教学强化了居民对治理机制的理解，同时帮助他们在实践中培养出综合运用三治融合机制的能力。

教育机构引入外部资源，进一步强化了三治融合机制的实践深度。法律专家为村规民约的制定提供技术支持，文化学者对乡村传统文化价值进行深入挖掘，社会工作者则协助制订社区发展计划。教育机构作为平台，将这些资源整合进村民培训中，为治理模式的多样化实践提供了专业助力。通过这一过程，乡村居民在自治过程中获得了更丰富的工具与思维方式，增强了对复杂问题的应对能力。

（四）推动乡村治理数字化与技术应用

教育机构组织数字技能培训，推动乡村治理向数字化方向发展，为相关人才的培养提供了有力支撑。学校和职业教育机构开设计算机应用课程及信息化管理培训，使乡村居民逐步掌握现代数字工具的使用方法。例如，课程内容包括使用政府服务平台办理事务、运用数据分析软件进行资源分配等。数字技能的推广使传统手工治理逐步向信息化、智能化转型，治理效率与精准度因此显著提升。

教育机构建设智慧乡村实验室，让居民直观感受数字技术在治理中的应用价值。例如，在教育机构的指导下，居民学习到如何运用无人机进行土地监测，如何通过物联网设备实现水源与能源的实时管理。这些技术在实际操作中的应用，使环境管理、土地规划以及应急响应变得更加高效。教育机构借助实验室这一平台，将数字技术融入乡村日常治理，使复杂问题的解决变得更加可行。

数字化平台的推广，进一步加强了乡村居民与政府之间的互动。在线政务服务课程使居民熟悉使用数字平台反馈意见、提交申请或查询政策的操作流程。例如，经过培训，居民可以通过政务 App 或微信小程序完成税务申报和医保缴费。这就缩短了信息传递时间，并提高了居民在治理过程中的参与感，数字平台成为政府与居民沟通的高效渠道。

教育机构组织大数据技术的应用培训，为乡村治理提供科学决策依据。学校与科研机构联合举办数据分析讲座和技术培训，使乡村干部能够从数据中提取关键信息。例如，人口迁移数据的分析帮助优化资源配置，而环境监测数据则指导污染治理策略调整。这种数据驱动的决策方式，通过教育的系统指导，显著提升了乡村治理的科学化水平与精准性。

第四节　耦合发展的概念界定

一、耦合发展的基本内涵

（一）耦合发展的定义与起源

耦合发展的概念起源于物理学领域，用于描述多个系统通过能量或信息的相互作用形成协同关系的现象。其核心在于系统间的联动与协调，通过动态互动推动整体的优化与发展。随着学科间的交叉融合，这一概念逐步扩展至社会科学领域，用以探讨不同社会系统的相互作用及其对整体发展的影响。在社会经济系统的研究中，耦合发展的理论被广泛应用于城乡关系、产业链协同、教育与社会结构的互动等多个方面，而教育与乡村振兴的耦合发展正是在这一背景下产生的。

教育与乡村振兴系统的耦合，强调资源与功能在双向互动中的整合。教育系统通过知识传播、技能提升与文化赋能，为乡村振兴提供人力支持与技术保障。与此同时，乡村振兴为教育系统带来实践场景、文化资源及经济需求的反馈，从而推动教育内容与模式的创新与优化。这种双向依存关系揭示了耦合发展的内在机制，其重点在于资源流动与功能整合的动态匹配。特别是在乡村发展过程中，教育资源的配置效率直接关系到乡村经济和社会转型的成果，二者的协调决定了系统运行的整体效益。

耦合发展还涉及系统间的动态平衡与适应能力。在教育与乡村振兴的互动中，资源的精准对接与环境变化的响应是关键。例如，信息技术的迅速普及催生了乡村对数字技能的迫切需求，教育系统要及时调整课程结构，引入新的教学内容以应对这种变化。这种动态调整能力赋予了耦合发展更强的现实操作性，使其成为实践中的行动指引。通过这一过程，教育与乡村振兴在互动中实现了资源整合、模式优化与可持续发展。

耦合发展的理论基础还延伸至对系统协同性的深刻理解。在资源有限的情况下，如何通过系统间的协同作用实现最大化效益，是这一概念的重要命题。教育在乡村振兴中的作用在于通过双向反馈形成的价值闭环。例如，乡村振兴推动教育在内容与形式上的变革，而教育反过来通过赋能乡村社区实现更深层次的经济与文化转型。二者在不断调整与优化的过程中，形成了一种动态的平衡与共生关系，为推动乡村发展的持续性与创新性提供了重要支撑。

（二）耦合发展中的动态平衡与系统协调

耦合发展以系统间的动态平衡为核心，其平衡状态在不断地调整与优化中得以实现。教育与乡村振兴的互动体现在资源流动的双向性上：教育系统向乡村输送知识、技术与人才，乡村则通过经济实践、文化资源与现实需求为教育提供反馈。这种平衡不是固定不变的，而是在资源分配和功能对接中不断进行修正。动态平衡要求两者具备适应外部环境变化的灵活性，确保耦合关系在复杂条件下持续运转并保持效能。

系统协调作为耦合发展的内在机制，为教育与乡村振兴的联动提供了关键路径。二者的协调关乎目标的契合，更涉及资源整合、行动路径设计与价值链延展的全面一致性。例如，教育系统在以农业为主的地区侧重于农业科技培训，而在文旅兴盛的乡村则更加注重文化艺术相关课程的开发。反之，乡村振兴也需通过政策制定与资源规划为教育提供支持，如完善教育基础设施、推动资源向农村倾斜等。双向的支持与反馈通过协调机制形成有机整体，从而激发出更大的协同效应。

这一动态平衡与系统协调的实现离不开政策、技术和管理的多维支撑。数字技术的广泛应用为教育系统精准洞察乡村需求提供了工具，例如通过大数据分析发掘农村劳动力市场的具体技能缺口，并迅速调整课程内容。与此同时，乡村振兴鼓励社区参与和政策扶持，为教育系统提供长期发展的制度保障。这种技术和制度的结合，不仅提升了耦合过程的效率，还增强了教育与乡村系统在面对外部冲击时的适应力和抗风险能力，使协同发展的步伐更加稳健。

（三）教育与乡村振兴耦合发展的独特性

教育与乡村振兴的耦合发展以其多层次、多维度的独特性凸显于社会经济系统之中。首先，这种耦合关系通过双向互动达成资源与功能的深度整合。教育系统在促进乡村经济增长、社会建设的同时，通过文化赋能和知识传递增强了乡村的内在发展能力。乡村振兴则为教育系统提供了具体的实践场景和需求反馈，驱动教育内容的动态更新与教学模式的创新。这种相互作用既体现了系统之间的协同效应，也展现了其独有的动态演进特征。

区域性的差异塑造了教育与乡村振兴耦合发展的场景化特性。资源禀赋、文化传统以及经济结构的多样性，使耦合路径在不同地区展现出鲜明的本地化特色。例如，农业主导的乡村聚焦于农技推广与新型职业农民培养，而依托旅游业发展的乡村则强调文化艺术教育与生态保护理念的渗透。这种区域性增强了耦合发展的针对性，为不同发展水平的乡村提供了灵活且契合的解决方案。

跨领域的协同创新提高了教育与乡村振兴的耦合发展的丰富性。教育系统在知识传递的基础上，渗透到农业、文化、服务业及生态等多重领域。例如，通过职业技能培训，乡村居民掌握了生态农业技术；通过艺术教育，文旅产业获得了文化创意的提升。这种跨界整合既丰富了耦合发展的内涵，也为多学科、多行业的协同探索提供了可能。

耦合发展的社会性特征同样不容忽视。教育通过价值观念的引导与文化的传播，加速了乡村社会向现代化的转型，同时也反哺了乡村独特文化的传承与创新。这种互动关系强化了乡村的文化认同，也提升了社会凝聚力。例如，传统技艺通过教育系统被重新激活，成为乡村产业链中的重要一环。社会性互动赋予耦合发展更深的文化内涵，使经济与社会效益在这一过程中得到同步释放①。

教育与乡村振兴的耦合发展，以多维度的联动推动了社会价值与经济目标的双向达成。在动态平衡、区域化特性、跨领域融合与社会性互动的多重作用下，这种发展模式展现出强大的适应力与延展性，为乡村振兴注入了多元动力，也为教育的功能拓展提供了更广阔的实践空间。

二、教育与乡村振兴耦合发展的特征

（一）资源整合中的双向流动性

教育与乡村振兴的耦合发展，体现了资源整合过程中的双向流动特征。这一流动表现为教育资源向乡村的输出，也体现在乡村资源对教育系统的反馈与重塑上。通过知识传播与技能传递，教育将智力、技术及文化资源输入乡村，为乡村经济与社会结构的转型提供动力。与此同时，乡村将其独特的文化积淀、实践经验与产业需求传递给教育系统，促使教育内容与实践更加契合实际。这种双向的资源互动催生了教育与乡村之间动态而持续的协作关系，促进了两者的共同优化。

---

① 周武生，余聪聪. 中部6省新型城镇化与乡村振兴的耦合协调发展［J］. 科技和产业，2024，24（17）：136-141.

教育资源的下沉，不仅是物质资源的分配，更涵盖知识与信息的广泛传播。随着政策支持的深化，优质教育资源逐步向乡村倾斜，包括优秀教师、创新课程以及先进设施的引入。远程教育平台的普及使乡村学校接触到与城市同步的教育内容，从而拓宽学生的学习视野。通过这一过程，教育在乡村社会发展中承担了更广泛的功能，提升了乡村地区整体的文化与技能水平。

乡村资源对教育系统的反向流动，体现在实践场景与地方知识的提供中。乡村为教育的理论应用和实践探索提供了广阔空间。例如，农业科学的研究者可直接参与乡村的生产过程，将书本知识与现实需求结合起来；文化保护领域的从业者通过调研乡村的非物质文化遗产，深化对传统文化的认知。这种反馈使教育内容更具现实意义，同时将乡村资源有效转化为教育系统的创新素材，推动资源利用的多元化。

在合作共建模式中，教育与乡村的资源整合进入更深层次。高校与乡村共同探索教育与产业相结合的路径，例如通过现代农业示范区的共建实现教育资源与乡村产业的无缝衔接。在这一过程中，高校的知识创新能力与乡村的产业资源形成有机结合，为双方的发展提供了新的可能性。这类合作案例展示了资源深度融合的效果，也为教育与乡村的协同实践提供了操作范例。

双向流动的机制进一步优化了教育与乡村振兴内部资源的利用效率，同时增强了二者在外部环境中的活力。通过教育带动乡村特色产业的发展，乡村的经济实力得以提升，并吸引了更多教育资源持续流入。这样的循环既提升了教育与乡村系统的整体竞争力，也为跨系统资源整合提供了可复制的经验。这种互动模式持续推动耦合发展的良性运作，为教育与乡村的协同探索注入了长久动力。

（二）目标一致性与价值共创的协同性

教育与乡村振兴的耦合发展以目标的一致性为起点，构成了系统协同的重要动因。教育系统的核心在于通过知识传递和技能塑造促进个体发展，而乡村振兴则以经济改善、文化重建与生态优化实现社会整体提升。在实现个体成长和社会进步的交汇处，教育与乡村的协同性得以显现。这种一致性为资源配置、策略执行和结果评估提供了协调的空间，使两者在实践中能够相辅相成。

协同效应在价值共创过程中得以体现。教育通过技术传播和思想启发提升了乡村的生产效能，而乡村则通过文化和实践为教育赋予了新的发展场景。例如，教育推动乡村产业升级同时也提升了经济收益，使乡村文化更加多元与深刻。乡村对教育资源的吸纳改善了基础设施，并增强了社区凝聚力。

协同性还通过政策设计与执行显现。顶层设计使教育与乡村振兴共享同一框架，通过专项计划优化资源流动与分配。例如，在教育赋能计划中，政策引导教育资源下沉的同时，根据乡村需求调整资源结构，减少浪费。这种政策协作使教育和乡村振兴在目标层面更加一致，从而提升了两者的协同效率。

创新机制是协同发展的另一个关键。现代职业教育与乡村企业的联动实现了技能培训与就业机会的直接连接；科研机构与乡村的技术合作则建立了科技研发与应用推广的闭环。这种创新机制缩短了教育与乡村振兴之间的实践距离，使目标一致性得以更高效的实现，并为未来的发展积累了经验。

长期影响是协同效应在时间维度的表现。教育通过培养能力和扩展认知，为乡村带来了可持续发展的动力；乡村则通过实践场景的反馈和资源支持为教育的持续创新提供了养分。在这种长期互动中，教育与乡村振兴在动态变化中保持目标契合，为系统耦合的深度发展提供了稳定的支撑。

（三）时间维度下的动态演化性

教育与乡村振兴的耦合发展在时间维度上呈现出持续的动态演化特性。这种特性根植于外部环境与内部需求的双重驱动，随着政策方向、技术进步、经济发展及社会变迁不断调整优化。二者的关系并非静态，而是在变化中保持灵活适应。例如，在乡村经济尚处于基础发展阶段时，教育资源的重点更多集中于普及基础教育和开展成人技能培训。随着乡村经济水平逐步提升，教育资源逐渐转向职业教育、高等教育和创新能力培养，以满足更复杂的社会需求。

这种动态演化性也体现在教育与乡村振兴的互动路径上。在早期阶段，教育系统通常以知识和技能的单向传递为主，通过学校、培训机构等向乡村提供急需的技术服务。然而，随着两者的耦合深入，乡村的资源和需求逐渐反哺教育系统，推动教育内容和模式的调整。例如，乡村企业的发展需求催生了职业教育课程的优化，乡村文化的保护呼声促使教育体系更加关注本地文化的融入。这种互动关系从单向输出逐步演化为双向融合，形成教育与乡村共同发展的新格局。

时间演化中的一个关键驱动因素是技术的普及和创新。数字化教育工具的引入深刻改变了教育资源与乡村的交互方式。远程教育、虚拟实验室和在线学习平台的推广，使优质教育资源能够跨越空间障碍直达乡村，也使乡村居民的学习方式更加灵活多样。与此同时，乡村对数字技术的吸收与应用，通过反向作用推动了乡村振兴过程中的数字化转型。例如，数字农业技术的普及得益于职业教育与技术培训的联动，这种技术驱动型的耦合关系使教育与乡村的协作更加高效。

政策环境的变化是另一个重要的时间维度影响因素。政策的调整往往决定了教育资源的配置方向和乡村振兴的优先事项。在经济高速发展期，政策可能将重点放在职业教育与技能培养上，以支持产业发展和劳动力转型。而在经济结构调整阶段，政策更倾向于推动教育与乡村文化的深度融合，以重塑乡村社会价值观和生态文化。这种政策导向上的动态变化，进一步推动了教育与乡村振兴系统在不同发展阶段的协同优化。

教育与乡村振兴的动态演化性还蕴含着长期的可持续性特征。通过不断地反馈与调整，二者不仅能有效应对当前的挑战，还为未来的发展积累了经验和动力。例如，职业教育培养的技能型人才，既满足当前乡村经济的转型需求，也能够为未来乡村社会的创新发展奠定基础。这样的演化机制确保教育与乡村振兴的关系在不同历史阶段都能保持适应性与前瞻性，为其持续发展提供源源不断的驱动力。

三、教育与乡村振兴耦合发展的理论框架

(一) 耦合系统的要素构成与作用机制

教育与乡村振兴的耦合发展呈现出多要素参与、多层次互动的复杂系统

特征。作为两个子系统，教育和乡村振兴分别由各自核心要素构成，并在耦合过程中相互影响。教育系统的核心要素包括知识传播、人才培养、文化传递以及技能培训；乡村振兴系统则围绕经济增长、社会治理、文化保护和生态改善展开。二者的耦合不是要素的简单叠加，而是通过功能匹配与资源整合推动系统协同的动态过程。

在耦合机制中，教育系统的作用主要体现在资源输入与价值创造两个方面。通过课程设计、知识传播以及人才培养，教育为乡村振兴注入了内生动力。反过来，乡村振兴系统提供了教育资源转化为实践成果的土壤。乡村产业的需求可以直接引导教育系统调整方向，例如针对农业机械化需求的技能培训，或服务于新兴产业的课程开发。通过这种价值链的双向传递，教育与乡村共同构建了动态的资源流动与功能反馈网络。

互动路径的设计是作用机制中的核心环节。教育系统不仅通过传播知识引领乡村发展的理念升级，还通过提升劳动者技能增强乡村经济的竞争力。与此同时，乡村实践反馈促使教育系统不断调整其资源配置与发展重点。例如，当乡村旅游产业快速扩张时，教育系统会优先设计导游培训和文化创意相关课程，以满足乡村发展的迫切需求。这种"反馈—调整"机制在动态中保持了教育与乡村之间的适配性。

（二）教育与乡村振兴的"输入—转化—输出"模型

教育与乡村振兴的耦合发展可以通过"输入—转化—输出"模型加以理解，这一模型呈现了系统之间资源流动与功能重构的动态过程。教育系统作为资源的供给端，向乡村注入知识、技能和文化要素，而乡村振兴系统则通过吸收这些资源，将其融入实践并生成可量化的成果，再通过经济、社会和文化等领域的反馈反哺教育系统。该模型从资源流动的角度揭示了教育与乡村振兴之间如何在动态平衡中实现协同优化。

输入阶段强调教育资源的精准配置。教育系统需要基于乡村的实际需求，设计具有针对性的教育项目。例如，职业教育机构根据乡村劳动力市场的特点，为其输送具备专业技能的技术型人才；高校通过科研合作将农业科技的最新成果引入乡村。输入资源既包括人力资本的培养，也涵盖知识传播与技术支持。这一阶段的关键在于匹配，教育系统需要通过细致的需求分析确保资源能够落地并形成有效供给。例如，在种植技术薄弱的地区，农业技术的推广是优先事项，而在文旅产业兴起的乡村，则需要引入创意设计和市场运营相关的教育资源。

转化阶段是资源在乡村环境中实现价值提升的过程。在这一阶段，输入的教育资源通过与乡村实践相结合，转化为推动经济、社会与文化发展的现实动能。职业技能培训提升了乡村劳动力在农业现代化、农村电子商务和文化产业中的应用能力，从而使乡村经济结构更加多元化。同时，教育资源的社会功能在乡村治理与文化认同领域也得到体现。例如，乡村通过教育提升社区的组织能力，促进了基层治理的协作效率；文化认同感的增强则推动了地方文化的保护与传播。转化阶段的核心是灵活性，教育资源需要在动态调整中适应乡村的复杂需求，实现从抽象资源到具体成果的高效转化。

输出阶段是教育与乡村振兴耦合系统效能的体现。教育资源转化后的成果，以经济增长、社会发展和文化创新等形式呈现。例如，通过教育的介入，乡村完成了特色农业向深加工和品牌化发展的转型，同时打造出富有地方特色的文化旅游产品；乡村居民的文化素养和社会参与意识得到提升，这种进步不仅改善了乡村的内部环境，也增加了其在区域发展中的竞争力。更为重要的是，这些成果通过反馈机制重新影响教育系统，推动课程设计、教学内容和培养目标的优化。

（三）外部环境对耦合系统的影响

教育与乡村振兴的耦合发展是一个复杂的系统，其运行状态受到多重外部环境的深刻影响。外部环境因素涵盖政策、技术、市场与文化多个维度，通过资源分配、需求变化以及制度变革，对耦合系统的路径选择和发展成效持续发挥作用。外部环境既带来了发展契机，也对系统的协调与适应提出了新的要求，使耦合过程呈现出动态与多元的特性。

政策环境是耦合系统运行的基础框架，它通过明确资源配置和发展目标，引导系统的运行方向。例如，《乡村振兴战略规划（2018—2022年)》提出教育资源向乡村倾斜，这种政策导向直接推动了优质教育资源的下沉，优化了乡村教育的布局。同时，产业扶持政策为职业教育与乡村产业的结合提供了契机。例如，通过政策支持，职业教育机构得以开展与地方特色产业相关的技能培训。这些政策使教育资源与乡村需求实现了精准对接，也通过制度保障为系统的进一步优化创造了条件。

技术进步则为耦合系统注入了新的动力。远程教育技术的应用打破了地理空间的限制，为乡村地区提供了便捷且多样化的学习方式。这种技术革新既提升了教育资源的覆盖率，也丰富了乡村居民的学习内容。在乡村振兴过程中，智慧农业与数字乡村建设的兴起也进一步强化了教育系统的适应性。教育资源的数字化转型满足了乡村对技术支持的需求，同时乡村的技术实践又为教育内容的革新提供了反馈。在这一循环中，技术进步既强化了资源流动的效率，也推动了系统之间的协同优化。

市场环境的作用体现在需求导向的调整与资源配置的优化上。随着乡村消费能力的提升和产业结构的升级，对技能型劳动力与高质量教育资源的需求逐步加大。这种需求直接推动了教育系统在资源分配与课程设计上的调整。例如，乡村电子商务、文旅产业等新兴领域的兴起，要求教育系统引入新的课程体系和培训内容。市场需求的变化既塑造了教育资源的分配逻辑，也拓展了其实践应用的空间，通过经济与教育的联动，提升了耦合发展的适应性与灵活性。

文化环境则通过地方文化资源的传承与创新，赋予耦合系统独特的价值内涵。乡村振兴过程中对非物质文化遗产的保护需求，使得教育系统在课程设计与实践活动中更加注重本地文化的融入。例如，职业教育与地方文化结合，既培养了技能型人才，也推动了乡村文化产业的复兴。这种互动关系使文化资源从传统的保护对象转变为创新的载体，通过文化赋能，耦合系统在经济、社会与文化领域形成了多维的效益叠加。

外部环境通过政策、技术、市场和文化的多维作用，对教育与乡村振兴的耦合发展起到了全方位的推动作用。这些因素共同影响着耦合系统的运行效率、适应能力以及优化路径。政策为系统提供方向与规则，技术为资源流动注入活力，市场带来了需求牵引，而文化则赋予系统价值延展。在这些外部力量的共同作用下，教育与乡村振兴的协同发展展现出动态调整与多层次优化的特性，为其长期发展创造了广阔空间。

四、教育与乡村振兴耦合发展的运行机制

（一）政策支持下的教育资源优化机制

政策支持为教育资源向乡村流动提供了制度引导，是教育与乡村振兴耦合发展的驱动力之一。通过明确资源配置的优先级，专项政策以系统化的方式优化教育与乡村之间的协同关系。例如，国家和地方层面加强对乡村学校的财政支持，使基础设施水平逐步提升，从而为教育资源的落地创造了条件。与此同时，通过薪酬激励、职称晋升等措施，政策吸引更多高素质教师投身乡村教学，教育资源的质量得以改善。这种多重保障机制，加强了教育与乡村振兴的互促效应。

优化教育资源的政策设计不仅关注物质投入，还重视教育内容与乡村需求的精准匹配。职业教育领域的政策引导尤为显著，通过推动学校与乡村企业建立合作关系，专业课程设置逐渐与当地农业、文旅产业等领域的需求相契合。例如，在农业地区引入新型农机操作和现代种植技术培训课程，使技能型人才的培养与乡村产业升级形成闭环。这一过程依赖于政策对教育目标的结构性调整，使资源配置更加贴近乡村发展的具体需求。

远程教育和信息技术的应用是政策支持下的资源优化策略。在线教育平台的大规模推广打破了城乡教育资源的不平衡，使乡村学生能够接触到优质的教学内容。这种数字化变革提高了教育资源的覆盖面，并通过政策推动的数据驱动决策机制提升了教育系统的管理效率。例如，乡村地区的教学质量监测和教师资源调配依赖于技术与政策的结合，实现了资源分配的精细化和动态调整。

政策支持还通过区域联动和多部门协作拓展了教育资源的作用边界。教育部门与农业、文化和卫生等领域的合作，凭借资源整合构建了乡村振兴的

多元化模式。例如，教育系统在推进职业技能培训的同时，与农业部门协作推广现代农业技术项目，或与卫生部门合作开展乡村健康教育。这种协同机制增强了教育在乡村社会中的渗透力，实现了多领域资源的高效利用。

（二）需求导向的人才培养机制

需求导向的人才培养机制在教育与乡村振兴的耦合发展中展现出强大的驱动效应。乡村振兴的全面推进需要多层次、多类型的人才作为支撑，而教育系统正是培养这些人才的重要路径。在这一机制下，教育必须基于乡村的实际需求进行动态调整，确保培养的人才能精准匹配乡村发展的多样化方向。通过这种机制，教育系统与乡村需求实现了高效对接，为耦合发展提供了持续的内生动力。

针对不同区域和产业特点，教育系统通过细分需求设计多样化的课程体系。在以农业为主要产业的乡村地区，教育更加关注现代农业技术人才的培养，通过课堂教学与实训基地结合，提升农业劳动力的技能水平。而在发展旅游业的乡村，教育资源则聚焦于文化创意和服务管理领域，培养能推动乡村特色产业的专门人才。这种因地制宜的课程设置，既提高了教育资源的利用效率，也为乡村的经济增长提供了稳定的人才保障。

实践教学是需求导向机制中不可或缺的环节。教育系统通过校企合作、实践基地建设，将学生的学习直接嵌入乡村的生产与生活场景。例如，高校与乡村共同建设农业科技示范点，让学生在实地参与现代农业技术的研发与推广；职业学校与乡村企业联手开发针对性课程，使学生的技能训练与企业岗位要求高度契合。这种实践导向的培养方式，不仅提升了学生的职业能力，还为乡村提供了更多具备专业技能的劳动者，促进了本地经济的升级。

这一机制的有效运行还依赖于多主体的深度参与。政府通过政策支持与资源倾斜，为人才培养提供宏观保障；学校通过课程设计与教学实施，为乡村提供具体服务；企业通过岗位供给与资金投入，为实践教学提供平台；乡村社区通过反馈需求与配合实践，直接参与培养过程。这种协同模式将各方力量整合为一体，提升了人才培养的针对性，同时增强了乡村对教育资源的接受度和认可度。

动态需求评估为这一机制提供了持续适配的能力。教育系统通过对乡村劳动力市场结构的实时分析，捕捉发展过程中出现的新需求，进而调整人才培养计划。例如，某些乡村在产业升级过程中对技术工人的需求骤增，而其他乡村则需要更多文化产业相关的人才。这种基于实时反馈的调整模式，确保了教育系统能够始终跟随乡村发展的步伐，为乡村社会注入源源不断的人力资源支持。

（三）协同创新驱动的产业与教育联动机制

协同创新驱动的产业与教育联动机制，是教育与乡村振兴耦合发展的重要动力源。通过整合教育资源与乡村产业需求，这一机制在教育服务产业、产业反哺教育的双向循环中，展现了动态互动的深层逻辑。教育系统以创新驱动的人才培养、技术研发和文化传播，赋能乡村产业的转型升级；而乡村产业则通过吸纳教育成果，推进生产模式与商业形态的不断创新。双向互动之下，产业与教育深度联结，为耦合发展注入持续活力。

教育系统与乡村产业的结合，通过科研成果转化推动产业链的延伸与创新。例如，高校和科研机构针对乡村特色产业的具体需求，研发了农作物高产种植、精准生态养殖以及智慧化管理等技术工具。这些技术通过教育系统的推广迅速渗透到乡村经济中，反过来又为教育体系提供了反馈。例如，乡村企业在吸收这些技术时，为教育机构提供了实践场景和具体数据，使课程内容和教学方式更加贴近实际。这种良性互动，让乡村产业的技术需求与教育资源的输出形成动态闭环。

职业教育在这一机制中发挥了不可或缺的作用。通过深化产教融合，职业教育精准对接乡村企业的技术需求。例如，面对乡村电子商务的快速发展趋势，职业学校与知名电子商务平台联合开设数字营销、供应链管理等定制化课程，为乡村培养了大量适应新经济环境的技能型人才。在文化创意领域，职业学校通过非遗技艺课程、文创设计培训，助力乡村开发独具竞争力的文化产品。这样的联动模式不仅提升了乡村劳动力的就业能力，还在一定程度上塑造了乡村产业的创新特质。

协同创新的实现离不开多方联动的组织网络。通过高校、职业学校、地方政府与乡村企业的共同参与，形成了跨领域资源整合的创新体系。例如，政校企合作模式下，政府提供政策引导，学校贡献技术与人才，企业则提供实践平台与市场化资源。这种协作关系通过资源共享与结构优化，提升了教育与乡村产业的互动效率，为耦合系统注入了更多的增长动能。

技术进步是推动这一机制持续演化的重要引擎。智能农业设备、大数据分析技术等创新工具的应用，让教育与乡村产业的联动更加精准高效。例如，智能设备在乡村生产中的推广显著提升了劳动效率，同时为教育系统的技术培训和应用研究提供了新的契机。通过培训，教育系统帮助乡村企业适应现代化工具的使用，并从产业实践中获得了课程优化与科研创新的灵感。这种技术驱动的协同创新机制在提升教育服务能力的同时，也推动了乡村产业的现代化升级。

第二章　教育与乡村振兴耦合发展的主要困境

第一节　教育资源分配不均

一、教育资源分配不均的表现

（一）城乡教育基础设施差距显著

城乡教育基础设施的差距在各个方面都体现得极为明显。城市学校普遍拥有现代化的教学楼和完善的配套设施，能够为学生提供安全舒适的学习环境。而乡村学校的基础设施却明显滞后，许多校舍陈旧不堪，有些甚至成为危房，严重威胁学生的安全。一些乡村学校缺乏科学实验室和专业教室，学生只能依靠传统的课堂教学，无法进行必要的实验操作，这对实践性强的课程教学造成了极大限制。城市学校的操场和体育设施一应俱全，不仅满足体育教学的需求，还为学生的课外活动提供了多样选择。而乡村学校的操场常年是泥土地，篮球架、足球门等，设施要么严重老化，要么根本没有，学生的体育活动受到极大限制。

在图书资源方面，城乡学校之间也存在明显的差距。城市学校拥有完善的图书馆和丰富的图书资源，学生可以自由借阅课外书籍，拓宽视野。而乡村学校的图书室普遍缺乏书籍，很多图书陈旧过时，学生获取课外知识的途径十分有限。此外，城市学校的信息化建设显著领先，配备了多媒体教室、计算机房和高速网络，可以支持现代化教学模式的开展。而乡村学校的信息化设备严重不足，部分学校甚至尚未接入互联网，乡村学生难以通过在线学习资源弥补课内教育的不足。供暖设备也是城乡学校基础设施差距的重要体现。北方地区的城市学校普遍配备集中供暖设施，而乡村学校冬季取暖条件差，学生在寒冷的教室中上课，直接影响了学习效率。

卫生设施的差距也是一个不容忽视的问题。城市学校的卫生间设施整洁、干净，多为冲水厕所，能够满足学生的基本需求。而乡村学校的厕所大多数简陋且卫生状况堪忧，部分学校甚至使用露天厕所，这不仅给学生带来了不便，还存在健康隐患。此外，乡村学校的食堂设施也较为简陋，许多学校无法提供营养均衡的餐食，学生只能带饭或依靠小卖部解决餐饮问题，这与城市学校拥有现代化食堂形成鲜明对比。城乡基础设施的显著差距直接影响了学生的学习环境和体验，使得乡村学生在教育起点上明显落后。

（二）乡村教育经费投入明显不足

乡村教育经费的不足是制约其发展的核心问题之一。虽然国家层面不断加大对教育的总体投入，但城乡之间的经费分配差异依然显著。城市学校由于所在区域经济发达，可以获得更多的地方财政支持，而乡村学校则高度依赖国家拨款，这种资金来源的不平衡导致乡村学校的运营和发展长期处于捉襟见肘的状态。乡村学校在校舍修缮、设备购置以及日常教学活动开展方面资金不足，许多学校甚至难以保障最基本的教学需求。一些偏远地区的乡村学校长期处于经费短缺状态，学校领导不得不依靠外部捐助或者临时筹集资金解决燃眉之急，但这种方式难以持续，根本无法满足学校发展的需要。

在教师待遇方面，经费的不足直接影响了乡村教师的薪酬水平和福利待遇。乡村教师的工资收入普遍低于城市教师，且工作条件较为艰苦，导致许多优秀教师不愿意长期留任乡村学校。与此相对，城市学校的经费充足，不仅能够为教师提供更高的收入，还可以支持他们参加各种形式的专业培训，这种资源的差距进一步加深了城乡教育质量的鸿沟。此外，乡村学校在教学材料和设备购置上的资金也十分有限，许多学校只能使用老旧的教材和设备，这与城市学校可以不断更新教学资源形成了鲜明对比。乡村学校的实验设备匮乏，学生难以通过实践环节掌握学科知识，科学素养的培养受到严重制约。

乡村教育经费的不足还直接影响了校园环境的改善。许多乡村学校的操场荒废，校舍墙皮剥落，校园内缺乏绿化，整体环境显得破败不堪，与城市学校现代化的校园环境形成强烈反差。这种落差不仅影响了乡村学生的学习体验，也对其心理健康和未来发展产生了深远的负面影响。在教育信息化推进方面，经费的不足也使得乡村学校难以跟上时代的步伐。城市学校可以利用充足的经费建设现代化的网络教室，引进在线教育资源，而乡村学校的互联网接入率极低，多媒体教学设备的普及率也远远落后于城市。这种经费上的巨大差距不仅让乡村学生在教育资源的获取上长期处于劣势，也进一步加剧了城乡之间的教育不平等。

（三）教师资源城乡分布失衡

教师资源的城乡分布不均是教育资源分配不均的重要表现之一。乡村学校教师明显短缺，许多学校的师资配备无法满足正常教学需求。一些偏远乡村学校甚至面临一人多岗的局面，教师不得不同时教授多门学科，这种状况直接降低了教学的质量。与之形成对比的是，城市学校的教师充足，每一门学科都能配备专业教师，甚至部分学校还聘请了专职的课外活动辅导员，教育资源的丰富程度远远超过乡村学校。教师队伍的质量差距也是城乡教育资源不均的重要体现。乡村教师的学历水平普遍较低，缺乏系统的专业培训，而城市教师普遍拥有较高的学历和丰富的教学经验，这种质量差距直接影响了学生的学习效果。

乡村教师的流失问题也加剧了城乡教师资源的不平衡。由于工作环境艰苦、待遇较低以及职业发展空间有限，许多年轻教师不愿意长期留任乡村学校。部分优秀的乡村教师为了追求更好的工作条件，选择调往城市学校或进入其他行业，这进一步削弱了乡村学校的师资力量。而城市学校凭借优越的工作环境和较高的社会地位，能够吸引大量优秀教师的加入，这种人才流动的方向进一步加剧了城乡教育资源的不均衡。此外，乡村教师的工作压力较大，由于教师人数少，他们不仅要承担繁重的教学任务，还需要兼顾学校的行政事务和后勤管理工作，这种高负荷的工作环境进一步影响了乡村教师的教学热情和职业满意度。

城乡教师培训资源的差距也是教师资源分布不均的重要表现。城市教师可以参加多种形式的培训课程，不断提升自己的专业水平，而乡村教师由于时间和经费的限制，难以获得同样的学习机会。教师专业发展的机会差距导致城乡教师在教学理念和能力上的差距不断扩大，进而影响了学生的学习体验和成长机会。这种城乡教师资源的不均衡现象已成为制约乡村教育发展的主要障碍，不仅限制了乡村学生的发展潜力，也使城乡教育的差距进一步拉大。

（四）教育信息化资源覆盖率城乡差异显著

城乡教育信息化资源覆盖率的差异在多个方面表现得极为明显。城市学校在信息化建设方面投入了大量资金，不仅建立了现代化的多媒体教室和计算机房，还实现了高速互联网全覆盖，学生可以通过网络获取丰富的学习资源。而乡村学校的信息化建设却严重滞后，许多学校缺乏最基本的多媒体设备，甚至无法保证每个教室配备一台投影仪。乡村学校的互联网接入率较低，即便部分学校接入了网络，网速也难以满足实际教学需求。这种信息化资源上的巨大差距使乡村学生无法享受到现代教育技术带来的便利和优势。信息化教学软件的使用也存在巨大差距。城市学校普遍使用各种先进的教学软件辅助教学，例如在线课堂、虚拟实验室等，而乡村学校由于设备和技术的限制，很难推广使用这些工具。教学内容的数字化资源分布同样存在明显的不均衡。城市学生可以通过在线平台获取丰富的电子教材和课程视频，而乡村学生则只能依靠纸质教材进行学习，信息化资源的缺乏使得他们在学习方式上明显落后[1]。

信息化资源的分布差异还直接体现在师资培训上。城市学校的教师可以

---

① 郭瑜. 乡村振兴视角下青海省新型城镇化耦合协调发展研究 [J]. 青海师范大学学报（社会科学版），2024，46（04）：34-44.

通过在线平台参加各种形式的培训，不断提升自己的教学水平，而乡村教师由于缺乏设备和网络支持，很难获得同等的学习机会。这种信息化培训机会的差距直接影响了城乡教师在教育技术运用能力上的差异，使得乡村教师在教学方法上难以与城市教师相比。学校日常教学管理的信息化程度也存在显著差距。城市学校普遍使用电子管理系统对学生进行综合评价和学业管理，而乡村学校的管理模式仍然停留在纸质记录阶段，效率低下且容易出错。这种信息化管理水平的落后进一步制约了乡村学校的整体运转效率。

教育信息化资源的不足还严重限制了乡村学生的信息素养发展。城市学生从小就能接触各种数字化设备，在信息获取和技术运用能力上具有明显优势。而乡村学生由于缺乏设备和技术支持，无法熟练使用计算机，更谈不上掌握现代信息技术。这种信息素养的差距不仅影响了他们的学习能力，也使他们在未来的职业竞争中处于明显劣势。教育信息化资源分布的城乡差距还导致了教学内容更新速度的不均衡。城市学校可以通过信息化手段快速引入最新的教学资源，而乡村学校则因为缺乏相关设备和网络支持，教学内容长期滞后。这种教学内容更新速度的差异，进一步拉大了城乡教育质量的鸿沟，使得乡村学生在知识积累上逐渐落后于城市学生。

城乡教育信息化资源的差异还影响了课外活动的开展。城市学校可以通过网络组织丰富多彩的线上活动，例如学科竞赛、在线讲座等，而乡村学校的学生由于信息化设施不足，几乎没有参与这些活动的机会。这种课外活动的缺失使得乡村学生在综合素质发展上明显落后。教育信息化资源的不均衡还加剧了城乡学生在视野和认知上的差距，城市学生通过互联网可以轻松接触到国内外的先进知识和文化，而乡村学生的视野往往局限于课本内容，这种差距直接影响了学生的整体发展。教育信息化资源分布的不均衡不仅体现在硬件设施上，还涉及教育理念和技术运用能力的差异，这种差距已经成为制约乡村教育发展的重要瓶颈。

（五）乡村学生缺乏享受优质教育机会

乡村学生缺乏享受优质教育机会是城乡教育资源分配不均的直接体现。

优质教育资源集中在城市，城市学校拥有经验丰富的教师、现代化的教学设施和丰富的课外活动，而乡村学生只能接受条件有限的教育，这种差距显然难以弥补。优质师资的集中化是乡村学生教育机会匮乏的核心问题之一。城市学校能够吸引大批优秀教师的加入，而乡村学校因待遇低、条件差，师资长期处于较低水平，乡村学生很难享受到高水平的教学服务。课程内容的设计和实施也体现了优质教育机会的不均衡。城市学校可以开设多样化的课程，例如艺术、编程、外语等，为学生提供全面发展的机会。而乡村学校的课程设置单一，许多学校甚至无法开设音乐、美术等基础课程，学生的综合素质发展受到严重制约。

乡村学生在教育评估体系中也处于不利地位。城市学校由于资源丰富，能够为学生提供个性化的指导和针对性的培训，学生在升学考试中占据明显优势。而乡村学生由于缺乏资源支持，难以在激烈的竞争中脱颖而出，这种教育评估体系的资源导向性进一步强化了城乡教育的不平等。乡村学生参与课外实践活动的机会也极为有限。城市学校通过丰富的社会实践和校外活动，帮助学生拓宽视野和积累经验，而乡村学生由于经济条件和学校资源的限制，往往难以参与类似的活动。这种差距使乡村学生在实践能力和社会适应性上明显落后。

乡村学生在教育资源获取上的局限性还体现在文化和体育活动的参与上。城市学校每年组织丰富多样的艺术展览、文化节和体育赛事，为学生提供全面发展的平台。而乡村学校由于经费和人力不足，很少组织此类活动，学生的艺术和体育才能难以得到充分发展。这种差距直接影响了乡村学生的自信心和社会交往能力。乡村学生在心理健康支持上的资源也极为匮乏，城市学校普遍配备专业的心理咨询师，可以及时帮助学生解决心理问题，而乡村学校的心理健康服务几乎为空白，学生在面对学业和生活压力时缺乏有效的帮助。这种心理健康支持资源的不均衡加剧了乡村学生的学习和生活困境。

乡村学生缺乏享受优质教育机会还体现在教育理念的差距上。城市学校普遍推崇以学生为中心的教育理念，通过丰富的教学方法和多样化的课程设计，全面提升学生的学习体验。而乡村学校由于条件限制，教育理念较为陈旧，教学方式以灌输式为主，难以激发学生的学习兴趣和主动性。这种教育理念的差距使乡村学生在知识吸收和能力培养上处于被动地位。乡村学生的优质教育机会缺失不仅是教育资源分配不均的结果，也是城乡经济和社会发展差距的体现。这种现象对学生的个人成长和社会发展都产生了深远的负面影响，亟须引起全社会的关注。

二、教育资源分配不均的成因

（一）城乡经济发展不平衡导致资源集中于城市

城乡经济发展水平的长期不平衡，直接形成了资源分配的初始差距。这种差距源于区域产业结构的不同。城市地区聚集了高附加值的工业、服务业和金融业，这些产业创造了较高的经济产值，为地方政府提供了充足的财政收入。而乡村地区的经济主要依赖于农业、初级资源开发等低附加值产业，经济产出较低，导致地方财政能力的差距不断拉大。这种财政能力的鸿沟是城乡教育资源分配不均的基础性原因。

地方政府在经济发展的驱动下，将资源的优先分配向经济活动集中地区倾斜。城市经济增长对财政贡献度高，因此在资源争夺中占据上风。相较之下，乡村地区因经济效益较低，难以在资源分配中获得公平的权重。此外，城乡经济不平衡还决定了地方教育投资能力的悬殊。城市政府能够调动更多资金用于教育发展，乡村地区则受制于有限的财政资源，在教育领域的支出十分有限。这种经济发展的基础性差距决定了城乡教育资源投入的不对等局面。

经济发展的不平衡也通过就业和人口流动进一步影响资源分配决策。城市吸引了大量劳动力和年轻家庭，经济活动和人口聚集度的提升使城市地区成为资源倾斜的主要方向。而乡村地区的经济活力不足，人口外流加剧，资源分配的必要性被进一步弱化。这种因经济发展差距而引发的资源分配倾向，使得城乡教育资源配置问题具有根源性。

（二）教育财政政策向城市倾斜

教育财政政策的设计在分配标准和权重上体现了对城市地区的优先性，这一倾向的根本原因在于资源分配决策机制的城市导向。政策设计者往往以生源数量、学校规模和社会效益作为分配的主要参考依据。这些指标在城市学校中占据明显优势，因为城市人口密集、学校集中，符合这些标准的学校更多。而乡村地区因地广人稀，生源较少，难以满足政策分配中设定的权重需求，导致资源分配的倾向性结构进一步固化。

教育财政政策的导向性还受到资源配置理论的影响。政策制定中普遍采取"效率优先"的原则，即优先支持能够产生更大社会效益的地区和学校。城市学校因管理完善、资源利用率高，往往被认为能够更高效地使用资源，而乡村学校因条件限制被视为高投入低产出的地区，这种"效率优先"的政策理念从根本上决定了资源分配向城市学校倾斜的趋势。

教育财政政策的设计还受到集权化管理模式的制约。许多政策的制定和实施由中央或省级教育部门统一进行，而地方政府在资源分配中自主权不足，无法根据乡村地区的实际需求调整分配方案。这种集权化的财政政策设计未能充分考虑乡村教育的特殊性，导致政策分配结果偏离了资源需求的真实结构。政策制定时的这种城市偏向直接形成了城乡教育资源的配置差距。

（三）乡村人口流失加剧教育资源闲置与浪费

乡村人口持续流失是教育资源分配失衡的重要根源，这一现象背后是乡村地区经济和社会发展滞后的深层原因。乡村地区因经济发展机会不足，吸引力逐渐下降，大量青壮年劳动力外出务工，直接带走了潜在的学生生源。随着家庭人口向城市迁移，乡村学校的学生数量显著减少，资源需求随之下降。这种人口变化从根本上削弱了乡村地区对教育资源的需求权重。

人口流失的根源在于城乡发展机会的不对等。城市地区提供了更高的收入、更完善的公共服务和更多的职业选择，吸引了大量家庭转移居住地。这种迁移使得资源配置决策中人口统计数据的权重发生转移。教育资源的配置依据包括生源数量和未来需求预测，乡村地区因人口减少而失去了资源配置中的竞争优势，导致资源逐渐向城市集中。

乡村人口流失还引发了资源需求的动态性变化。许多乡村地区在政策制定阶段的人口统计数据与实际情况存在显著脱节，导致教育资源分配计划无法适应人口流动带来的结构性变化。这种动态变化与政策调整的滞后性之间的矛盾，使乡村地区逐渐被资源分配体系边缘化。这种深层次的动态人口流失直接导致资源配置机制的失衡。

（四）乡村教育管理体系与资源整合能力不足

乡村教育管理体系的资源整合能力不足源于管理结构的分散和资源协调机制的缺乏。乡村地区的教育管理部门在机构设置上往往层级复杂、职能分散，不同部门之间缺乏协调机制，导致资源整合效率低下。许多教育资源分配项目在实施中因多头管理而效率低下，资源无法按照实际需求高效分配。这种结构性缺陷直接削弱了乡村地区对教育资源的整合能力。

资源整合能力不足还与基层管理者的专业素质有关。乡村教育管理部门中专业化管理人才的缺乏使得资源分配中的科学决策能力受到限制。一些管理者欠缺教育资源分配的系统化知识，导致资源整合的效果不佳。这种管理能力的不足在教育资源的统筹使用中表现得尤为明显，许多资源因缺乏整合而被分散使用，未能形成规模效应。

乡村教育管理体系中缺乏现代化的管理工具也是资源整合能力不足的深层原因。城市地区的教育管理部门能够依托大数据、信息化系统和精细化管理手段实现资源的高效分配，而乡村地区因基础设施薄弱和技术手段落后，无法实现同样的资源协调能力。这种技术能力上的差距进一步加剧了资源整合效率的城乡差异。

（五）地方教育自主权不足，缺乏因地制宜政策支持

地方教育自主权不足的根本原因在于政策执行体系的集中化管理模式。许多教育资源分配政策由中央或省级部门统一制定，地方教育管理部门在资

源分配过程中仅具有执行权，难以根据实际需求调整分配方案。这种集权化的决策模式忽视了地方教育发展的差异性，导致资源分配方案未能充分体现乡村地区的特殊性。

教育政策的集中化执行还源于政策制定者对资源控制权的高度重视。中央和省级部门为了确保政策实施的统一性和规范性，往往严格限制地方政府在资源分配中的自主权。这种严格的管控模式使得地方教育管理者在面对突发性需求时缺乏灵活性，难以根据实际情况快速调整资源分配方案。

地方教育自主权的不足还与管理层级的复杂性有关。教育资源分配政策在执行过程中需经过多级审批，地方教育管理部门的决策权限被层层限制。这种多级管理模式削弱了地方政府对资源的灵活调控能力，导致资源分配过程中效率低下、针对性不足。这种自主权的缺失是导致乡村教育资源分配问题的深层次原因。

三、教育资源分配不均的主要影响

（一）限制乡村教育发展的整体水平

教育资源分配不均严重限制了乡村教育的整体发展水平。城乡学校在基础设施和教学条件上的差距，直接削弱了乡村学校提升教学质量的能力。乡村学校因为缺乏必要的教学设备和实验设施，教师无法充分展开课程内容，学生的实践能力也因此受到限制。没有现代化的教学环境，课堂效率难以提高，教学内容的传递受到限制，学生的综合素质培养因此受阻。城市学校因为资源充足，能够迅速跟进教育改革的步伐，而乡村学校在资源匮乏的背景下，教育创新的空间被极大压缩，长期停留在传统教学模式中。这种局限性使得乡村学校在整体水平上无法与城市学校竞争。

教育资源分配的不均还直接影响了乡村学校的教师队伍建设。乡村学校因为资源不足，无法吸引更多高水平教师加入，教师的专业化发展也受到限制。教师数量不足的问题导致课程设置不完整，部分学科的教学只能以形式化的方式进行，这种不均衡使得学生的基础知识学习受到影响。教师的专业发展停滞，在教育资源分配不均的背景下变得更加突出。城市学校能够定期组织教师培训活动，而乡村教师因为缺乏资源支持和培训机会，难以与时俱进地更新教育理念和教学方法，这种停滞进一步拉大了城乡教师能力上的差距。

教育资源的不均使得乡村学校难以形成优质教育的积累效应。优质的教育需要长期的资源投入和持续的优化，而乡村学校在资金、人力和社会支持上的长期匮乏，使教育发展缺乏稳定的基础。学生在教育资源不足的环境中难以充分挖掘个人潜力，这种对个体发展的制约反过来影响了学校整体的教育成效。学校因为生源质量低，无法取得突出的教学成绩，进一步丧失了吸引资源的能力。这种恶性循环使得乡村教育水平长期停滞不前，城乡教育发展水平的差距越来越明显。

教育资源的分配不均还妨碍了乡村学校信息化水平的提升。现代教育的发展需要依托信息技术的支持，而乡村学校因为资源投入不足，无法建立起完善的信息化教学体系。信息技术的缺失不仅影响了乡村学生获取外界知识的途径，还进一步拉大了城乡学生在技术素养上的差距。这种差距不仅是教育质量上的问题，更是乡村教育整体水平长期落后的重要原因。

（二）乡村学生教育公平权利的严重缺失

教育资源分配不均直接导致了乡村学生在教育公平权利上的严重缺失。城乡学校在教育资源上的巨大差距使得乡村学生在起点上就处于劣势。乡村学校的基础设施和教学设备匮乏，导致学生无法在与城市学生同等的环境下接受教育。乡村学生缺少现代化的教学条件和实验设备，学习的机会和内容受到了极大的限制。城市学生在资源丰富的背景下，可以通过多种渠道接触到更高质量的教学资源，而乡村学生只能依靠单一的课本和陈旧的教学内容，这种资源的不均等直接侵蚀了乡村学生的公平权利。

教育资源分配的不均还体现在师资力量的差距上。乡村学校因为教师数量不足和专业水平有限，学生无法享受到与城市学生同等的教学质量。乡村学生因为教师资源匮乏，在学习基础学科时难以获得扎实的指导，而艺术、体育等非核心学科则因为师资缺乏而被直接忽视。教师水平的差距让乡村学生在知识获取上处于劣势，这进一步削弱了他们的学习能力和兴趣。城市学校因为教师资源充足，可以提供丰富多样的教学内容和课外活动，而乡村学生的学习内容和形式却因为资源不足显得单调和被动。这种教育体验上的巨大差距侵蚀了乡村学生的自信心和学习兴趣，直接影响了他们的成长与发展。

乡村学生在教育资源分配中的边缘化还导致了其社会竞争力的下降。城市学生可以通过丰富的教育资源积累更多的学术能力和社会技能，而乡村学生因为资源限制，成长路径显得局促和单一。学生因为缺乏实践和综合能力的培养，在升学和就业竞争中无法与城市学生平等竞争。这种教育资源上的不公平不仅影响了乡村学生的个人发展，也在社会层面进一步加剧了城乡之间的不平等。

教育公平的缺失还削弱了乡村学生对教育本身的信任感。学生因为长期处于资源匮乏的学习环境中，对教育的公平性产生怀疑，学习动机受到影响。这种信任感的缺失不仅对学生个人的发展形成阻碍，还对乡村学校的教育生态产生了负面影响。乡村学校因为资源分配的不公平难以激发学生的潜能，教育的吸引力和影响力进一步下降，乡村学生的教育公平权利在这种不平等的环境中逐渐丧失。

（三）削弱乡村社会发展的内生动力

教育资源分配不均对乡村社会发展的内生动力产生了深远的负面影响。教育是乡村社会发展的核心驱动力，资源的不均等直接削弱了乡村培养人才的能力。乡村学校因为资源不足，无法提供高质量的教育，学生在这样的教育环境中难以获得系统的知识和技能。缺乏教育资源的支持，学生无法适应现代社会对劳动者能力的要求，人才供给的不足使得乡村社会的发展动力被削弱。没有足够的人才支撑，乡村地区的经济发展难以转型升级，社会发展的基础因此受到动摇。

教育资源的不足还影响了乡村社会的文化传承与创新能力。乡村学校因为教育内容单一和资源不足，学生在接受传统文化教育时缺乏系统性和深度。许多乡村地区的特色文化因为教育资源的匮乏而无法有效传承，乡村学生对本地文化的认知逐渐淡薄。教育资源分配不均限制了学生对外界文化的接触，文化创新能力也因此受到压制。这种对文化传承与创新的双重影响直接削弱了乡村社会发展的文化动力。

教育资源的不均等还削弱了乡村社会对教育的信任和支持。乡村家庭因为教育资源的匮乏而对孩子的未来发展失去信心，这种信任感的缺失使得家庭和社区对教育的支持意愿下降。社区对教育的投入和参与度不足，进一步削弱了乡村教育的社会基础。教育资源的长期匮乏还导致乡村社会在面对外部挑战时缺乏足够的应对能力。没有系统化的教育支撑，乡村社会的发展潜力难以释放，这种发展动力的缺失成为乡村社会整体发展水平提升的最大障碍。

教育资源分配不均还影响了乡村社会的整体认同感。乡村学生因为长期处于资源劣势中，对自身社区的认同逐渐下降，外出求学和就业的倾向性显著增加。这种人口的流失进一步加剧了乡村社会的"空心化"现象，教育资源的稀缺性与人口流失之间形成了恶性循环。社会发展的内生动力因此被进一步削弱，乡村社会在教育资源分配不均的背景下陷入了难以自我突破的困境。

（四）乡村地区进一步被边缘化，振兴目标难以实现

教育资源分配不均加剧了乡村地区被边缘化的趋势。乡村教育体系因资源的长期不足而变得脆弱，乡村学校在竞争中逐渐失去吸引力。学生和家庭因对教育质量的失望而选择将资源投向城市教育系统，这一现象使得乡村教育的社会支持进一步弱化。乡村学校因为生源流失、经费短缺而无法维持正常运营，区域教育体系的功能受到严重削弱。乡村地区在教育资源竞争中的处境越发边缘化，使得原本有限的资源更加难以获得。

乡村地区的边缘化还体现在教育对区域经济和社会发展的支撑能力上。乡村学校因为资源分配不均而难以培养出具备现代竞争力的人才，人才供给

不足使得乡村地区的发展明显缺乏后劲。没有充足的人才支撑，乡村产业结构难以转型升级，传统农业模式无法适应现代经济发展的需求。教育资源分配的不均形成了对乡村经济发展的长期制约，乡村社会在这一过程中陷入了内生发展动力不足的困境。

教育资源分配不均还进一步削弱了乡村社区的凝聚力。乡村学校因资源不足而失去原有的文化传播和社区服务功能，学校逐渐与社区割裂，乡村居民对学校的依赖性降低。学校原本作为乡村文化和知识传播中心的角色被弱化，乡村社区在教育资源不均的背景下变得更加分散。社区因教育资源的不足而无法形成强大的凝聚力，乡村社会的集体意识和向心力也受到冲击。

乡村地区的教育边缘化还使区域振兴目标更加难以实现。教育资源的不均使得乡村教育无法为振兴战略提供有效的支持，教育系统在乡村振兴中的功能未能充分发挥。振兴目标的实现需要大量高素质人才的支持，而教育资源的短缺使得乡村地区无法满足这一需求。振兴过程中的政策资源也因为教育体系的低效而难以转化为实际成果，导致乡村地区难以摆脱被边缘化的状态。教育资源的不均等对乡村振兴的制约，反映了城乡发展资源配置中的结构性问题。

乡村地区的边缘化趋势在教育资源分配不均的背景下表现得尤为突出。城乡之间教育资源的失衡使得乡村地区在社会分层中处于不利地位，乡村居民的上升通道因教育资源的缺乏而变得狭窄。教育资源的不均形成了乡村社会发展的瓶颈，乡村振兴的长期目标因此变得更加难以达成。这种边缘化的现象不仅是教育资源分配问题的结果，也是整个社会经济发展格局失衡的缩影。

（五）城乡教育格局固化，社会流动性受限

教育资源分配不均在城乡之间形成了固化的教育格局。城市地区因教育资源的集中而成为教育竞争的中心，乡村地区则因资源不足而逐渐丧失教育竞争力。这种格局固化使得城乡教育系统之间的鸿沟不断加深，城乡学生在教育起点上的差距被固定化。乡村学生在资源匮乏的教育体系中难以获得足

够的发展机会，城乡教育的不平等因此被长期延续。教育资源分配的不均将城乡学生的教育路径分化为两种截然不同的模式，乡村学生的社会流动性因教育资源的限制而受到阻碍。

城乡教育格局的固化还直接影响了社会阶层的流动。城市学生因享有丰富的教育资源而具备更强的升学和就业竞争力，这种优势使城市学生更容易进入高等教育和高收入职业领域。乡村学生因资源不足和教育质量较低，在升学和职业选择中明显处于劣势。城乡教育资源的差距直接决定了城乡学生在社会竞争中的位置分布，教育成为城乡阶层分化的重要推动力。资源分配的不均使得教育系统的平等性大打折扣，社会流动的路径因城乡教育格局的固化而变得越发狭窄。

教育资源的不均还限制了乡村学生的视野和发展潜力。城市学生通过优质的教育资源能够接触到更广阔的世界和更多的机会，而乡村学生因资源匮乏只能局限于有限的学习环境中。这种资源上的不对等形成了城乡学生在能力和视野上的明显差距，这种差距直接影响了乡村学生在未来社会中的竞争能力。城乡教育资源的固化使得社会流动性减弱，乡村学生难以通过教育改变自身的命运。

城乡教育格局的固化还影响了社会整体的发展效率。教育资源的集中分配使得城市地区的教育系统更加发达，而乡村地区的教育系统则因资源短缺而难以为社会发展提供足够的支持。这种教育资源的集中化趋势不仅导致了城乡之间的发展差距，也削弱了社会整体的教育效能。城乡教育的不平等导致社会流动的通道变窄，社会分层的固化现象日益明显。教育资源的不均不仅是城乡差距的反映，也是社会流动性受限的重要原因。

城乡教育格局的固化最终形成了一个相互强化的闭环。教育资源的分配倾向性使得城市教育系统的优势不断扩大，而乡村教育系统的劣势则愈加突出。这种格局的长期存在不仅影响了乡村学生的个人发展，也削弱了社会公平性和社会凝聚力。社会流动性的受限反映了城乡教育资源分配问题对整体社会结构的深远影响。城乡教育格局的固化不仅影响了当代学生的发展，也对未来社会的阶层分布和公平竞争产生了深远的影响。

第二节　教育内容与乡村振兴需求脱节

一、教育内容与乡村振兴需求脱节的主要表现

（一）基础教育课程设计未能体现乡村振兴理念

基础教育课程设计在乡村振兴理念的体现上存在明显不足，主要表现为课程内容聚焦于城市化背景下的通用知识，而对乡村经济、生态与文化等关键领域缺乏关注。乡村学校的课程大纲与教材内容通常按照统一标准进行设计，教学内容未能结合乡村的实际特点进行调整。课堂中的案例分析多来源于城市环境，而涉及乡村社会与经济实践的内容则几近空白。课程安排过于注重学科理论知识的传授，使得乡村学生难以从基础教育中获取与其生活及未来发展密切相关的实用信息。

（二）职业教育内容与乡村产业发展需求脱节

职业教育课程内容在许多乡村地区与地方经济发展的需求脱节，主要表现为课程设置未能与乡村特色产业方向保持一致。职业学校的课程通常集中于工业生产或城市服务业相关技能，而对农业生产、生态旅游、乡村物流等乡村经济核心领域关注不足。例如，与乡村经济密切相关的智能化农业设备操作、新型种植技术、农产品供应链管理等课程内容在职业教育中鲜有体现，课程设计难以满足乡村产业发展的实际技术需求。

实践课程内容与乡村实际需求的脱离问题同样突出。职业学校的实践环节通常依赖于通用的实训基地，这些基地模拟的工作场景大多以城市企业的运作模式为模板，而乡村经济中的关键技能，如农业机械的使用、农产品初加工技术、乡村基础设施建设等，并未在实践教学中得到充分体现。学生在实训过程中所使用的设备和工具与乡村环境中常见的工作条件存在明显差异，实践教学的内容难以与乡村经济的真实需求形成对接，学生在学习后无法直

接适应乡村岗位的技能要求。

（三）乡村学校缺乏与实际生活相结合的技能教育内容

乡村学校在教育内容设计中对实际生活技能的关注明显不足，这种现象集中体现在课程中技能教学模块的缺失。学校课程安排以学科理论为核心，学生主要接触的是高度抽象化的知识点，而与日常生活紧密相关的内容较少出现在教学计划中。像科学种植、家畜养殖、基础水电维修等贴近日常生活的实用技能，未被纳入课程体系，学生在学习过程中难以将课堂所学与现实生活相连接，教育内容因此与乡村学生的实际需求严重脱节。

实践类课程在教学活动中的占比偏低问题也十分突出。乡村学校由于资源有限，实践活动的组织经常受到教学时间和基础设施条件的限制。即便设置了实践课程，其内容往往过于单一，缺乏多样化和针对性。例如，很少有学校安排学生参与田间作物观察、乡村小型生态环境研究或基础设施修缮等活动，这些本应成为实践教学的重要组成部分的内容在实际教育中被忽视。技能教育的实施更多停留在理论讲授阶段，学生缺乏通过动手实践巩固技能的机会，教学的实用性因此大打折扣。

乡村学校的课程还未能有效覆盖现代技能教育的内容，与学生未来生活和工作需求的关联度较低。例如，乡村旅游服务、电子商务运营、农产品品牌管理等新兴技能在许多乡村学校的课程设置中仍然空白。这些技能的缺乏使得乡村学校教育内容无法适应乡村经济和社会发展新趋势，学生在学校中学习的知识与未来职业发展路径之间难以形成有效连接。现代技能课程的空缺更加凸显了乡村教育内容设计忽视实际生活需求的问题，进一步加剧了乡村教育与地方发展的脱节问题。

（四）传统文化与乡土知识在课程中的缺失

乡村学校课程设计对传统文化和乡土知识的关注度普遍不足，这一问题在教材内容、教学实践以及课程活动中均有体现。教材中涉及乡村传统文化的内容比例极低，许多地方特色的民间艺术、传统技艺以及乡村文化历史未被系统地纳入课程。乡村学生在学习过程中接触到的知识以通用性内容为主，缺乏与自身文化背景相关的内容，导致学生对家乡的文化传统知之甚少，对乡村社会的认知相当有限。

课堂教学环节对乡土知识的重视程度同样不足。教师通常严格按照标准化教材完成教学任务，而与地方文化相关的内容很少在课堂中被引入。例如，乡村地区独特的生态系统、传统农耕方式、特色农产品以及地方节庆背后的文化内涵，鲜有机会在教学中出现。这种标准化教学模式使学生难以从课堂中学习到与自身生活环境密切相关的知识，更无法对乡村社会的文化价值和结构形成深刻理解。

课程设置中传统文化教育的形式化现象进一步加剧了这一问题。尽管一些乡村学校会通过文化节或社团活动引导学生关注地方文化，但这些活动的内容往往停留在表面，缺乏系统规划和深度延展。活动组织的零散性和短期性使得学生仅能对地方文化产生浅显的认知，而无法在学习中深入理解乡村文化的多样性和重要性。

（五）乡村教育评价体系对实践能力培养重视不足

乡村教育评价体系对学生实践能力的重视不足，在多个方面表现得尤为明显。现有评价指标集中于学科成绩，实践技能的发展明显被忽略。评价内容缺乏对动手能力、创新思维和问题解决能力的具体考核标准，导致实践课程在整个评价体系中的地位被边缘化。这种设计直接影响了学校对实践教学的重视程度，课程安排中实践活动的比重因此被大幅削减。

评价方式的单一化进一步凸显了问题的深层次表现。乡村学校普遍通过笔试来衡量学生的学习成果，而实践活动所带来的学习效果在现有体系中很难体现。例如，学生在参与农业实验或社区服务活动中所获得的经验与技能，评价体系往往无法捕捉和量化。笔试的单一导向使得学校教学内容倾向于理论知识，忽略了乡村教育在培养实际技能方面的潜力。

评价内容形式化的现象也暴露了问题的深度。例如，部分学校虽然在评价指标中加入了实践环节，但具体操作多流于表面。常见做法是通过简单的课堂实验记录分数，而不深入考查学生在真实情境下运用技能解决问题的能力。这种表面化的评价方式削弱了学生在实践课程中的学习动力，使得实践能力培养在乡村教育体系中始终处于被忽视的状态。实践课程未能在评价中发挥应有作用，进一步限制了乡村学生综合能力的全面发展。

二、教育内容与乡村振兴需求脱节的原因

（一）课程设计脱离乡村产业实际需求

课程设计脱离乡村产业实际需求根源在于教育体系的整体规划和管理模式中的结构性问题。城乡教育的标准化管理方式在课程开发中没有充分体现乡村地区的产业特性和发展需求，导致课程内容更多面向城市经济体系。课程制定以全国统一标准为核心，优先满足城市工业化、信息化和服务业的需求，却忽视了乡村经济中占据主体地位的农业、畜牧业、林业，以及近年来兴起的乡村新兴产业。课程设计者多为城市化背景，对乡村经济结构和产业特点的认知存在局限性，这种视角的单一性直接导致课程内容与乡村实际需求之间的脱节。

顶层导向对课程与乡村产业需求的结合也形成了制约。在教育目标的设定中，国家和地方教育部门更注重提升学生的学业成绩和升学率，乡村产业需求相对被边缘化。课程开发的核心目标集中在普适性学科内容上，而对特定区域的乡村产业需求则缺乏深入分析。这种政策倾向使得乡村学校在执行课程时难以灵活调整内容以满足本地产业的特点。例如，在课程大纲中，针对乡村地区农业技术、生态保护或农村经济管理的内容被淡化，导致乡村学校只能被动适应全国统一的课程标准，无法服务于乡村经济的实际发展需要。

教师在课程设计能力上的不足同样是一个重要原因。乡村学校的教师往往缺少与农业生产、乡村经济和新兴产业相关的专业背景和实践经验，因此难以在课程中有效融入乡村产业需求。教师培训体系中关于农业技术、乡村经济管理和地方产业发展的专项内容覆盖率低，现有培训多集中于普遍性教学技能的提升，忽视了乡村教师的专业化需求。缺乏相应培训的支持，使教

师在课程设计上只能照搬城市教育标准，教学内容理论化和城市化的倾向更加明显，课程与乡村实际需求的距离也因此进一步扩大。

产业与教育之间的沟通障碍，进一步导致了课程设计脱离乡村实际需求。乡村产业发展具有动态性和多样性，但教育部门与地方产业界之间的合作机制不够完善，课程开发过程未能有效吸纳产业需求的意见。乡村地区近年来在数字农业、乡村电子商务和生态旅游等领域发展迅速，但这些新兴产业的技能需求并未及时反映在课程内容中。教育系统在适应乡村经济变化的过程中显得滞后，产业界的需求和教育体系之间缺乏联动，使课程内容难以完成对乡村实际需求的精准覆盖。这种沟通断层在一定程度上固化了课程内容与产业实际之间的脱节状态，阻碍了乡村教育与地方经济的有效协同发展。

（二）教育内容开发忽视地方特色与文化传承

教育内容开发对地方特色和文化传承的忽视，根源在于教育政策的高度统一化倾向。课程设计与教材编写大多由中央或省级教育部门集中负责，地方教育部门在决策中的话语权和参与度相对较低。这种集中的开发模式将重点放在满足广泛适用性的城市化需求上，乡村文化和地方特色却被排除在优先事项之外，甚至完全被忽略。在这种体系下，课程内容通常聚焦于主流学科知识和通用技能，而与乡村生活和地方文化相关的内容长期处于边缘地带，学生难以通过教育获得对自身文化背景的深入了解。

内容开发团队的组成进一步加剧了这种现象。教材编写和课程设计团队通常由城市背景的专家和学者主导，他们的专业知识和生活经验主要基于城市化环境，对乡村文化的理解和认同程度较低。团队构成的单一性使得课程内容更多地反映城市主流社会的价值观和知识体系，而乡村文化的丰富性和多样性却难以在课程中得到体现。即使某些课程中提及了乡村主题，其内容往往过于抽象化和概念化，缺乏与地方实际的联系，也未能呈现出乡村文化的独特性。

教育评价体系对文化传承的忽视同样是关键因素。现行的评价标准侧重于衡量学生的学科知识掌握程度，而与文化传承相关的内容在评价指标中的占比极低。这种评价导向直接影响了教育内容开发的重点，考试目标被置于核心地位，而地方文化和乡村特色知识因不直接服务于考试需求而在课程设计中被弱化。学校在课程实施过程中，也倾向于减少与地方文化相关的教学内容，将更多时间和资源投入考试科目的教学中。

地方教育部门在课程内容开发中的低参与度进一步加剧了这种割裂现象。在课程编写过程中，地方教育部门的主要职能集中于政策执行，而缺乏实质性的内容设计权力。即使某些乡村地区尝试将地方特色融入课程内容，由于缺少权威性的教材支持和推广渠道，这些尝试难以在更大的范围内形成影响力。主流课程内容与地方文化之间的分离，使乡村文化传承难以通过教育途径有效实现，地方特色在教育体系中逐渐被边缘化。

（三）教师培训与教育资源开发不够重视乡村特色需求

教师培训与教育资源开发对乡村特色需求的重视不足，其核心问题在于培训内容的高度统一化倾向。当前教师培训主要围绕通用教学技能和理论知识展开，对乡村地区具体需求的针对性严重缺乏关注。培训课程更多强调城市教育场景中的教学方法和现代教育理念，而涉及乡村经济发展、文化传承等内容的专项课程设置较少。乡村教师在培训后发现所学知识与实际教学环境明显脱节，难以有效应用于服务乡村实际需求的课堂教学。

培训资源的集中化特性进一步导致乡村教师培训效果的弱化。多数培训活动集中在城市开展，课程设计以城市教育发展目标为导向，忽略了乡村教育环境的独特性和多样性。乡村教师参与培训时面临多重困难，包括长途交通的时间成本、参与培训的经济压力，以及课程内容与乡村实际教学需求的脱节等问题。这些限制因素让乡村教师即使完成了培训，也难以获得对乡村教育有实质帮助的知识和资源[①]。同时，培训机构与乡村学校之间的交流不足也加剧了这一问题。课程设计未能充分吸纳乡村教师的实际反馈，培训内容因缺乏对乡村教学需求的理解而失去针对性。

---

① 刘松. 山东省农村发展与新型城镇化的耦合协调度关系研究 [D]. 烟台：烟台大学，2024.

资源开发资金的分配方向也限制了乡村教育特色资源的生成。教育资源研发经费主要投向能够快速产生成果的领域，例如城市教育信息化和智能教学设备的开发，面向乡村教育特点的资源研发则因周期长、受众面窄而被忽略。乡村学校在资源分配中长期处于劣势，无法获得足够的支持来开发与本地需求相适应的教学工具和教材。资金流向的集中化不仅造成乡村教育资源的匮乏，也使现有资源更难适配于乡村实际教学环境。

教师对乡村特色需求的理解局限也是导致这一问题的重要原因。许多乡村教师并非本地出身，其教育背景中缺乏针对乡村经济、文化和社会特点的系统化学习与培训，这种认知缺口限制了教师在教学中融入乡村特色内容的能力。即便部分教师尝试通过课程设计满足乡村实际需求，但是因专业知识储备和资源支持不足，也难以有效实施。乡村教师的专业能力与现有资源开发和培训内容的错位，进一步加剧了教育内容与乡村振兴需求之间的脱节问题。

三、教育内容与乡村振兴需求脱节的影响

（一）限制乡村学生职业发展与就业竞争力

教育内容与乡村振兴需求的脱节在多方面限制了乡村学生的职业发展路径和就业竞争力。课程内容过度理论化，缺乏与乡村实际工作场景的对接，导致学生在毕业后难以胜任乡村经济中的主要岗位需求。在农业、林业、畜牧业以及乡村旅游、电子商务等新兴产业中，学生因未能在学校学习到相关技能而处于竞争劣势。例如，农业领域需要农机操作、病虫害防治、新型作物培育等专业技术，但这些内容很少体现在课程中。教育内容未能覆盖这些关键技能，直接导致学生在面对工作岗位的实际需求时力不从心。

这种技能缺失使乡村学生在离开学校后面临更多的实际困难。尽管学校提供了文化知识的基础教育，但学生往往缺乏直接应用的实用能力。例如，生态农业、乡村基础设施建设、电子商务平台运营等领域对劳动者提出了多样化和专业化的要求，但乡村学生在学校中未能系统学习这些知识。尤其是在乡村

经济转型过程中，一些新兴领域如绿色农业和数字乡村产业的快速发展需要大量具有特定技能的人才，而课程脱节使乡村学生在这些领域几乎没有竞争力。

由于就业竞争力缺失，学生心理素质和职业适应能力就显得不足，课程内容未能有效模拟真实的工作场景，在学校中缺乏应对实际职场挑战的训练，这导致他们在求职时普遍缺乏自信。面对复杂的职业环境，乡村学生由于没有足够的实践经验，在应聘过程中往往表现不佳，错失工作机会。此外，课程内容的狭隘性也导致学生对职业选择的认知较为局限，缺乏对多样化职业路径的清晰理解，进一步限制了他们职业发展的可能性。这种教育与职业之间的脱节，使乡村学生的就业竞争力难以与城市学生相媲美。

教育内容的局限性不仅影响就业，还显著削弱了乡村学生的创业能力。乡村振兴需要一大批具有创新精神和实践能力的年轻创业者，但课程中几乎没有涵盖市场调研、资金管理和品牌运营等创业相关的知识。学生在学校缺少对创业必备技能的系统性学习，即便对创业充满兴趣，也难以付诸实践。乡村学生因缺乏教育支持，无法在乡村经济转型中找到适合自己的发展方向。教育内容的不足从学生个体延伸到乡村整体的劳动力市场，削弱了乡村经济在振兴战略中的发展动力。

（二）乡村教育吸引力下降，进一步削弱教育发展基础

教育内容与乡村振兴需求的脱节直接削弱了乡村教育对学生和家庭的吸引力，严重动摇了乡村教育赖以发展的基础。课程内容无法与乡村学生的生活实际和未来需求相契合，使学生在学习中感到知识的空洞和无用。他们在课堂上难以获得对日常生活有帮助的信息或技能，这种脱离实际的学习体验让学生逐渐丧失对教育的兴趣和信心。学习动力的缺乏最终表现为辍学率上升，乡村教育因而陷入生源流失的恶性循环。

家庭对乡村教育的支持也因为教育内容的局限性而减弱。家长通常希望孩子能够通过接受教育获得技能，从而改善家庭经济状况。然而，乡村学校的课程内容以理论知识为主，缺乏对学生实际能力的培养。这种情况让家长对教育效果产生怀疑，逐渐失去对乡村教育的信任。一些家庭选择将孩子送

往城市学校寻求更高质量的教育资源，而不再依赖本地的乡村学校。这种学生流失现象直接影响了乡村教育体系的生源基础，同时也导致乡村学校的资源配置和运行状况进一步恶化。

教师资源也受到教育吸引力下降的连锁影响。乡村学校的教师在日常教学中明显感受到课程内容与学生需求之间的脱节，这种不匹配让教师在实施教学时难以调动学生的积极性，反过来也削弱了他们自身的教学热情。长期缺乏与教学需求相符的内容支持，让教师感到职业发展的空间受限，许多优秀教师因此选择离开乡村教育系统，转向城市学校寻找更好的职业机会。乡村学校的教师流失问题不仅让教学质量难以提升，也进一步削弱了教育体系的稳定性和吸引力。

教育吸引力的下降还削弱了乡村社区对学校的支持力度。乡村社区作为教育发展的重要依托，通常在资源支持和活动参与中扮演重要角色。然而，课程内容的脱节让社区成员开始质疑学校教育的实际作用。他们认为学校教育无法对社区发展产生实质帮助，因此逐渐减少对教育活动的参与和资源支持。学校与社区之间原本密切的合作关系因此变得脆弱，教育体系的内外联动机制逐渐瓦解。这种社区支持的缺失进一步削弱乡村教育吸引力和发展基础，形成了教育内容与乡村振兴需求脱节所引发的长期困局。

（三）影响乡村产业结构升级与创新能力提升

教育内容与乡村振兴需求的脱节显著阻碍了乡村产业结构的升级，并限制了创新能力的全面提升。乡村经济的转型需要一批具备现代农业技术、生态管理知识和创新实践能力的人才，但由于教育内容未能涵盖这些关键领域，乡村学生难以在学校教育中获得相应的知识储备与技能训练。毕业后的学生无法有效对接乡村经济的发展需求，使乡村经济在技术支持和人才储备方面显得后劲不足，进一步制约了乡村产业的可持续发展。

课程内容的局限性导致乡村经济无法顺利引入先进技术和管理理念。现代乡村经济的升级依赖于诸如精准农业、智慧农业和乡村物流等技术领域的推动，但乡村学校的教育内容多局限于基础学科知识，缺失对这些现代技术的讲解和实践安排。学生在课堂中未能接触到精准数据分析、智能设备操作等与这些新兴技术密切相关的内容，导致他们进入乡村劳动力市场后无法有效应用这些技术推动经济升级。这种知识与技术的空白，使得乡村经济的高附加值产业发展停滞不前，整体结构升级的步伐被严重拖延。

乡村教育体系对创新能力培养的不足进一步限制了乡村经济的整体竞争力。创新需要创造性思维、系统解决问题的能力以及实践经验的积累，而这些能力的培养需要教育内容中融入项目式学习、跨学科应用等教学方法。然而，当前乡村学校的课程内容更多集中于知识点的记忆与重复性练习，鲜有针对性强的项目活动或实践课程来培养学生的创新能力。学生在接受教育时难以接触真实问题或实际场景，这直接导致他们在社会实践中缺乏对复杂经济问题的创造性解决能力。

乡村经济的多样化发展需求在现有教育内容中也未得到充分体现。乡村振兴战略提出发展乡村旅游、生态农业和特色文化产业等多元化产业，这些领域需要学生掌握跨学科的综合知识与实践技能。然而，乡村学校的课程内容未能涵盖这些新兴领域所需的技术和知识。学生在学校教育中缺少对这些领域的了解和操作经验，导致乡村劳动力市场难以获得符合需求的专业人才。这种教育与经济需求的脱节，使得乡村产业创新能力难以突破，乡村经济结构的优化进程由此放缓。

教育内容的不足还削弱了乡村地区在引进外部资源和技术时的吸收能力。乡村经济的发展需要结合外部先进资源和技术创新，但由于本地劳动力的知识储备不足，这些外部资源和技术难以在乡村实现高效转化和本地化应用。例如，乡村劳动力对现代化生产设备的操作不熟悉，对生态农业管理模式缺乏理解，使得这些技术引入后难以发挥实际作用。人才培养与经济需求之间的断层，使乡村在技术与资源利用方面始终处于被动局面，进一步延缓了产业结构升级和创新能力提升的进程。

（四）阻碍乡村文化的有效传承与振兴

教育内容与乡村振兴需求的脱节对乡村文化的传承与振兴构成了显著阻

碍，这种影响在课程设计和学生认知层面表现尤为突出。学校课程内容对乡村特色文化的覆盖率极低，地方传统文化的教育几乎缺失，导致乡村学生无法深入了解本地文化的丰富内涵。在许多乡村学校中，与乡村社会密切相关的传统节庆、民间技艺以及历史文化故事等内容未能进入课堂，这种教育内容的单一性让学生对本地文化的认知逐渐淡化，乡村文化逐步被边缘化。

课程设计中城市化倾向的主导地位直接导致乡村文化教育价值的忽视。乡村学校的教材和课程更倾向于引入主流城市文化，而乡村独特的文化资源，如非物质文化遗产、地方传统音乐、民俗活动和手工技艺等，未能通过系统化的课程得到有效传播。学生在学校教育中对这些文化资源的接触寥寥无几，甚至在部分乡村地区，教育内容的设计完全忽视了地方文化的教育功能。这种教育模式使学生对乡村文化逐渐失去兴趣，并在认知中形成乡村文化与落后、过时相关的偏见。

教育内容对乡村文化传承的支持不足进一步导致了文化延续的断层。乡村文化的传承通常依赖于代际之间的知识和技能传递，而学校教育本应成为这一传承的重要渠道。然而，由于课程中缺乏乡村文化的系统教育，学生对本地文化的历史背景、艺术特色以及社会价值知之甚少。乡村年轻一代在缺乏文化教育的情况下，对传统技艺表现出冷漠态度，许多地方文化资源因此失去了传承的后备力量。一些珍贵的传统技艺逐渐失传，而乡村文化的整体保护和延续能力也因教育内容的缺位而受到削弱。

乡村文化在教育中的边缘化现象，不仅影响了学生的文化认同，也对乡村社区的凝聚力产生了不良影响。乡村社区的团结和认同往往以共同的文化纽带为基础，而学生通过教育内容学习本地文化是加强这一纽带的重要途径。当学校教育忽视乡村文化的教育价值时，学生对社区文化的兴趣和参与度明显下降。随着年轻一代对乡村文化的疏离，社区成员之间的文化共识逐渐弱化，社区的凝聚力和整体认同感也开始减退。这种现象使乡村社区的稳定性和社会韧性面临新的挑战。

教育内容未能结合现代社会对乡村文化振兴的需求，进一步限制了文化资源的经济转化和社会发展潜力。乡村振兴战略明确提出要发展特色文化产业和乡村文化旅游，这需要学生对地方文化有深刻理解，并具备创新和推广能力。然而，乡村学校的教育缺乏相关内容，学生在学校中未能获得对地方文化进行深入解读、创造性运用的机会。这种教育内容的局限性让乡村文化资源无法通过教育手段转化为推动社会和经济发展的动力，文化振兴在缺乏教育支持的背景下难以实现。这不仅对乡村文化的延续性构成威胁，也使乡村振兴战略在文化层面失去重要助力。

（五）弱化教育在乡村社区治理与发展中的核心作用

教育内容与乡村振兴需求脱节直接影响了教育在乡村社区治理与发展中的作用，特别是在培养社区实际需要的人才方面。乡村学校原本承担着为社区培养具备问题解决能力、公共服务意识和社会协调能力的青年人才的责任，但现有教育内容缺乏针对乡村社区治理需求的有效设计，使得学校难以为社区治理提供足够的知识支持和技能储备。例如，涉及环境保护、资源管理、社会治理等领域的课程内容较为缺乏，学生无法通过学校学习获得相关知识和实践能力。这种教育与实际需求的脱节，削弱了乡村学校在社区治理和发展的参与度。

学校教育未能有效结合乡村社区的实际发展需求，进一步限制了学校在社区中作为社会支持力量的功能。乡村社区的可持续发展需要学校教育提供多方面的支持，如生态保护、公共服务能力提升以及乡村基础设施维护等领域，但课程内容的设计长期偏向城市需求，未能涵盖这些方面的知识。例如，乡村社区需要解决诸如水资源管理、垃圾分类处理、土地利用规划等实际问题，而学生在学校中几乎没有机会学习这些直接关系到社区发展的技能。学校教育在社区发展中的实际作用因此受到严重限制。

教育内容的城市化倾向导致乡村社区对学校的信任感逐步降低。学生在学校学习的内容主要集中于城市社会的通用知识，而这些知识与乡村社区的现实状况缺乏关联。家长和社区成员对教育的预期落空，逐渐对学校教育的功能产生怀疑，认为其无法为学生和社区带来实质性价值。这种不信任关系削弱了社区对学校的支持力度，也影响了学校通过教育提升乡村治理效能的能力，进一步导致学校在乡村社区中的影响力被削弱。

教育内容的设计还影响了乡村学校在培养未来社区治理人才方面的能力。社区治理需要责任感强、具备领导力并能够理解社会结构的人才，但乡村学校教育很少对这些能力进行系统性培养。例如，课程内容缺乏对乡村社会运行规则、公共管理和资源分配等知识的阐释，学生在学校期间缺乏实际的社区治理模拟和实训机会。毕业后，这些学生往往无法在社区发展中发挥积极作用，导致乡村社区在治理能力建设方面缺乏后备力量。教育内容的这一局限性从根本上削弱了乡村社区治理的后续发展潜力，也对乡村振兴的整体推进形成了长期制约。

第三节　耦合机制不健全

一、教育与乡村振兴耦合机制不健全的主要表现

（一）教育政策与乡村振兴政策缺乏协同性

教育政策与乡村振兴政策在制定过程中显现出目标导向上的不协调。教育政策通常集中于提升升学率、优化教学质量和加强师资队伍，而乡村振兴政策则侧重于推动产业发展、改善生态环境和传承文化内涵。这两者在内容上缺乏有机衔接，教育如何服务于乡村振兴的具体路径常常表述含糊，实施细节亦未充分明确，致使两项政策在实践中难以形成合力。

这种割裂还体现在教育目标与乡村振兴需求之间的优先级冲突。教育政策更注重城市化导向的学科知识推广，而乡村振兴所需的地方产业技能与实用型人才培养却未能被纳入教育规划中，缺乏长期协作的机制设计。在乡村振兴政策中，教育领域的定位偏于辅助性，未能与经济发展或文化建设的目标形成直接联系，这进一步使教育在乡村振兴中的定位显得模糊。

在政策执行层面，部门间的协作障碍明显。地方教育部门与乡村振兴实施机构缺乏沟通机制，各自推进自身任务，未能建立联合工作体系。例如，

乡村职业培训与学校课程的设计通常由不同部门分头负责，统筹规划与资源整合不足。这种碎片化的执行方式削弱了教育政策与乡村振兴政策之间的联动效果。

资源配置方面也反映出系统性不足的问题。教育政策的资源分配倾向于改善教学硬件条件，而乡村振兴政策则主要聚焦于经济基础设施建设。这种各自为政的资源投入模式进一步加剧了两类政策的割裂状态，使得教育与乡村振兴在资源整合和协作机制上难以实现深度融合。

（二）教育系统与乡村经济产业发展协作不畅

教育系统与乡村经济产业的协作呈现多方面断层，其中课程内容与产业需求的脱节尤为显著。学校课程偏重普适性的理论知识，忽略了乡村特色产业的实际需求。例如，现代农业技术、农产品加工以及乡村电子商务运营等与地方经济紧密相关的内容，在乡村学校中往往未被纳入核心教学范畴，导致学生所学知识与地方经济需求之间存在明显鸿沟。

在实践环节，教育系统与乡村经济主体之间的联系机制不健全进一步加剧了问题。学校缺乏与农民合作社、乡村企业及地方经济组织建立合作关系的有效渠道，学生的实践活动多局限于校园内部，很少深入实际经济场景。这种局限性削弱了学生在职业技能和工作经验方面的积累，难以通过教育环节真正接触和了解乡村经济的实际运作模式。

学校与乡村经济产业之间缺乏稳定的协作平台同样是一个大问题。由于沟通机制的缺失，教学内容难以根据乡村产业的发展变化及时调整。例如，乡村产业结构调整时，学校课程未能快速匹配新需求，学生所学知识滞后于经济发展的步伐。尤其在乡村电子商务、农业科技和生态旅游等新兴领域，教育系统与产业之间的协作空白问题尤为突出。

此外，教育系统在乡村经济发展中未能有效提供人才供给机制，进一步暴露出协作困境。学校的教学目标更多倾向传统升学导向，对乡村经济所需的技能型人才关注不足。即使一些职业学校设置了农业相关课程，其内容大多停留在基础层面，无法与乡村经济实际岗位需求相对应。教育体系与经济需求之间的长期错位，使乡村经济的发展无法从教育中获得实质性支持。

（三）学校与乡村社区间互动机制不足

学校与乡村社区之间的互动缺失，表现为沟通与协作平台的匮乏。学校在日常运行中往往以孤立的教育体系存在，与乡村社区的经济、文化以及社会事务的关联性较弱。社区成员对学校教育如何服务地方发展缺乏了解，而学校也未能主动参与社区事务，双方的疏离感日益显现，难以建立共同推动乡村振兴的合作框架。

在课程设置与教育活动方面，学校未能有效对接社区实际需求。乡村社区的经济活动、文化传统与生态保护等资源与学校教育的结合较少，这使得社区特色未能转化为学校的教学内容。例如，乡村的历史、传统技艺等文化资源在课堂中少有体现，学生与社区的归属感与认同感因而薄弱。课程设计缺乏与地方实际问题的结合点，未能将社区事务纳入教学或实践范畴，这种疏离反映了互动机制的欠缺。

社区对学校的支持也未形成完善机制。学校在资源整合和活动推进中，未能充分吸纳社区成员的参与。例如，社会实践活动或家校联动项目中，社区参与的深度和广度均显不足，学校与社区之间的协作关系流于形式，难以长期维持。这一现状直接削弱了社区在教育资源与支持方面的贡献，也影响了学校在乡村社会中的实际作用。

教育活动的单向性则进一步加剧了学校与社区的脱节。学校在乡村事务中鲜有主动融入，教育内容与活动难以体现乡村治理与公共服务中的实际需求。乡村社区的问题和需求未能通过教育活动有效传递给学生，教育与社区之间缺乏互动的闭环。这种局面限制了教育系统在乡村振兴中的深度参与，进一步固化了二者之间的疏离状态。

（四）教育与乡村社会治理的融合机制尚未健全

教育与乡村社会治理的融合机制存在显著缺陷，表现为教育活动与治理事务之间的联动不足。学校教育在课程规划和教学实践中，更多聚焦于学术知识的传递和考试成绩的提升，而对于乡村治理需求的回应则显得乏力。乡村治理中的生态保护、基层民主参与以及社区服务等关键领域，未能融入学校教育内容和学生实践活动之中，形成明显的功能脱节。

学校在乡村治理事务中的参与程度较低，也反映了融合机制的薄弱。作为乡村社区的核心机构之一，学校本应通过教育活动渗透到乡村治理的多个方面。然而，现行教育体系对这一功能的挖掘和支持力度不足。例如，学生极少参与社区规划或公共事务讨论，学校与治理机构之间的协作渠道和沟通机制始终不畅，这种低参与度使学校无法在治理事务中发挥实质作用。

课程内容与乡村治理需求的不匹配进一步限制了两者的衔接。课程大多围绕通用性知识展开，对地方治理的特殊需求覆盖不足。例如，学生很少接触社区资源管理、公共事务协调等乡村治理所需的技能，教育活动也鲜少聚焦乡村环境整治或公共资源规划等现实问题。治理领域的许多关键课题，在学校教育中几乎被忽视，直接削弱了教育支持乡村治理的能力。

乡村学校与社区治理之间的合作缺乏稳定的机制保障，导致教育对治理的支持长期处于断裂状态。乡村社区中的传统文化与治理智慧，例如乡贤文化和地方历史记忆，未能通过教育加以整理和传承。学校在社区事务中被教育的单一功能所限制，课程和活动难以对接乡村治理的实际需求，学校与社区的联系日趋松散。

此外，教育系统与乡村治理机构之间的职责分工不清，也妨碍了融合机制的建立。乡村治理对教育系统提出了人才培养、知识传播和社会动员等多层次需求，但双方缺乏明确的合作框架。例如，治理机构很少对学校教育内容进行指导，而学校也未主动融入治理事务。这种职责边界的模糊，使教育与治理的结合难以形成规范化和实质性的实施路径，长期陷入功能脱节的困境。

二、教育与乡村振兴耦合机制不健全的成因

（一）政策设计中部门间缺乏协作机制

教育与乡村振兴耦合机制运行受阻的一个关键原因是政策设计中部门间

的协同缺失。教育政策与乡村振兴政策分属不同部门管辖，各部门在政策制定时常独立推进，缺少跨部门协商和整合的平台。教育部门聚焦于提高教学质量和优化学术体系，乡村振兴部门则专注于产业升级、生态修复以及基础设施建设。双方在目标设定、资源分配和执行路径上存在分歧，甚至出现彼此重叠或相互矛盾的情况。

部门间信息交流的不充分，进一步加大了协作难度。教育部门在规划政策时，对乡村振兴实际需求的了解不足，未能有效响应如职业教育、农业科技培训和乡村治理能力提升等具体要求，导致教育政策与乡村实际脱节。同时，乡村振兴部门在设计相关政策时，很少主动吸纳教育部门的意见，忽略了教育对乡村发展的促进作用。这种信息不对称使得两类政策难以形成有效衔接，削弱了整体推动力。

绩效考核和目标导向的分散化也成为政策协作困难的症结之一。教育部门多将学业成绩和升学指标作为考核重点，而乡村振兴部门则关注产业效益、生态改善等可量化成果。由于各自的评价体系缺乏统一标准，部门之间难以找到共同的工作方向，所以协作意愿薄弱。此外，跨部门协作缺乏统一的考核机制，各部门在执行政策时缺少整合资源的动力和责任感，政策执行的碎片化现象突出。

资源调配上的割裂进一步削弱了耦合机制的运行效率。教育资源的分配通常严格围绕教学任务展开，乡村振兴中的人才培养、社区教育等领域则难以获得足够支持。乡村振兴项目所需的教育要素无法与经济和社会资源有效整合，导致资源配置失衡。教育投入和乡村发展需求之间的脱节，使协同推进过程阻力重重，难以形成资源共享与政策联动的良性循环。

（二）乡村振兴与教育规划之间目标设定脱节

乡村振兴与教育规划之间的目标错位，是耦合机制难以有效运作的核心原因。教育规划通常集中于提升学生综合素质、优化学术成绩和促进升学，而乡村振兴则立足于经济、文化与生态的协调发展。两者在目标设计上各自为政，难以形成协作。例如，教育规划缺乏明确方向来培养符合乡村经济需求的实用型专业人才，而乡村振兴规划也未能充分利用教育系统实现文化传承或提升社会治理能力。

教育规划对地方性需求的忽视是目标错位的一大原因。国家和省级教育政策多以统一标准推进，以城市教育的普适性需求为导向，忽略了乡村发展中的特殊条件。例如，乡村经济亟须具有农业技术、市场开拓能力的本地化人才，而课程设计仍以学术性内容为核心，忽视实践技能与创新能力的培养。这种过于宽泛的目标设定，使教育与乡村振兴的实际需求之间形成明显落差。

乡村振兴规划中对教育的功能定位模糊，则进一步拉大了两者之间的距离。振兴规划常聚焦于产业调整、基础设施完善与生态保护，但对教育如何融入振兴过程缺乏系统性考量。例如，乡村文化传承与社区治理，这些本可通过学校课程与实践活动得以深化的领域，在规划中未被明确提及。教育系统的潜力因此未能被充分挖掘，致使振兴目标中的教育功能处于边缘化状态。

地方层面的沟通缺位则放大了这种目标上的错位。教育规划的制定多以完成上级指标为导向，很少关注乡村振兴中的具体需求，缺乏主动对接地方实际的意愿。例如，地方政府在编制教育目标时，未与乡村产业发展、文化振兴等领域的规划保持联动。此外，振兴规划的设计过程中教育部门的参与度较低，使得教育目标未能纳入乡村振兴全局。缺乏联通的规划体系，进一步导致教育与乡村振兴目标长期处于失衡状态。

（三）乡村教育资源整合能力不足，缺乏统筹

乡村教育资源整合能力的不足，直接影响了教育与乡村振兴的耦合进程。乡村教育资金来源广泛，包括政府拨款、社会援助以及社区内部资源，但由于缺乏统一的协调机制，这些资源在配置过程中呈分散化状态。以政府投入为例，教育经费的分配往往未能充分匹配乡村实际需求，部分学校资源闲置或利用率低下，而另一些亟须资源的学校却因统筹不足长期面临困境。这种失衡现象直接反映了资源整合能力的不足。

制度设计上的短板进一步放大了这一问题。当前的资源分配机制以行政

区划为主要依据，忽略了不同乡村地区之间的差异。例如，经济水平较高的乡村与经济落后地区在教育需求上的显著差异，未能通过现有分配模式得到充分反映。尽管相关政策文件常提出宏观上的资源优化目标，但缺乏明确的实施细则，地方政府在实际操作中难以实现精准的资源统筹①。这种制度性约束使得教育资源整合的效率长期处于低位。

乡村社区资源的潜力未被充分挖掘，也阻碍了资源整合的优化过程。社区中蕴含丰富的农业、手工艺和文化资源，本可通过学校教育得到有效利用。然而，学校与社区之间互动不足，使这些资源未能纳入课程体系或实践活动。例如，当地的农业用地、传统技艺以及历史文化知识，未被转化为教育资源，乡村教育与社区发展脱节的现象由此愈加明显。学校与社区间的资源协同机制缺失，使得教育资源整合的可能性被长期忽视。

社会力量对乡村教育资源的支持不足，同样反映了整合能力的局限。社会企业、公益组织及志愿者团队的介入往往局限于短期的捐赠或项目开展，缺乏持续的协作平台。一些捐赠项目虽然提供了先进的教学设备，但后续的维护、培训支持未能跟进，设备利用率因此受到限制。这种点状的支持模式难以形成资源整合的长效机制，也进一步削弱了社会资源在乡村教育发展中的实际作用。

（四）耦合机制运行缺乏长效的支持政策与资金保障

教育与乡村振兴耦合机制运行受限的一个突出原因在于缺乏长期稳定的政策支持与资金保障，这种缺失直接影响了机制的持续性和有效性。政策设计层面缺乏系统性的长效安排是问题的核心。许多教育与乡村振兴政策以短期任务为重点，强调阶段性成果。例如，政策往往集中于一次性的设施建设或短期培训项目，忽略了长期投入的规划和机制的可持续性。由于政策周期较短，教育与乡村振兴的协作难以形成具有连续性的系统推进框架。

资金分配机制的割裂也使耦合机制在运行中面临障碍。教育与乡村振兴

---

① 陈柳钦. 乡村振兴与新型城镇化战略耦合协同发展研究［J］. 贵州师范大学学报（社会科学版），2024（01）：24-42.

的经费来源通常独立分配，缺乏跨领域整合的平台。教育经费主要用于校舍建设、教学设备更新和教师培训，而乡村振兴资金多集中在基础设施改造和产业发展上。这种各自为政的预算模式在跨领域项目上形成断层。例如，针对乡村职业教育或社区教育的项目，常因资金归属不明或缺少统筹支持而陷入停滞。资金使用的分割与协同性不足，使得教育与振兴相关项目的推进动力不足。

地方政府在资源统筹中的能力不足和偏向短期收益的行为选择，也加剧了长效保障机制的缺失问题。乡村财政资源有限，地方政府倾向于选择能够快速展示成效的基础设施建设，而忽略了软性投入的长期价值。例如，针对教师的专业培训、课程的本土化开发或教育与地方产业的深度结合，这些需要持续投入的领域往往得不到足够重视。这种资源调配的倾斜性进一步削弱了教育与乡村振兴协作的长期推进能力。

社会资金参与度不足则进一步限制了长效支持的可能性。乡村教育和振兴项目对社会力量的依赖日益增加，但激励机制的不完善阻碍了社会资金的有效流入。例如，企业在投身乡村教育项目时，缺乏税收优惠等实际激励，而公益组织由于管理机制不够透明，导致社会资金的应用效率不高。缺乏社会资金的深度参与，使得教育与乡村振兴的协作机制在关键领域面临资金短缺问题，进一步制约了机制的拓展与深化。

监督和评估体系的薄弱同样影响了长效支持机制的建立。教育与乡村振兴政策的实施需要精准地评估和反馈，但现行政策在执行中的监督常流于形式。例如，针对教育资源与振兴项目配套情况的监督，往往缺乏明确的评估标准，部门之间也缺少有效的协作机制。这种监督体系的松散状态不仅导致资源分配效率低下，还使得政策执行难以保持初始方向。长效支持的缺位由此进一步凸显，削弱了耦合机制的整体运行效果。

（五）教育与乡村治理领域的利益相关方协调不足

教育与乡村治理在利益相关方之间的协调不足，是耦合机制运转受阻的核心原因。教育系统与乡村治理体系分别由不同主体负责，各自的目标与资源配置方式存在显著差异。教育部门专注于提升教学质量和升学成果，而乡村治理领域则侧重于公共服务完善、社会秩序维护以及社区发展。这种目标定位的分离使双方难以在合作中找到共同推进的切入点。例如，教育系统鲜少涉足社区治理事务，而乡村治理机构亦未建立引导学校融入治理工作的机制，双方的协作长期处于低水平状态。

职责界定的模糊进一步加剧了协调困境。乡村治理涉及生态保护、文化传承和经济发展等多维度事务，本可通过教育的介入获得支撑，但教育系统往往将这些事务视为额外负担，主动性不足。课程内容中对乡村治理相关问题的关注较少，而乡村治理机构对教育资源的调用也缺乏有效规划。双方职责划分的不明确，使合作中责任界限模糊，具体任务难以落实。例如，学校课程很少设计解决社区问题的模块，而治理机构在教育活动中的指导角色也几近空白，造成协调机制流于形式。

沟通渠道的缺失是协调不足的重要原因。教育系统与乡村治理机构之间缺乏固定的对话平台，信息的传递和意见的交流多依赖于临时性安排。例如，社区文化建设、公共服务改进等与教育紧密相关的事项，很少通过正式渠道传达到教育系统，而教学实践中的资源分配和活动需求也未能进入乡村治理的决策框架。这种信息的闭塞使双方在推进项目时各自为政，资源调度和行动步调难以统一，效率自然低下。

目标冲突也在利益相关方之间形成了协调的障碍。乡村治理机构更倾向于优先投资基础设施和经济发展，而教育部门则集中于提升教学资源和优化教师待遇。这种优先级的差异导致双方在资源分配上难以达成一致。例如，治理机构希望学校在社区活动中承担更多责任，而学校因升学率压力，更倾向于强化课堂教学。两者在优先事项上的矛盾进一步扩大了协作鸿沟，削弱了资源整合与合作推进的可能性。

资源共享能力的不足则进一步限制了协调效果。教育系统与乡村治理机构在资源管理上彼此独立，缺少联动的激励机制。乡村治理积累的社会资源，如乡贤网络、志愿者团队等，未能有效融入学校的教育资源体系；而学校内的知识积累和学生实践能力，也很少在社区事务中得到应用。这种资源整合的低效状态，不仅阻碍了教育与乡村治理之间的深度协作，也让利益相关方的协调机制始终难以顺畅运行，最终导致耦合机制陷入长期低效的循环。

三、教育与乡村振兴耦合机制不健全的影响

（一）教育资源利用效率低，乡村发展需求难以满足

教育与乡村振兴耦合机制的缺失，直接导致教育资源的利用效率持续低下，资源配置与乡村发展的实际需求长期脱节，教育资源在投入后缺乏统一规划，分散而不成体系，削弱了资源的覆盖范围与使用效能。例如，部分乡村学校获得了现代化教学设备，但由于缺乏针对性的课程设置与师资配套，这些资源未能真正转化为乡村教育发展的动力，形成投入与实际需求错位的恶性循环。

教育资源与乡村实际需求间缺乏动态匹配，是资源浪费问题的核心所在。乡村发展对技能型人才的需求日益迫切，但教育体系在职业教育方面的实践能力未能得到充分重视。例如，乡村地区亟须掌握农业技术、加工技能以及数字化运营能力的人才，但学校教育仍以传统学科知识为核心，缺乏针对地方产业需求的课程改革。这种资源配置与乡村需求的分离，使教育资源在服务乡村经济转型时难以发挥实质作用，进一步拉大了教育与乡村发展目标的距离。

此外，资源闲置问题也体现了教育与乡村振兴协同机制的失效。原本用于推动乡村振兴的教育资源，因缺乏科学指导，未能融入地方经济发展中。例如，乡村职业学校的实训设备使用率低下，而产业发展急需的技能型人才却供不应求。这种错配现象不仅抑制了教育资源的效能，还进一步导致乡村劳动力素质提升缓慢，制约了乡村经济与社会发展的整体进程。

（二）削弱乡村教育对振兴过程的支撑作用

教育与乡村振兴耦合机制不健全，显著削弱了乡村教育在乡村振兴进程中的整体支撑效能。作为乡村发展的关键组成部分，教育本应承担培养所需

人才、推动技术传播和优化社会治理等多重功能。然而，机制的不完善使教育系统在振兴过程中难以形成有效的助力，资源、政策与教育体系之间的联动因此变得薄弱，导致其社会、经济和文化促进作用大幅下降。

乡村教育对人才流动的调控功能正在进一步退化，难以为振兴战略提供稳定的人才支撑。教育体系在培养方向上的不清晰使其无法适应地方产业需求，同时，培养机制未能优化，导致乡村振兴所需的人才输送渠道长期不畅。这就使得乡村振兴过程中的知识传播与技术推广能力受限，振兴计划的执行效率大打折扣。

教育系统未能持续为振兴注入动力，使乡村发展潜力长期受限。教育的支撑不足削弱了乡村内部的知识积累和文化沉淀，也使乡村社区发展逐渐丧失凝聚力与创新活力。

（三）乡村人才培养体系难以满足综合发展需求

教育与乡村振兴耦合机制不健全，使乡村教育的人才培养体系难以契合乡村社会发展的多维需求，进而对振兴战略的整体推进产生深刻影响。由于机制的不稳定性，当前乡村教育在多样化人才的培养上存在明显不足，无法为乡村产业转型、文化保护以及社会治理提供全面的人才储备。人才结构趋于单一，成为阻碍乡村全面振兴的桎梏。

这种局限不仅表现在技术型劳动力的匮乏上，更延伸至乡村社会治理和文化传承的层面。乡村治理亟须具备多领域能力的人才支持，但由于教育机制的失灵，教育体系在培养复合型治理人才方面力不从心。与此同时，文化传承与创新因教育支撑的减弱逐渐丧失动力，乡村社会特有的文化多样性陷入消散的危机，文化复兴的实施难以展开，乡村振兴的整体布局因此受阻。

教育体系在适应振兴需求时表现出的滞后性，更加突显新型人才培养能力的短板。乡村产业升级与转型要求教育迅速调整人才培养模式，但机制反应的迟缓使创新型人才的培育几乎停滞。技术型与创新型人才的断层，不仅削弱了振兴战略的实施能力，也让未来扩展乡村发展潜力的可能性受限。长期来看，教育体系的弱势将持续制约乡村社会的自主发展能力，对振兴目标的实现形成深远的掣肘。

（四）导致政策实施效果的碎片化与低效性

教育与乡村振兴耦合机制的不完善使政策实施陷入分散与低效的局面。这种状况突出表现在教育体系与乡村振兴体系的独立运作上，二者缺乏协同导致资源和努力未能聚焦于实际问题，政策目标与执行路径之间的脱节尤为明显。教育政策常常偏离乡村振兴的具体需求，两个领域之间的联动缺失使政策效果呈现出分裂与零散的特征，难以形成系统性的作用。

政策低效首先表现为资源配置的混乱。教育和乡村振兴各自推进相关措施，却缺少统一的全局规划，导致资源分配既有重叠，又存在缺口。例如，教育部门投入大量资金改善学校基础设施，但乡村振兴的重点却落在农业产业升级上，两者在策略设计中未能进行协调统一。一方面，资源重复使用造成浪费；另一方面，乡村发展的核心问题却得不到及时支持。资源错配拖延了振兴进程，也削弱了财政投入的实质性效果。

管理和监督的分离进一步加剧了政策实施的复杂性。教育和乡村振兴各自建立独立的管理架构和监督机制，但在缺乏耦合机制的情况下，相关政策的执行过程缺少统一协调与反馈渠道。执行过程中暴露的问题无法被及时发现，责任被层层推诿。

政策连续性也因耦合机制缺失而受到破坏。一些试图将教育与乡村振兴相结合的政策，因执行过程中没有进行协调或资源短缺，最终被简化甚至中止。例如，培养乡村产业技术人才的教育项目，若缺乏与地方振兴计划的长期配套，仅仅停留于短期活动层面，便难以对乡村发展产生持续影响。这种断点现象削弱了政策本身的成效，也让振兴目标难以深入推进。

基层执行面临的冲突使低效性问题愈加显著。地方政府和学校在落实政策时，经常被置于教育体系与乡村振兴体系的双重压力之下，甚至出现目标冲突。例如，振兴政策需要学校参与社区活动和技能培训，但教育政策却要求学校以提升学生考试成绩为重。这种矛盾让基层单位陷入两难境地，执行过程中难以平衡，政策预期成效大打折扣，低效性问题进一步加剧。

（五）阻碍乡村教育与振兴目标的深度融合

教育与乡村振兴目标的深层次联结，需要依托稳定且高效的耦合机制，而机制的不完善成为阻碍这一联结的主要障碍。这一问题首先体现在教育目标与振兴需求之间的方向性冲突上。教育系统通常聚焦于学术导向和城市化需求，偏重考试成绩和知识传授，而乡村振兴则更注重本地化、实践性和多样化发展。两者在价值取向上的分裂，使政策执行和实际操作难以达成一致，教育系统未能充分契合乡村振兴目标，而成果也难以反哺教育体系。

这种脱节进一步导致教育在乡村振兴中的功能被边缘化。由于耦合机制的缺乏，教育被局限在传统的知识传授和学术培养范畴，无法有效介入乡村振兴的核心议题。职业培训、技术传播、文化传承等本可作为教育深度参与乡村发展的关键方式，却因机制不完善而被忽略，教育与振兴之间的协同效应难以发挥，双方的关系始终停留在浅层次的支持层面，未能形成真正的互动。

反馈路径的断裂是另一个关键问题，进一步削弱了两者之间的联动能力。乡村振兴的具体需求本应通过机制传递到教育系统中，以推动教育内容和政策的动态调整。但实际上，耦合机制的不健全导致教育体系缺乏对乡村现实需求的敏锐感知，同时振兴领域也难以精确定位教育的潜在功能。这种双向信息流的阻断，使教育与振兴无法实现灵活而动态的适应，融合过程因此变得僵化。

乡村教育的独立性在这一背景下也遭到限制。乡村教育本应基于本地实际需求和资源条件发展独特的教学模式，充分体现地方特色。然而，耦合机制的不足让乡村教育长期受制于城市化标准，教学内容和方法趋同于城市学校，难以反映乡村振兴的实际需求。这种模式单一化的问题抑制了乡村教育的内生创新能力，也进一步阻断了其与振兴目标深度融合的可能。

第四节　师资队伍与乡村振兴需求不匹配

一、师资队伍与乡村振兴需求不匹配的主要表现

（一）乡村教师数量不足且流动性较高

乡村教师的数量短缺直接反映在学校师资配置的严重不足上。许多学校难以满足基本的教师配备要求，常常由一名教师同时承担多个学科的教学任务。由于教师人数无法满足需求，一些课程不再开设，学生学习内容呈现明显空白。同时，超出合理规模的班级人数进一步加重了教师的教学负担，致使教育资源分配愈加紧张。

教师的高流动性使这一问题更加复杂。在乡村地区，许多乡村教师的任职时间较短，工作不满三年便调离或辞职的现象尤为突出。频繁的人事变动导致学校在学期甚至学年期间不得不反复调整教学安排，教学计划难以连贯推进。新进教师在适应阶段的教学质量通常较低，而频繁的岗位空缺也导致课程时常出现断档，直接影响学生的学习效果。

为缓解师资不足的状况，一些乡村学校采取聘用临时教师或兼职人员的方式来完成教学任务，但这些人员通常缺乏足够的专业背景与教学经验，导致教学质量难以保障。这种短期应对策略无法为学校提供稳定的师资支持，教育环境因此长期处于不稳定中。

（二）乡村教师专业结构与课程需求严重不符

乡村教师的专业结构与课程需求之间的错配问题，直接体现在学科背景与课程设置的明显脱节上。部分乡村学校中，语文和数学教师的数量相对充足，而外语、信息技术、音乐、体育等课程却长期面临专职教师短缺的困境。这种师资配置的不均衡使得学校难以完整实施全科教学计划，部分课程甚至因无人任教而被迫取消，导致学生的学习内容出现明显空白。

这种专业失衡还延伸至与乡村振兴紧密相关的课程领域。许多乡村学校计划开设涉及农业技术、乡村经济或生态保护的课程，以契合地方发展需求。然而，由于缺乏具有相关专业背景的教师，这些课程在实际操作中流于形式，甚至难以开设。即便有教师被临时安排授课，也因其专业知识储备不足，教学内容通常流于表面，难以满足学生深入学习的需求，课程效果大打折扣。

同时，学科教师数量不均衡的问题在许多乡村学校尤为突出。例如，语文和数学教师在某些学校中明显过剩，但音乐、体育等学科却因师资不足而长期空缺。一些课程只能由非专业教师临时担任，但这些教师往往缺乏足够的学科知识储备和教学经验，课程质量因此受到严重影响。学生在这种环境下，知识结构的完整性难以保障，部分学科的学习甚至形成长期的"盲区"，进一步加剧了教育资源分配失衡的问题。

（三）教师培训体系未能适应乡村实际需要

乡村教师培训内容与实际教学需求脱节，突出表现在课程设计的局限性上。多数培训课程以普适性教学理论为主，难以覆盖乡村教师在实际工作中面临的具体问题，例如如何将乡土文化融入教学，或如何设计符合乡村学生特点的实践课程。这种内容上的失衡，使得培训无法为教师提供与日常教学场景相匹配的支持，教师在教学中面临的核心挑战仍然难以解决。

培训形式的单一化进一步限制了教师技能的提升路径。当前许多培训活动依赖大规模集中授课，缺乏实践操作与交流互动的环节，教师在短时间内吸收知识的难度加大，所学内容难以转化为教学中的可用技能。尤其是在乡村教学中急需的多任务课堂管理能力和跨学科融合教学方法，现行的培训形式未能提供有效的针对性支持，教师专业成长的空间因而被压缩。

此外，乡村教师在参与培训时面临的现实限制也不可忽视。一些培训活动的时间安排与教学任务重叠，导致教师难以抽出时间参加。此外，乡村地区获取培训资源的渠道较少，相关机会较为匮乏。缺乏系统的支持与连续的资源供给，使教师在教育理念更新与教学技能提升方面陷入停滞，乡村教学质量因此难以改善。

（四）教师职业吸引力不足，队伍不稳定

乡村教师职业吸引力的不足首先表现为招聘难。许多乡村学校即使发布招聘信息，依然少有人问津，甚至完全空缺。即便勉强招募到教师，由于缺乏长期激励机制，许多教师在短期内便选择离开，教师队伍面临高频率的人才流失，稳定性难以维持。

这种不稳定性进一步反映在新教师的短期离职现象上。乡村学校的工作条件艰苦，生活环境相对单一，许多新入职教师在任职一到两年后便选择调往城市学校，或者直接转行至其他行业。这种高离职率导致学校的教学团队难以保持连续性，教学计划频繁中断，学生的学习进程受到干扰，教育质量逐渐下滑。

职业发展空间的受限是吸引力不足的另一大症结。乡村教师在职称评定、职业晋升和专业能力提升方面的机会明显少于城市教师，导致长期任职的教师难以看到发展的希望。这种职业停滞感不仅影响现有教师的工作积极性，也让潜在的优秀人才对乡村教学岗位望而却步。缺乏有效的吸引和挽留机制，使得乡村学校的教师队伍陷入一种反复流失与无力补充的恶性循环，难以打破人力资源匮乏的困局。

（五）教师缺乏创新教学能力，难以服务乡村产业需求

教师缺乏创新教学能力首先体现在课堂内容设计的局限性上。许多乡村教师在教学过程中依旧采用以灌输为主的传统模式，教学内容紧扣课本，脱离实际生活和乡村发展的需求。学生在这种环境中缺乏主动参与的动力，课堂内容难以激发兴趣，同时对乡村产业所需技能的培养也无从谈起。

教学资源的整合与应用是另一个明显短板。一些教师未能充分利用乡村独特的本土资源和产业特色设计课程。例如，农田、生态环境、社区实践本可成为课堂的延伸，但由于教师缺乏创新设计能力，这些资源始终处于闲置状态，乡村教学因此与实际生活场景脱节。

现代教学技术的低效应用也凸显了创新能力的不足。信息技术的教学常

常停留在基础操作的层面，例如仅使用办公软件或简易演示工具，无法进一步探索数字技术如何为乡村经济发展提供支持。电子商务、智能农业或乡村旅游等领域的技能未能进入课堂，学生的学习也因此难以对接实际产业需求。缺乏创新的教学方法和单一的课程内容，限制了学生对知识的实践性和适应性，进一步弱化了乡村教育对地方发展的推动作用。

二、师资队伍与乡村振兴需求不匹配的原因

（一）乡村教师职业待遇低，吸引力不足

乡村教师职业待遇的低水平直接受到地区经济发展不平衡的影响。乡村财政能力的局限，使教育经费在分配时难以优先保障教师薪酬，导致其收入长期低于城市同行。同时，薪资调整政策在城乡之间缺乏有效倾斜，难以弥合经济条件上的巨大落差。资金分配优先倾向城市教育资源，乡村教师薪资增长的空间受到限制，使得岗位吸引力不足。

福利保障机制的缺乏进一步削弱了职业吸引力。乡村地区在医疗服务、住房条件和交通便利性等方面明显滞后，教师在生活保障上的需求得不到满足。尽管相关政策有一定的补贴设计，但补贴金额和范围难以覆盖实际需求。更重要的是，现行福利制度未能体现乡村工作环境的复杂性与挑战性，教师普遍感受到生活和工作条件上的落差，长期的心理落差加剧了职业吸引力的下降。

激励机制的缺陷在结构性层面放大了这一问题。针对乡村教师的激励政策缺少针对性，奖励措施多流于形式。例如，薪酬增幅、晋升渠道和退休待遇等方面的激励方案缺乏细化与操作性，无法为教师提供明确的工作激励。这种设计上的缺失，使教师在工作中缺乏成就感与成长预期，职业动力随之下降。

（二）师范教育体系未充分考虑乡村需求

师范教育体系长期以城市教育为导向，忽视乡村教育的特殊需求，这一

偏差直接导致师资供给与乡村振兴实际需求之间的脱节。培养目标的设计集中于统一化和理论化，而乡村教育所需的多样化能力和实用性技能则被排除在外。例如，乡村学校需要具备跨学科知识的教师，他们不仅要教授基础课程，还需在农业知识普及、生态保护教育以及社区发展活动中发挥作用，而师范院校的课程多以理论为核心，对这些技能的关注不足。

专业设置的局限进一步加深了这一脱节。师范院校在学科规划上倾向于标准化科目，而乡村教育所急需的领域，如农业技术、职业教育及乡村经济管理相关课程，在许多院校中缺乏支持。这种专业结构的失衡导致师范毕业生在进入乡村学校后，无法有效满足乡村教育的综合性需求，形成明显的供需错位。乡村学校急需的教学领域被长期忽略，使得教育资源的分配进一步向城市倾斜。

实践教学的薄弱环节也在阻碍师范教育与乡村需求的契合。当前的实习与实践安排多集中在城市或城镇学校，乡村学校较少被纳入实践基地范围。这种安排让师范生在毕业后缺乏对乡村教学环境的了解，也缺少与乡村社区互动的经验，导致他们在进入乡村岗位后难以适应。实践课程的缺失不仅使培养过程与乡村现实脱节，还让乡村学校的教学资源短板更加突出。师范教育体系对乡村需求上的系统性忽视，正在不断拉大教育资源与乡村实际之间的差距。

（三）教师政策缺乏对乡村岗位的精准扶持

现行教师政策在设计与执行中对乡村岗位的支持力度不足，导致师资建设难以有效契合乡村振兴的需求。政策的重点多集中于整体教育系统的均衡发展，而乡村教师岗位的特殊需求常被忽视。例如，教师编制政策缺乏灵活调整机制，编制数量通常沿用统一标准，与乡村学校的实际情况形成明显脱节，教师数量短缺的问题因此长期得不到缓解。

资金支持的分配同样缺乏针对性，进一步凸显政策扶持的局限。一些地方政策虽然在经费安排上增加了乡村教育投入，但资金使用的优先级偏向于基础设施建设，而对乡村教师的直接激励和保障力度不足。例如，用于提高薪酬水平、改善住房条件以及提供职业发展机会的资金比例明显偏低。政策执行过程中，教师群体的具体需求未得到充分考量，薪酬待遇的提升因此步履维艰，乡村教师岗位的职业吸引力也随之下降。

政策执行过程中反馈机制薄弱，进一步加剧了对乡村岗位支持的不足。在政策制定和实施中，乡村教师的意见往往缺乏有效传递渠道，实践中的问题难以进入调整环节①。例如，一些教师长期反映生活条件艰苦、教学资源匮乏等，但这些现实问题并未促成政策的动态优化。缺乏反馈机制的政策无法灵活应对乡村岗位的多样化需求，导致政策执行效果与实际需求之间的距离不断扩大，乡村教育的师资保障因此陷入困境。

（四）乡村学校管理与职业发展空间有限

乡村学校管理僵化以及职业发展空间受限是师资队伍不稳定的重要原因。管理体制缺乏弹性，难以满足教师在工作内容和个人成长上的多样化需求。例如，许多乡村学校仍沿用传统的科层化管理模式，注重行政事务的执行，却忽视了教师个性化需求和职业愿景。这既抑制了教师的创造力，也削弱了工作环境的吸引力，使教学活动失去动力源泉。

职业发展空间的受限根源在于资源分配的不均。乡村学校在职称评定与晋升机会的分配上往往处于劣势，教师长期难以获得实质性的职业回报。与此同时，专业发展支持的匮乏使问题更加严重。许多乡村教师很少有机会接触高水平的教学培训或学术交流活动，技能的提升与学术的发展长期滞后。缺乏成长路径的岗位环境不仅阻碍了个人能力的进步，也降低了教师对岗位的长期投入意愿。

管理与职业发展不足问题还源于教师职业规划的缺失。乡村学校通常缺乏明确的职业发展支持体系，未能为教师提供明确的成长方向或阶段性目标。这种规划上的缺失让许多教师在工作中感到目标模糊，发展路径难以推进，日复一日的重复性工作进一步加重了倦怠感。长期来看，职业成长的停滞与

---

① 张立罂，吴文婕. 乌鲁木齐市新型城镇化与乡村振兴协调发展研究［J］. 南方农机，2024，55（01）：97-104，118.

管理环境的保守化相互作用，使乡村教师队伍的稳定性问题愈加突出。

三、师资队伍与乡村振兴需求不匹配的影响

（一）限制乡村教育质量的提升与均衡发展

师资队伍与乡村振兴需求的脱节，直接导致乡村教育质量的提升难以推进，区域间的教育发展差距进一步扩大。乡村学校在教育服务能力上的短板使得优质资源难以覆盖全域，学生在学术能力、实践技能以及综合素质上的发展受到制约。这种局面使乡村教育的整体发展陷入停滞，难以形成良性循环。

教育质量的局限还对课程内容的现代化和教学方法的创新产生了显著阻碍。乡村振兴急需兼具创新能力和实践精神的人才支撑，而乡村学校受制于教育资源的匮乏，课程设置难以脱离单一化与传统性的窠臼。课堂缺乏针对性与实践性的内容，学生在学习中难以培养与乡村发展需求相适应的技能，教育的功能未能与地方实际相结合，形成了教学效果与社会需求的错位。

此外，教育质量的滞后直接削弱了乡村学校的社会认可度。优质教育服务原本能增强社区对乡村学校的支持与信任，但当教育质量无法满足家长的期望时，许多家庭转而选择让子女到城市学校就读。这种现象使乡村教育进一步失去优质学生资源，削弱了学校在地方社会中的影响力，教育体系内部的信任危机由此加剧。这种外部支持的减少反过来对乡村教育质量的提升形成制约，使教育发展在滞后与流失的循环中难以突破。

（二）乡村教育对地方经济和产业振兴支持力度不足

师资队伍与乡村振兴需求之间的错位，直接削弱了教育对地方经济与产业升级的推动效能。教师队伍难以满足乡村经济发展的多样化需求，使得教育在促进产业升级和优化经济结构方面的作用被明显减弱。例如，乡村学校在培养具备实际操作能力和服务本地经济需求的技能型人才上表现不足，导致经济发展速度与质量受到制约。地方产业急需的人才缺口难以通过现有教

育体系填补，这一问题长期困扰乡村振兴的进程。

教育对技术推广与创新的支撑乏力进一步暴露了其对地方经济需求的回应不足。农业技术的普及、生态保护的实践以及乡村产业的技术优化均需要教育系统提供理论支持和人才输送。然而，乡村学校由于师资力量的薄弱，未能承担起技术传播和知识普及的重任。产业的技术升级因此陷入停滞，创新能力匮乏，管理模式难以优化，这种困境成为经济振兴进程中的重重阻力。

此外，教育与经济发展的断裂直接导致乡村振兴中人力资源的严重失衡。乡村学校缺乏以地方经济需求为导向的人才培养机制，导致劳动力市场长期缺乏高素质劳动者。技术型与应用型人才的匮乏，使乡村经济转型举步维艰。知识与技能供给的不足限制了经济增长的多样性，乡村振兴的进程因此而不断延缓。

（三）乡村教育现代化进程受阻，难以吸引优质生源

师资队伍的人员短缺成为乡村教育现代化进程中的主要阻力，同时削弱了乡村学校在竞争中吸引优质生源的能力。现代化教育需要教师具备设计创新课程和运用信息化教学的能力，乡村教师在这些方面普遍存在不足。教学内容和方法的传统化，使乡村学校难以满足新时代的教育需求，也难以在教育资源争夺中形成竞争优势，优质生源的外流成为一种趋势。

教育现代化的停滞进一步影响了乡村学生面向未来职业发展的准备。信息技术与现代化技能作为当前社会发展的核心需求，在乡村学校的教学中却鲜有体现。由于师资力量有限，这些关键能力的培养在乡村教育体系中未能得到重视，学生的职业竞争力难以形成。教育内容与现实需求之间的脱节，不断削弱乡村学校的吸引力，家长和学生对其的信任逐渐丧失，优质生源的流失现象愈演愈烈。

生源外流不仅影响教育质量，还对学校的办学规模和资源获取能力产生连锁反应。随着生源数量减少，学校的财政收入和外部投资支持也逐步减少，教育资源的匮乏进一步限制了现代化改革的实施。乡村教育在吸引力下降与资源短缺之间形成恶性循环，教育现代化的推进受阻，乡村学校的发展陷入

长期困境。

（四）进一步加剧城乡教育质量与发展水平差距

师资队伍与乡村振兴需求的不匹配，进一步拉大了城乡教育质量和发展水平的差距。城市学校凭借优质的教师资源与完善的教学条件，不断强化教育服务能力，而乡村学校因师资不足和教学条件薄弱，长期处于教育发展的边缘化地位。这种资源分配上的不均衡使乡村学生在教育机会、学习效果以及成长路径上落后于城市学生，城乡教育鸿沟愈加明显。

教育差距的扩大也深刻影响了乡村学生的学习路径选择。乡村学校因资源不足，难以提供高质量的课程内容和多元化的教育机会，导致许多家庭将子女送往城市学校求学，乡村学校因此面临生源流失的困境。这种趋势进一步削弱了乡村学校的教学质量与持续发展能力，形成了一种难以逆转的资源与人才双向流失的恶性循环，城乡教育发展水平的差距因此不断加剧。

城乡教育失衡还对乡村社会的教育公平感造成冲击。乡村学校与城市学校之间在资源配置与教育质量上的差异，让乡村社区对教育系统的信任逐渐减弱。许多乡村居民对现行教育政策的公平性产生怀疑，社会对教育体制的支持度因此降低。教育资源的不均限制了乡村学生的发展潜力，也使社会整体的教育公平目标受到多重挑战，城乡教育一体化发展的愿景难以实现。

第三章　教育与乡村振兴耦合发展的影响因素

第一节　政策与制度因素

一、教育政策引导方向

教育政策的引导方向，直接影响乡村教育发展的结构和资源流动路径。政府通过政策引导教育资源的配置，确立乡村教育发展的核心议题和优先目标。这些政策通常基于国家战略、社会需求以及乡村经济特性制定，在制定过程中对乡村教育体系整体框架和运作效率产生了实质性影响。教育政策的指引不仅决定了乡村地区教育资源的分配模式，还对乡村学生的学习机会和人力资本流动产生了深远影响。

教育政策在引导方向时往往依据城乡教育发展的差异化特征展开。这种差异使政策目标具备了个性化和区域针对性。例如，部分地区政策专注于乡村基础教育，通过普及义务教育和提升课堂教学质量，促进学生知识掌握能力的提升。而部分地区政策偏重职业技能教育，则会对乡村劳动力结构和就业形态产生深刻影响。具体措施如课程设计优化、教师培训计划和财政支持方案等，都在实践层面为乡村教育的发展指明了路径。这种由政策驱动的教育发展过程直接关联着政策目标的科学性与可行性。

教育政策的稳定性与调整频率对乡村教育体系的运行效率产生影响。如果政策方向具有长期性和一致性，乡村教育体系在规划、建设和资源整合过程中会更为协调，可避免频繁的目标变化导致的资源浪费和执行混乱。然而，过于频繁的政策调整会使教育目标发生偏移，进而导致实施过程中的衔接失误。这种不一致性对教育资源配置和乡村教育发展路径的连贯性产生了负面影响。政策的长期稳定性不仅影响着教育体系的适应能力，还决定了乡村教育发展在振兴战略中的贡献效率。

教育政策在制定与实施过程中，受到经济条件和社会需求的多重制约。这种与外部环境的互动加剧了教育政策引导方向的复杂性。部分地区政策单一地追求某一领域的短期效益，就会忽略乡村教育需求的全面性。例如，基础教育和技能教育的平衡问题在某些地区表现得尤为突出。政策制定者在权衡经济增长与社会发展需求时，往往需要对乡村教育的供需关系进行深入分析。这种政策设计的多元取向，对乡村教育体系在复杂环境中的适应能力产生了深远影响。

教育政策的引导方向对乡村教育与地方产业结构的契合度产生影响。部分地区政策明确了教育发展的重点领域，例如现代农业技术、数字经济技能或生态产业知识，这将直接提升乡村劳动力对产业转型的适应能力。与此同时，部分地区政策过度聚焦单一产业，就会限制学生的职业选择范围，从而影响乡村教育对多样化经济需求的支持能力。政策的多元化引导方向，对乡村教育体系的灵活性和适配性构成了显著影响。

教育政策通过资源分配机制对城乡教育公平性产生了直接影响。乡村教育资源的分配往往以政策为基础，而政策对乡村教育的重视程度决定了城乡教育资源差距的弥合速度。部分地区政策注重城乡之间的协调发展，将通过对乡村教育资源的倾斜优化分配效率，促进资源的均衡流动。相反，部分地区政策更关注城市教育需求，将进一步加剧乡村教育资源的短缺。这种资源分配的不均衡性，对乡村教育体系的公平性产生了系统性影响。

教育政策的引导还通过技术创新推动了乡村教育现代化的进程。部分地区政策明确支持信息化教学工具的引入、智能化教育设备的推广以及数字课程的开发，这将显著提升乡村教育的现代化水平。这种技术导向的政策将改善乡村学校的教学环境和教学内容，增强学生对现代社会的适应能力。部分地区政策在引导中忽视了技术对教育发展的作用，乡村教育体系的现代化进程将面临显著阻碍，这种技术缺失会对教育支持乡村振兴的能力产生长期影响。

教育政策在引导方向的精准性，直接影响了乡村教育资源的有效利用。部分地区政策结合乡村地区的实际需求进行差异化设计，将显著提高教育资源的适配效率。例如，针对农业为主的地区，政策可以重点发展农业技能教育；而在文化旅游资源丰富的地区，则应优先发展服务业相关课程。这种差异化引导能最大限度地满足乡村学生的学习需求，提高教育对地方经济的贡献率。而部分地区政策缺乏精准性，将导致教育资源分配与乡村实际需求脱节，从而影响资源的使用效果。

教育政策的远见性，对乡村教育发展的可持续性产生了深刻影响。部分地区政策将重点放在短期目标上，例如通过集中资源改善乡村学校硬件设施，却忽略了教师队伍建设或课程体系优化等长期目标。这种短视的政策引导虽然会在短期内提升教育质量，但从长远来看会导致教育体系的内在发展动力不足。而部分地区的政策能在短期措施与长期规划之间找到平衡，将为乡村教育的可持续发展提供更加稳固的支持。这种远见性对教育体系的自我更新能力提出了更高要求。

教育政策在调整幅度上的适当性，决定了乡村教育体系的适应能力。部分地区政策在调整过程中保留一定的灵活性，将使乡村教育资源的分配与地方需求的动态变化保持一致。例如，在经济快速发展的乡村地区，政策可以更快地推动职业教育发展；而在发展相对滞后的地区，则应优先支持基础教育。如果政策调整幅度过大，将导致教育资源投入方向的剧烈变化，从而影响乡村教育的连续性与长期效能。政策调整的合理性与教育资源利用效率之间的关联性，构成了乡村教育体系适应能力的重要部分。

教育政策的引导方向还对乡村教育与地方文化的互动程度产生了显著影响。部分地区政策推动了教育内容与本地文化的结合，将促进乡村社会的文化传承和创新。例如，在政策支持下，乡村学校可以开设地方历史、传统手工艺等课程，从而增强学生对本土文化的认知与认同。这种文化与教育的结合不仅提升了教育内容的吸引力，还增强了乡村社会的凝聚力。这种文化导向在教育体系的长期发展中，形成了对乡村振兴战略的独特支持。

二、政策协同机制建设

政策协同机制建设直接关系到教育与乡村振兴中资源整合的深度与执行效率。政府通过跨部门协作，将教育系统与农业、经济、科技和卫生等领域联动起来，以实现资源的最大化利用与效率优化。这种机制的构建，决定了教育资源是否能够在乡村振兴战略中实现合理配置，同时在不同领域间形成协调作用，从而提升政策实施的整体效能。协同机制的运转质量影响着教育体系与乡村经济发展、社会服务的互动程度，具体体现为部门间资源调配的效率、职责分配的清晰度以及政策执行过程中的协调水平。

政策协同机制通过明确的职责分工和有效的协调平台，有力促进了乡村教育资源的合理配置。教育部门依托协同机制，能获得农业部门和科技部门提供的现代农业技术培训资源，为乡村学校课程内容的丰富性和实用性创造条件。地方政府则通过整合人力、物力和财政资源，在城乡教育资源的不均中找到平衡点，加速教育资源向乡村的流动。高效的协同机制推动了多部门形成合力，使教育资源在乡村振兴战略中展现出更高的转化效率，从而加大了教育对乡村经济与社会发展的支持力度。

政策协同机制优化了信息共享和资源调配，显著缩短了教育政策从制定到落实的时间周期。信息共享平台的建立使教育部门能快速掌握乡村振兴的需求变化，从而及时调整教育政策的实施内容。地方政府借助协同机制将国家层面的政策方针转化为区域化、具体化的行动方案，使资源配置更加精准高效。这种机制在应对突发事件时的响应能力尤为显著，例如在自然灾害或公共卫生事件期间，协同机制能迅速动员资源，保障乡村教育体系的正常运行，并对受影响区域提供及时支持。

政策协同机制减少了资源重复建设和分配不均的现象，有效提升了乡村教育资源的利用效率。部门间缺乏协同导致教育资源的分散和浪费，例如同一区域内基础设施重复建设或资金流向分布失衡。而协同机制通过明确资源分配的标准和程序，合理调度教育资金、师资力量以及设备设施，避免了资源的低效利用。

政策协同机制在教育的长期发展中，通过保障政策的连贯性和稳定性，增强了乡村教育体系的可持续性。跨部门协作减少了政策调整中的矛盾与延迟，为教育资源的持续投入提供了保障机制。地方政府通过协同机制对政策实施效果进行长期监测，能动态调整资源分配方案，让教育政策始终与乡村振兴的阶段性目标相吻合。这种稳定性增强了乡村教育体系在不同发展阶段的适应能力，也对乡村教育为振兴战略提供长期支持产生了积极影响。

政策协同机制优化了资源分配模式，有效提升了乡村教育的公平性。协同机制能更全面地考虑城乡教育资源的差距，并通过高效的资源调度弥合这种不均衡现象。例如，地方政府通过协同机制将中央和地方财政支持分配到偏远地区，满足乡村学校在教学设备、师资配置上的实际需求。同时，协同机制在教育政策与社会保障政策的结合中发挥作用，通过资源融合提升乡村教育的综合服务能力，进而使城乡教育发展的路径更加均衡。

政策协同机制还通过引入外部资源，推动了乡村教育体系的创新能力提升。协同机制整合了科技部门的技术资源，使信息化教学手段在乡村学校中得到推广，提高了教育资源的多样性与可及性。同时，地方政府与企业和社会组织合作，将职业技能教育与创业培训引入乡村教育体系，增强了教育内容与市场需求的契合度。

政策协同机制提升了资源配置的灵活性和调整弹性，增强了乡村教育体系的应变能力。地方政府通过协同机制能根据不同区域的经济特点和产业需求动态分配教育资源。例如，在农业生产的关键季节，增加农业技术培训的覆盖面；在经济转型时期，加强职业技能教育的投入。这种灵活性还体现在对乡村人口流动的响应上，通过实时调整教育服务的覆盖范围，为流动人口子女提供教育支持。

政策协同机制完善了政策反馈路径，提升了乡村教育政策的科学性与执行效果。跨部门协作在反馈机制中建立了高效的信息传递通道，使教育政策能根据实际需求快速调整。地方政府通过协同机制监测政策实施过程中的问题，例如资源分配中的不合理现象或教育服务覆盖不足的情况，并通过协作平台提出修正方案。政策反馈机制的完善程度影响了乡村教育与振兴战略的耦合水平，这种优化过程对政策执行效果产生了直接作用。

政策协同机制整合了社会各类资源，加强了教育与乡村社会发展的联动性。协同机制明确了教育系统与其他领域的互动方式，例如基础教育与医疗卫生的结合、职业教育与农业现代化的结合。地方政府通过协同机制整合社会力量，引导企业和非政府组织参与乡村教育的建设，扩展了教育资源的来源范围。这种联动效应在教育资源有限的背景下尤为突出，协同机制的整合能力决定了乡村教育对社会发展的促进程度。

政策协同机制提升了资源配置的公开性和透明度，增强了乡村教育政策的社会信任度。协同机制通过公开资源分配的过程和使用情况，使教育政策的实施更加透明，有助于提升乡村居民对政策的认同感。地方政府通过政策协同机制加强与乡村社区的沟通，增强了居民参与教育资源使用和管理的积极性。政策协同机制的透明度与社会认可度的提高对教育政策在乡村振兴中的有效推进具有深远影响。

三、教育资源配置机制

教育资源的配置机制直接影响乡村教育与乡村振兴的协同进程。政府通过对教育资源的分配，明确教育投入的重点与覆盖范围，从而调节城乡教育发展的平衡性。资源配置的效率与公平性在教育资源有限的情况下尤为重要，科学合理的配置方式能够显著增强教育发展的整体效果。反之，资源分配的失衡会加剧城乡教育差距，进一步影响乡村振兴的推进步伐。

教育资源分配的优先顺序决定了乡村教育的覆盖面和质量。不同区域的资源分配优先权往往依据当地特点和经济水平进行划分，对乡村教育的发展轨迹起到关键作用。例如，当资源集中于人口较多的乡村地区时，可以快速扩大受教育人口规模；而分配给偏远地区，则有助于缓解资源匮乏的状况。优先顺序的选择影响了乡村教育在不同区域的实际发展成效，形成了差异化发展的格局。

资源配置模式对乡村学校的可持续发展产生深远影响。一次性的资源投入往往带来短期的提升，但也容易在后续阶段出现资源断档；而持续性的资源供给则为乡村学校发展提供稳定支持，推动内部成长动力的形成。通过经费分配、师资补充与设施更新等措施，乡村学校能够不断增强教学质量与竞争力，同时改善学生的学习体验，助力教育体系的长期发展。

教育资源的分配精准性影响了乡村教育与经济发展的互动效果。资源分配能否贴合乡村经济的实际需求，直接决定了教育对经济发展的支持力度。调整资源投向，以优化课程设置、加强师资培训与完善学校建设，有效服务于农业现代化、乡村旅游和区域工业的发展目标。这种资源分配的针对性直接决定了乡村教育在提升劳动力素质与产业结构升级方面的实际贡献。

城乡教育资源配置的公平性问题，深刻影响了教育系统的整体均衡性。政府通过倾斜政策向乡村地区补充教育资源，能有效改善基础设施不足和师资短缺等问题，进而缩小城乡教育质量的差异。若资源过多倾向城市区域，不仅会加剧乡村教育资源短缺，还会削弱乡村教育在振兴战略中的支持作用。这种公平性直接关系到教育机会的普遍可得性和资源利用的广泛性。

教育资源配置的现代化水平推动了乡村教育的技术转型。地方通过资源投入普及信息技术与数字化教学设备，乡村学校得以引入更多先进教育资源，为学生提供接触现代教育内容的机会，同时拓展教师的职业发展路径。教育资源的现代化程度决定了乡村教育在适应技术变革方面的潜力，并对学生的长远成长产生深刻影响。

教育资源覆盖广度是衡量乡村教育体系普惠性的关键指标。若资源分配集中于少数地区，则难以满足更多乡村人口的教育需求；而覆盖范围较大的资源配置能显著提高教育的社会效益。通过扩大教育服务范围，尤其是向偏远地区延伸，教育资源的普惠性得以提升，从而增强乡村社会的凝聚力与发展潜能。

教育资源配置的灵活性在乡村教育体系适应需求变化方面发挥了重要作用。动态分配机制能根据乡村经济发展、人口结构变化和产业调整的需求进行优化。例如，农业旺季增加农业技能培训资源，经济转型期强化职业教育支持。这种灵活性增强了乡村教育体系的反应速度和适应能力，为教育服务的持续优化提供了保障。

透明的资源配置机制提升了教育政策的公信力与资源利用效率。公开透明的资源分配方式使资源流向和使用过程更具可见性，同时减少了潜在的腐败问题。通过建立公开平台，政策执行过程接受社会监督，资源利用的效率与社会认同感随之提高。透明度的增强进一步加大了乡村社区在教育政策中的参与深度。

教育资源配置还可改善教师队伍建设，推动乡村教育体系的全面发展。通过财政支持、拓宽职业晋升渠道及生活条件的改善等手段吸引了更多优秀教师服务于乡村教育。资源的合理分配提升了教师的专业能力与职业满意度，从而增强乡村学校的整体教学水平与教育服务质量。

四、职业技能教育发展政策

职业技能教育政策深刻影响着乡村劳动力结构的调整与经济发展潜能的释放。通过明确政策导向，将职业教育资源集中于高技能产业与现代农业领域，使乡村经济焕发新活力。政策执行的路径、覆盖范围和灵活程度直接决定了乡村劳动力素质提升的速度及技能结构优化的深度，为经济转型和可持续发展奠定了坚实的基础。

职业技能教育政策在乡村教育体系中的实施程度决定了劳动力职业能力的实际提升效果。通过优化职业院校布局、开发适配当地需求的技能课程，政策大幅拓展了乡村职业教育的普及程度。乡村学生获得优质技能培训资源的可能性直接取决于政策的执行力度，而政策与区域经济需求的契合度则进一步影响乡村振兴目标的实现效率。

多样化技能培训政策为乡村劳动力带来更广阔的职业选择与知识结构更新。通过推广农业现代化技术、新兴产业技能，乡村劳动者得以从传统劳动模式向技术密集型岗位转型。政策推动智能设备操作和信息化管理等领域的技能普及，使乡村劳动力重新审视职业发展路径。技能的提升不仅增强了劳动力市场的灵活性，还为乡村经济的现代化转型提供了支持。

职业技能教育政策覆盖范围广度对乡村不同群体参与培训的机会产生直接影响。若政策覆盖全面，包括各年龄段与不同职业背景的群体，可有效提升乡村整体职业能力，增强社会包容性①。反之，若政策受益人群集中于青壮年，中老年群体的技能提升可能被忽视，乡村经济发展后劲将受到限制。因此，覆盖范围广度直接关系到职业教育的普惠性及社会凝聚力。

优化城乡资源流动模式，是职业技能教育政策重塑教育资源分配格局的重点。通过政策倾斜，职业培训资源在乡村地区的流动性增强，弥补了教育资源分配的历史差距。城乡教育资源分配的效率影响了职业技能教育对乡村经济的支持力度。合理的资源分配既能缩小城乡差距，又能提高乡村劳动力的职业竞争力，进而改善区域经济发展的协调性。

职业技能教育政策的推进，促使乡村社会结构逐步向多元化、现代化转型。该政策劳动者提供多样化的职业选择机会，推动乡村经济从传统单一的农业模式向综合经济形态过渡。劳动力收入水平的提高改善了家庭经济状况，带动乡村社会稳定性与发展潜能的进一步释放。经济条件改善与社会结构优化之间形成良性循环，助推乡村从传统向现代化平稳过渡。

职业技能教育政策的实施，对乡村文化现代化也产生了深远影响。在职业技能教育中融入地方文化特色，不仅增强了劳动者对本土文化的认同感，还在一定程度上实现了传统文化与现代职业技能的结合。通过文化与技能的协同发展，乡村社会适应现代化变革的能力得以增强，为乡村全面振兴创造了更广阔的空间。

相关政策还推动城乡间人才与资源双向流动，加深了乡村与城市之间的经济联系。通过将城市教育资源下沉到乡村，同时为乡村人口融入城市市场创造条件，城乡互动深度显著提升，促进了经济一体化发展。均衡的政策设计既增强了职业教育的普适性，也强化了乡村在区域经济整体布局中的地位。

职业技能教育政策的激励机制，激发了乡村劳动力的创业与创新潜能。

---

① 王栋. 成渝地区双城经济圈乡村振兴与新型城镇化协调发展及影响因素研究［D］. 雅安：四川农业大学，2023.

专项培训计划的设立，为乡村个体参与现代经济活动提供支持，同时加速了乡村经济向多元化方向发展。技能培训内容的创新水平决定了乡村在市场竞争中的表现力，这种表现力直接推动了经济发展质量的提升。

长期的政策支持为乡村教育与经济的深度融合提供了强有力保障。通过稳定的资源投入，职业教育体系与市场需求之间逐步形成动态平衡机制。政策的持续实施改变了乡村劳动力结构与社会生态，为教育与经济协同发展创造了条件。在此基础上，乡村振兴的各项举措得以稳步推进，构建了教育推动经济、经济反哺教育的良性循环体系。

五、乡村区域教育专项扶持政策

乡村区域教育专项扶持政策在缩小城乡教育差距与推动乡村振兴过程中发挥了直接作用。政府集中资源支持教育薄弱地区，提高了这些区域教育发展的初始水平与潜在能力。覆盖范围的广度、资金投放的力度以及政策实施的效果，共同塑造了乡村教育体系的公平性与持续性。针对特定区域的政策支持不仅缓解了短期内资源匮乏的问题，也为长期发展积累了更为有利的条件。

专项扶持政策通过集中资源，改善了乡村教育基础设施，直接影响了教育环境与教学条件。政府制定了明确的资源投放方向，例如学校建筑升级、实验室设备购置以及辅助设施完善等。资源分配的精准度和执行速度决定了这些投入的实际成效。基础设施的改善优化了学生的学习环境，也为教师创造了更加理想的教学条件。然而，若资源分配缺乏针对性，可能引发资源浪费或未充分利用的情况，削弱政策的实际影响力。

专项扶持政策在师资队伍建设领域表现突出，直接推动了乡村教育质量的提升。通过专项资金的引导，乡村教师的培训计划得以强化，优秀教师被吸引到乡村任教，教师待遇也逐步改善。这些措施为乡村学校提供了更加稳定且高水平的师资力量，同时提升了学生的学习体验。长效机制的构建，进一步增强了教师队伍的专业能力，间接助力了乡村地区高素质劳动力的培养。

专项扶持政策还通过特色教育项目的开发，拓展了学生的学习维度。农业科技、职业技能培训以及传统文化传承课程的引入，契合了乡村经济与社会发展的实际需求。学生在接受教育的同时掌握了更具针对性的技能，为未来发展提供更多选择。课程设计的合理性和推广的有效性，决定了这些教育项目是否能够与区域经济需求形成良性互动，从而为乡村经济转型提供支持。

政策覆盖范围的调整对乡村教育公平性和普惠性产生了直接影响。广泛的政策覆盖减少了乡村内部教育资源的不均衡现象，缩小了不同区域间的教育差距。政策向偏远和贫困地区倾斜投放更多资源，使更多乡村人口受益于教育发展所带来的实际成效。覆盖范围的扩大既推动了教育资源的公平分布，也提升了乡村教育体系的整体发展潜力。

专项扶持政策通过中央与地方政府的协作机制，提高了政策的执行效率。中央政府制定宏观目标与政策框架，地方政府结合本地实际进行具体落实。这种上下联动的机制提升了资源分配的灵活性，同时避免了资源重叠或遗漏问题。协作机制的优化，增强了教育资源的整合能力，提升了乡村教育体系对复杂社会环境的适应能力。

专项扶持政策通过建立长期资金支持机制，为乡村教育的持续发展提供了保障。政府设立专项基金或引入长期投资计划，确保教育资源的稳定投入。这种长期性规划，不仅避免了因资源断层导致的教育发展停滞，还在乡村社区中激发了社会关注教育的积极性。政策引导下的社会支持为乡村教育注入了持续的内生动力，进一步推动了区域教育的均衡发展。

区域导向性是专项扶持政策的一个显著特征。政策支持具有地方特色的教育内容，例如传统手工艺、地方历史课程等，丰富了乡村学生的学习领域，同时增强了社区的文化认同感。区域导向性的实施符合地方经济需求，并提升了教育对区域社会发展的契合度，为乡村振兴注入了多元化的发展活力。

信息化教学与数字化资源的推广也是专项扶持政策的重要组成部分。通过推动远程教育平台、电子设备和网络基础设施建设，该项政策显著改善了乡村地区的教育技术水平。偏远地区的学生得以接触到更加丰富的教育资源，弥合了城乡教育资源的技术差距。技术导向性还为乡村学校提供了教学创新的可能性，从而提升了教育的质量与多样性。

在资源分配效率方面，专项扶持政策通过精准投放优化了教育体系的协调能力。资源被优先配置至亟须发展的领域，例如农村留守儿童的心理健康支持和特殊教育服务。精准的分配方式减少了教育资源分布的不均现象，同时增强了政策实施的针对性。这种资源分配策略对提升乡村教育的整体发展速度和推动乡村振兴起到了积极作用。

专项扶持政策与其他政策协同作用，进一步增强了乡村教育的综合实力。将教育扶持与医疗服务、社会保障以及农业发展等政策相结合，形成了多层次的支持体系。协同作用优化了乡村教育的外部环境，提升了教育体系对乡村振兴需求的响应能力。政策协作的效果，在很大程度上决定了乡村教育体系能否更高效地支持区域振兴战略目标的实现。

第二节 经济与社会因素

一、地方经济增长潜力

地方经济增长潜力深刻影响教育与乡村振兴的耦合程度，其波动直接决定了教育资源投放的规模与效率。经济增长潜力强劲的区域往往具备更大的财政支持能力，使乡村学校的基础设施、教学条件和资源分配水平得以显著改善。而经济增长潜力较弱的地区，因经济能力受限，教育资源的供给面临制约，进而影响教育对乡村振兴的支撑作用。这种潜力差异使得教育规划与政策执行面临不同程度的挑战。

乡村教育与本地产业协同发展的深度在一定程度上取决于地方经济增长潜力。增长潜力强的区域通常拥有丰富的产业机会，为职业技能培训课程的设计提供了更多实际需求依据。通过精准投放教育资源，这些地区能更有效地提升乡村学生的职业适应能力。相反，增长潜力较低的区域，因产业类型单一、市场需求不足，教育资源的利用效率受到明显限制，难以发挥教育对乡村经济转型的推动作用。

区域间经济增长潜力的不均衡对教育资源分配格局具有直接塑造作用。潜力高的地区更容易吸引资源流入，而潜力低的地区则因经济条件薄弱而面临教育资源匮乏的问题。尽管地方政府试图通过财政转移和政策倾斜来弥合差距，但经济增长潜力的内在结构性特征，仍对资源分配的效率与公平性提出了严峻考验。这种差异进一步影响城乡教育均衡发展的轨迹，并对乡村教育资源的长期分布模式带来深远影响。

地方经济增长潜力的动态变化对教育政策的实施效果也起到了关键作用。潜力强劲的区域凭借更大的财政空间，能快速完善教育基础设施、吸引优质师资并开发特色课程。而潜力较低的区域，由于资金不足，政策执行的速度与效果常常受限制，导致教育发展进程出现滞后现象。

乡村居民收入水平的提升是地方经济增长潜力间接作用于教育发展的重要路径。增长潜力较高的区域，居民收入增长较快，家庭对子女教育的投资能力相应增强，从而推动了教育资源的持续改善。而在增长潜力较弱的地区，因收入增长缓慢，家庭教育投入意愿和能力均受到限制，教育体系的内生发展动力因此削弱。这种收入差距在乡村教育资源利用效率和发展预期中表现得尤为明显。

在教育信息化进程中，地方经济增长潜力的影响尤为突出。潜力强劲的区域更容易获得现代教育技术和数字化设备的引入机会，为乡村学校的技术升级提供支持。这些技术不仅改善了学习体验，还加速了教育模式的转型与内容的创新。然而，潜力较低的区域因资金不足和技术推广受阻，信息化资源引入面临重重障碍。这种技术差异进一步决定了乡村教育能否跟上时代发展的需求。

经济增长潜力的可持续性直接影响乡村教育的稳定性。潜力较高的区域因多元化经济结构可在长期内保障教育资源的供给，同时增强对经济波动的防御能力，使教育体系得以平稳运行。而潜力较低的区域，经济结构单一，教育资源极易受到经济环境波动的影响，导致教育发展出现不确定性。这种潜力差异影响了乡村教育在不同经济周期中的适应能力。

地方经济增长潜力的高低，还决定了乡村教育体系对社会吸引力的影响程度。潜力高的区域通过聚集优质教育资源吸引人口流入，扩大教育需求，形成教育与人口流动的良性互动。反观潜力较低的区域，因人口外流，教育服务对象的数量减少，教育体系的活力与反馈能力明显削弱。这种人口流动与经济增长潜力之间的互动关系，直接影响了乡村教育的规模效应。

经济增长潜力的增强也强化了教育与区域产业的深度联动。在潜力较高的地区，完善的产业链为职业教育和技能培训提供了更多实践场景，使教育资源与产业需求实现深度融合。而在潜力较低的区域，因产业结构单一，职业教育资源利用率较低，乡村教育对经济转型的支撑作用也被削弱。增长潜力对产业适配性的影响进一步凸显了教育在区域经济振兴中的重要功能。

经济增长潜力还影响着乡村教育的文化传播能力。潜力高的区域能为教育内容多样化提供更充分的资源支持，通过结合地方特色推动文化传承与创新。而潜力较低的地区由于资源受限，文化教育项目的发展往往受到阻碍，难以充分发挥提升文化认同与凝聚力的作用。这种文化功能的差异在教育体系的运行中呈现出长期影响。

二、乡村家庭经济承受能力

乡村家庭经济承受能力对教育与乡村振兴的耦合发展产生深远影响，它的强弱程度直接塑造了教育资源的需求规模和服务模式。收入水平及支出结构决定了家庭在教育上的投资意愿与能力，从而影响学生的教育选择、学习深度及成长路径。经济承受能力强的家庭倾向于更积极地参与教育活动，推动资源的利用与扩展；而经济压力较大的家庭则因教育费用常常面临巨大的压力，这限制了教育对乡村振兴的促进效应。

家庭经济承受能力在教育选择上发挥显著作用，对乡村教育体系的供需关系产生深刻影响。收入较高的家庭通常选择外部优质教育资源，如城市学校或私立机构。这减少了乡村学校的生源压力，但也造成了优秀学生的外流，减少了乡村教育体系的活力。相比之下，经济条件较差的家庭更依赖本地教育体系，学生的选择范围有限，导致乡村学校面临更高的资源负荷。供需失衡既影响教学质量，又加剧了城乡教育资源流动的不均衡。

　　教育参与度和完成度也受到家庭经济承受能力的显著影响。经济宽裕的家庭有能力负担学费、辅导费用等教育成本，为学生提供更全面的学习机会。这不但增强了学生完成学业的能力，还提高了学生的整体素质。而经济能力不足的家庭则因教育开销而中断子女学业，直接影响乡村教育体系的培养成果。由此形成的差距，对乡村教育在社会经济发展中的贡献产生了深刻影响。

　　在教育内容的选择方面，家庭经济承受能力决定了劳动力结构的长期调整方向。高收入家庭倾向于支持子女接受职业教育或高端技能培训，以提升其就业竞争力。而低收入家庭则更注重基础教育或短期技能提升，难以为整体劳动力结构的现代化提供充足支持。这种选择差异反映了教育投入在地区经济转型中的不同作用。

　　家庭经济承受能力通过影响教育资源的利用效率，进一步加大了城乡差距。经济条件好的家庭更倾向于参与市场化教育服务，如在线学习或辅导班，从而提高了教育资源的实际效益。反之，低收入家庭在资源利用上表现出局限性，导致教育覆盖面与利用率下降。这种资源分配差异在城乡之间形成了明显的效率鸿沟。

　　经济承受能力的强弱对教育政策的实际效果也产生了显著影响。在政策推广过程中，高收入家庭可通过额外投入更快地从政策中获益，而低收入家庭因支付能力有限，政策受益程度较低，削弱了政策的普适性。

　　家庭经济承受能力的提升直接推动了教育服务供给模式的变化。经济条件较好的家庭为市场化教育进入乡村提供了消费动力，在推动了资源多样化的同时，也增强了乡村教育的创新能力。然而，低收入家庭的需求受限，难以有效支持教育供给侧的进一步发展，制约了乡村教育的现代化进程。

　　在支持子女学习的力度方面，家庭经济承受能力深刻影响学生的成长路径。高收入家庭通过购买优质教材、营造学习环境等方式优化子女的学习条件，显著提升其综合素质。经济条件差的家庭难以提供基本的物质支持，甚至对子女学习动力造成消极影响。这种支持差异在长期内影响了学生的个人成就与社会贡献。

　　经济承受能力还与教育体系的资金压力密切相关。高收入家庭通过自费分担教育成本，为公共资源的优化配置留出更多空间。低收入家庭对公共资源的高度依赖，使得教育经费分配更加紧张，影响了教育发展的灵活性与效率。

此外，家庭经济承受能力对塑造社区教育氛围也起着关键作用。经济状况较好的家庭更愿意参与社区教育活动，如志愿服务或家长委员会，促进乡村教育与社区的深度融合。而低收入家庭参与度较低，使乡村教育体系在社会支持中显得相对薄弱。这种经济与教育的互动关系影响了乡村社会的文化凝聚力和教育生态，为乡村振兴的整体推进带来了困难。

三、城乡收入与消费差异

城乡收入与消费差异对教育与乡村振兴的耦合发展产生了复杂且多维的影响，其作用不仅体现在资源分配的物质层面，还深刻渗透到教育观念、社会文化及政策实施中。城市经济活跃，家庭收入稳定且水平较高，因此教育投资能力显著增强，从学费到课外活动的支出都展现出较高的灵活性。而乡村地区，受制于经济结构单一和收入波动大，教育支出的选择空间狭窄。这种收入差距导致城乡教育资源分配上出现明显落差，在需求和供给两端塑造了教育发展的不均衡态势。

城乡收入差异对乡村教育体系的功能运作产生了显著影响。城市家庭可以从容应对优质教育资源带来的高昂成本，例如支付择校费、辅导班学费或海外留学费用，而乡村家庭则常常因经济能力有限，被迫选择更为基础的教育模式。这不仅削弱了乡村教育资源的使用效率，还在无形中推动了教育资源向城市集中，使乡村学生获取优质教育的机会显得更加稀缺。这种不均衡现象的长期存在，使乡村教育的竞争力逐渐弱化。

城乡消费能力的差异进一步影响了教育需求的层次与多样性。城市家庭因消费能力强，倾向于追求更加精细化和多样化的教育服务，如国际课程、艺术教育、科学实验课程等，这种需求反过来推动了城市教育资源的创新与扩展。而乡村家庭集中于满足基础教育需求，学费、教材费和通勤费用往往已占据预算的主要部分。这种消费能力的局限性直接抑制了乡村教育服务内容的多元化发展，也使教育体系难以匹配区域经济转型的需求。

城乡收入差异对教育资源分布的影响还表现为供给效率的两极化。城市高收入家庭吸引了更多优质师资和教育设施，进一步强化了城市教育的吸引力，而乡村地区由于对教育资源的吸引力较弱，出现了教师短缺、基础设施落后等问题。这种资源流动的不平衡制约了乡村教育质量，还对城乡教育协同发展构成了结构性障碍。

收入与消费差异还进一步扩大了城乡教育现代化水平的差距。城市家庭由于经济条件允许，往往更容易接受先进教育理念，如项目式学习、多元文化教育等，从而推动了教育内容和方法的创新。而乡村家庭的教育观念更多基于务实需求，倾向于基础性和应用性的知识获取，难以快速适应教育领域的现代化转型。这种理念上的差异在教育实施和反馈中不断累积，导致城乡教育的现代化路径日益分化。

教育资源市场化带来的价格波动也因城乡收入差异而产生了深远影响。高收入城市家庭可以承担较高的教育服务价格，如高端补习班或国际学校学费，而低收入乡村家庭则难以跨越这些经济门槛。这种市场化趋势直接加剧了城乡教育资源的供需失衡，使得资源分布的公平性更加难以实现。

城乡消费能力的差异还体现在对子女教育的心理预期上。城市家庭因经济状况良好，通常对教育质量和成就抱有较高的期望，表现出较强的教育投入意愿。而乡村家庭受制于收入水平，对教育的期望值相对较低，甚至将教育视为生活中的一项负担①。这种心理预期的差距影响了学生的学习动力，也在家庭支持力度上进一步拉大了城乡间的教育发展差异。

收入差异还通过劳动力市场的反馈机制，对乡村教育体系的长远发展构成了潜在影响。城市家庭通过高强度的教育投资，不断输出高素质劳动力，这些劳动力的市场竞争力反过来巩固了城市经济的发展优势。而乡村地区由于教育投资不足，导致劳动力市场的技能水平停滞不前，进一步限制了区域经济的转型空间。这种劳动力市场与教育投入之间的互动，直接影响了乡村

---

① 蔡承智，贾欣. 西部地区数字基建对乡村振兴与新型城镇化协调的影响 [J]. 商业经济研究，2023（09）：179-183.

振兴战略的可持续性。

教育科技的推广速度也受到城乡收入差异的显著制约。城市家庭能够轻松适应教育技术的更新换代，例如在线教育、智能学习设备的普及等，这种高接受度推动了城市教育体系的数字化转型。而乡村地区因消费能力不足，对科技教育的接触范围有限，技术普及进程缓慢。这种数字鸿沟进一步限制了乡村学生获得先进教育内容的机会，也对乡村教育的现代化发展形成了长期阻力。

收入与消费差异对文化教育的影响则更加复杂。城市家庭因经济条件允许，可以更广泛地涉足艺术教育、语言学习和文化交流活动，从而在文化素养和全球视野上占据优势。而乡村家庭由于经济投入受限，文化教育的内容往往局限于传统科目，这种文化资源的不平等直接影响了乡村社会整体文化水平的提升速度，阻碍了乡村文化与现代社会的深度融合。

四、乡村主导产业类型与规模

乡村主导产业类型与规模的相互作用构成了教育与乡村振兴关系的动态网络，其影响贯穿劳动力需求、教育资源配置、教学内容适配等多个维度。主导产业类型决定了技能需求方向，进一步塑造了教育目标和资源分配模式，而产业规模则衡量了吸纳教育成果与提供经济支持的能力。这一复杂关系不断调整着乡村教育体系的运行逻辑和发展路径。

主导产业的类型直接引导了乡村教育的结构性配置。以传统农业为核心的地区，其教育内容通常偏向农业技能与生产技术的普及。这种教育模式虽然能满足现阶段需求，但在知识深度与技术广度上相对局限。若主导产业呈现现代化或多元化特征，例如智能农业、生态旅游或加工制造，教育体系将被推向更高层次的技术教育和综合性课程设置。多元产业的兴起不仅要求资源配置更加精准，也为学生提供了更多职业选择。

产业规模的大小在很大程度上决定了乡村教育资源的吸纳能力与转化效率。规模较大的产业可通过吸引就业直接推动教育课程的调整，使其更贴合实际岗位需求，从而增强教育资源的有效利用。而小规模产业由于吸纳能力受限，教育内容与市场需求之间出现错位。这就制约了教育体系对区域经济的支持力度，还压缩了学生在职业选择上的灵活性与发展空间。

主导产业的类型通过重塑居民职业观念间接影响了教育目标的定位。以农业为主的乡村地区，教育往往被视为生产力工具，更注重实用型技能的短期收益。而现代化、科技化产业的导入则可能引发对教育长期价值的重新认知，使居民更倾向于接受能够拓展多领域就业机会的教育模式。这就推动了教育体系从单一技能传授向综合能力培养转型，同时提高了学生适应多样化职业环境的能力。

快速扩张或萎缩的产业规模对教育体系的响应能力提出了挑战。快速扩张的产业需要大量高素质劳动力，这要求教育体系在短时间内调整课程结构，引入先进教学资源以满足需求。而产业规模的萎缩则可能造成教育资源的闲置，甚至引发教学内容与实际经济的脱节。这种动态变化对乡村教育规划的精准性与资源利用的可持续性提出了更高要求。

主导产业类型还通过匹配教育资源的内容方向，影响了教育体系的精确性与灵活性。例如，以劳动密集型农业为主导的地区，其教育资源主要集中于提高农业生产技能，而技术密集型产业则需要更高层次的知识与技术支持。这种差异直接影响了教育内容的设计、资源分配的效率以及乡村学生学习的多样化体验。

规模较大的主导产业往往具备更强的财政支持能力，为乡村教育体系的稳定运行提供资金保障。通过税收、企业合作或捐赠，产业规模的扩大为教育资源的充足供给创造了条件。而规模较小的产业，由于经济贡献有限，教育体系在资金上的制约更加显著，限制了教育资源的创新性与扩展性。财政资源的波动性在产业与教育之间构建了一种复杂的协同关系。

主导产业的文化特征对教育内容的选择也有深远影响。例如，传统工艺或文化遗产类产业倾向于强化文化传承教育，而现代化产业则推动教育内容的国际化和多样化。这种文化维度的融入扩展了乡村教育的内涵，提升了学生的文化视野和适应能力，进一步巩固了教育体系在乡村社会中的核心地位。

随着主导产业规模的扩展，教育与经济之间的联动关系得以增强。大规模产业的兴起驱动教育体系在教学方法、资源整合上的优化，提升教育对区域经济的贡献能力。这种联动效应同时也对教育资源的长期规划提出了更高要求，促使教育体系在稳定与弹性间寻找平衡。

乡村主导产业类型与规模的互动关系不仅塑造了教育资源的分配模式，还定义了教育体系在乡村振兴战略中的作用边界。多元化的产业需求推动了教育内容的多样化发展，而大规模产业的经济支持则为教育资源的可持续利用提供了保障。这种耦合关系的动态调整对乡村教育的整体质量提升和区域经济的长期繁荣具有决定性作用，也为乡村振兴中的教育路径探索提供了重要参考。

五、人口迁移与社会流动性

人口迁移与社会流动性在教育与乡村振兴的互动中呈现出高度复杂性，其影响不仅体现在资源流动和供需变化方面，还深刻影响教育内容、教学模式以及乡村社会结构的演化。这种多维互动关系在动态中构建了乡村教育的运行逻辑，并对城乡发展的均衡性带来了全新挑战。

人口迁移对乡村教育体系的直接冲击，主要体现在生源的流失与结构的改变上。大规模外出务工使得乡村学校的学生数量骤减，部分学校因无法维持正常运转而被迫关闭。这种生源的外流减少了乡村教育资源的利用率，同时也削弱了教育对乡村社区的支持功能。而城市地区因人口迁入导致教育资源负荷过重，学校面临超员问题。这种城乡教育资源供需失衡的现象暴露出资源配置效率与公平性之间的矛盾，也为教育体系的资源再分配提出了新的课题。

在人口迁移背景下，留守儿童问题成为乡村教育面临的突出挑战。父母外出务工后，儿童的成长环境被重新定义。学校不再仅仅是知识传递的场所，还需要承担心理健康支持、社会情感陪伴等职责。这种功能的拓展对教育体系的资源分配能力提出了更高要求，同时也在无形中压缩了教学质量提升的空间。留守儿童的心理问题、社会适应能力不足等现象，不仅加剧了乡村教育体系的负担，也反映了人口迁移对教育功能多样化的推动作用。

社会流动性通过吸引优质教育资源向发达地区集中，进一步加剧了城乡教育的不平衡。经济活跃区域往往因更高的薪酬和职业发展机会，吸引了优秀师资和教学设施，这种资源虹吸效应导致乡村地区师资短缺、教学设备陈旧的现象愈加突出。城乡之间资源分配失衡，使得乡村教育体系在教育质量和发展潜力上受到双重挤压，资源流失的趋势难以扭转。

人口迁移对乡村社区的家庭结构转型具有深远影响，这一变化间接塑造了教育环境的稳定性与功能性。传统家庭形态逐渐瓦解，小家庭或单亲家庭比例上升。学生在缺失家长陪伴的环境中成长，教育投入与支持力度显著下降。与此同时，社区凝聚力因迁移规模扩大而逐步削弱，教育活动的开展缺乏社会性的联动支撑。这种家庭与社区互动关系的断裂，使乡村教育体系的社会功能进一步弱化。

社会流动性通过调整乡村居民的职业预期，对教育内容的设计产生了潜移默化的影响。在流动性较高的地区，家庭更倾向于让子女接受与城市经济相匹配的职业技能教育或语言培训，而流动性较低的乡村则保留了更多与农业相关的教育内容。这种教育需求的多样化趋势，推动了课程设置的创新，也使乡村教育体系在城乡一体化进程中表现出显著的适应能力差异。

人口迁移对乡村家庭的经济能力具有双向效应，直接改变了教育投资的模式与结构。外出务工人员收入增加后，部分家庭对子女教育的投入意愿大幅提高，推动了教育消费的增长。然而，这种经济收益并未在乡村家庭中均匀分布，高收入家庭对子女教育的投入与低收入家庭形成鲜明反差。这种经济分层现象进一步放大了教育资源分配的公平性问题，也对乡村教育体系的社会效益优化提出了更高要求。

人口迁移与流动性对教育基础设施的使用效率带来了新的压力。一方面，生源外流导致部分乡村学校的硬件设施闲置，资源浪费问题显现；另一方面，迁入人口的增加使城市学校资源供不应求，基础设施的扩建需求急剧上升。教育资源在空间分布上的动态失衡，暴露了规划能力的不足，也凸显了教育体系应对区域性人口流动的灵活性问题。

师资流动性受到社会流动性和人口迁移的双重影响，进而对乡村教育的教学质量产生深刻作用。流动性较高的地区吸引了大量教师向城市迁移，使乡村学校长期面临师资缺乏的困境。而流动性较低的乡村尽管师资较为稳定，却难以吸引优秀教师加入，教学质量提升乏力。这种师资供需的不匹配加剧了城乡教育的质量差异，凸显了政策干预的紧迫性。

在人口迁移背景下，学生的职业选择路径发生了显著转变，教育内容与职业发展需求之间的关系更为紧密。外出务工家庭的子女倾向于接受现代化、职业化教育，以满足未来城市化职业的要求。这种职业期望的变化推动了教育体系内容的调整，也增强了学生在社会流动中的竞争力。如何平衡职业教育与文化传承之间的关系，成为乡村教育适应现代经济转型的重要命题。

社会流动性对乡村教育的文化功能提出了复杂要求。在流动性较高的乡村，文化传承面临断层风险，教育体系必须承担起更多文化保护与传播的责任；而流动性较低的乡村，虽然文化传统保留较为完整，但教育现代化的进程受到抑制。这种双向张力凸显了教育体系在文化振兴与现代化适应中的双重任务，对实现乡村教育的多元化发展与振兴战略目标带来了深远影响。

第三节　技术与创新因素

一、数字教育基础设施建设

数字教育基础设施建设在教育与乡村振兴结耦合发展中展现出多维度影响。覆盖范围、技术水平与普及程度共同塑造了乡村教育体系对信息化时代的适应能力。这种动态变化直接作用于教育资源的分布形态，并深刻影响教育在乡村经济、社会与文化转型中的功能表现。

基础设施的覆盖范围对乡村教育的技术普及性产生了显著作用。全面的覆盖确保偏远乡村学校与城市学校共享信息化教育资源，而覆盖缺失则使部分地区陷入信息孤岛状态。这种差异强化了城乡教育质量的分化，影响学生与教师对在线资源的获取能力，也直接决定了教育体系在乡村振兴中的推动效能。

基础设施建设的投资规模对乡村教育资源的技术化程度产生直接影响。

投资力度较大的地区能够快速部署高性能数字设备，如智能教学系统、交互式白板等，从而增强教学的趣味性与互动性，激发学习兴趣。反之，在投资不足的地区，硬件设施升级受限，教育技术的应用水平较低，这种投入的不均衡加大了城乡教育现代化进程的差距。

基础设施的技术水平直接影响到教育体系的信息化深度。高水平技术支持多样化教学模式，如人工智能学习分析系统、增强现实课堂等，以满足不同层次学习需求，提升教学的灵活性。技术水平较低的地区难以支持复杂教学场景，直接影响学生的学习体验与知识掌握效率。

维护与更新能力对基础设施的可持续发展至关重要。乡村地区因技术支持与资金不足，设备老化与系统效率下降问题频发，这不仅影响教育资源利用率，还限制了现代化教育推进，阻碍了学生接触前沿知识与技术的机会。

用户体验是决定基础设施资源利用效率的关键因素。设计合理且性能稳定的设施能够提升教师与学生的使用意愿，而复杂或不稳定的系统则可能削弱积极性，从而影响教育资源的应用效果。

教育资源普及程度对其共享能力具有决定性作用。在全面覆盖与设备充足的地区可广泛传播优质资源，如在线课程与实时教学，有助于缩小城乡知识获取差距，强化教育体系在城乡协同发展中的功能。普及程度较低的乡村地区则难以有效利用这些资源，从而限制教育体系的信息化表现。

兼容性对乡村教育体系的创新能力提出了重要要求。兼容性强的基础设施可支持多种教学软件与技术应用，推动教学内容多样化。兼容性不足则会在硬件与软件之间形成技术障碍，限制教学内容扩展性与资源的灵活利用，直接影响教育资源适配性与创新能力。

建设进度的不均衡对乡村教育发展节奏形成了制约。进度较快的地区率先享受数字教育改革效益，而进展缓慢的地区则长期受限于传统模式。这种差异进一步影响城乡教育现代化水平与资源动态配置能力。

二、教育信息化应用普及

教育信息化应用的普及，在教育与乡村振兴结合模式中构建了新的动力结构。信息化应用范围的扩展深刻影响着乡村教育的现代化进程，同时在教育资源分配、学习方式转型与教师能力提升等多个维度发挥作用。普及程度与应用效果之间的交互关系对信息化的功能表现起着关键作用。

信息化的普及改变了乡村教育资源的分布与获取模式。在线课程、虚拟实验和智能教材等资源的广泛应用使乡村学生突破了地理障碍，接触到多样化的学习内容，提升了教学资源的灵活性与多元性。然而，网络覆盖与设备供给的不足依然制约了部分地区的信息化推进，城乡教育之间的信息差距依旧显著，影响了教育公平的实现。

在信息化背景下教师对专业技能需求不断提升，需要具备多媒体课程设计、数据分析以及在线授课等能力。但乡村教师因培训资源缺乏，难以适应信息化教学的要求，进而影响课堂质量与技术应用效率。技能短缺导致的资源闲置现象，在一定程度上加剧了城乡教育技术化水平的不均衡。

学生的学习方式因信息化而发生显著变化。个性化学习平台为乡村学生提供了自主学习和能力拓展的机会，通过在线复习与强化训练，学习灵活性得以增强。然而，这种学习模式对学生的自我管理能力提出了较高要求。技术支持缺失和监督不足使部分学生难以充分利用这些工具，学习成果的分化现象进一步显现。

信息化在教学管理领域的应用提升了管理效能。数字化工具通过对教学数据的实时监测与分析，为乡村学校优化资源分配和改进教学策略提供了依据。但部分乡村地区管理水平滞后，限制了信息化在提高整体运行效率方面的作用，阻碍了精细化管理的推进。

教育信息化的普及对学生职业技能的塑造具有深远影响。学生接触数字化学习工具，提升了技术素养，积累了团队合作与项目管理经验，为融入数字经济打下了良好基础。然而，在普及不足的乡村地区学生在职业市场竞争中仍面临技能差距，这对乡村教育的转型提出了更高要求。

城乡教育资源的共享机制因信息化而得以优化。乡村学校通过直播课程、线上研讨等方式直接获得优质教学内容，缩小了教育质量的差距，提高了资源利用效率。然而，部分乡村地区网络基础设施不足，难以充分融入信息化教育的合作网络，资源共享的效果因此受到影响。

教育信息化拓展了乡村学生的文化认知与传播能力。数字图书馆与虚拟现实技术为学生提供了丰富的历史与科学内容，开拓了知识领域。这种文化传播方式加强了学生的文化认同，但如果资源缺乏本地化设计，实际成效将大打折扣。文化传播的有效性需要与乡村学生的实际需求高度契合。

信息化的应用提升了乡村社区中的技术接受度。学生与教师对数字工具的使用逐渐增强了乡村社区对技术的认同感，家长对在线学习的支持也推动了技术在日常生活中的渗透。信息化工具提升了信息流通效率，为乡村社会的现代化注入了新的活力。

政策的支持力度在信息化普及过程中发挥了重要推动作用。通过信息化项目的实施与推广，教育服务的覆盖范围与质量得以扩展。政策效能的发挥取决于乡村地区基础设施条件与适应能力的匹配程度，持续的技术应用与培训支持能够促进教育信息化的长期发展，并推动教育体系的灵活性与创新能力提升。

国际化能力的拓展是教育信息化在乡村振兴中的重要体现。通过互联网接触全球教育资源，乡村学生的语言能力提升与视野拓宽为参与社会流动创造了更多机会，同时增强了乡村教育在全球化背景下的竞争力。信息化普及的广度和深度决定了乡村教育能否适应全球化趋势，并在国际协同发展中发挥积极作用。

三、乡村特色技术教育内容

乡村特色技术教育内容在教育与乡村振兴的互动中，构建了复杂且动态的作用机制。这些内容通过影响技能培养、观念转变、产业适应以及资源配置，塑造了乡村经济与社会发展的独特路径。

技术教育内容对乡村经济就业结构的塑造直接作用于劳动力市场的优化。基于地方产业需求设计的课程，例如农产品加工技术、渔业养殖技能或乡村文化旅游服务培训等，显著提高了学生在特定领域的职业胜任力。这种针对性的技能培养，不仅提升了学生融入本地经济的效率，还增强了地方产业链的竞争力。然而，若教育内容无法紧密联合地方经济需求，则容易导致技能与岗位需求的脱节，从而在就业与资源利用方面形成矛盾。

职业观念的转变通过教育内容对学生及家庭产生深远影响。技术课程融入区域优势经济理念，如现代农业技术的经济效益或农产品品牌化发展的价值等，能够引导学生及其家庭重新评估本地就业的吸引力①。这种观念转变提升了本地劳动力市场的活力，减少了因外出务工而导致的人员流失。但若教育过于倾向城市化技能而忽略乡村经济特点，就会加剧人才外流，使乡村空心化问题恶化。

教育内容的创新性影响乡村经济在产业升级中的表现。引入数字农业、大数据应用和新能源开发等先进技术课程，为学生提供面向未来的技能储备。这种创新教育模式为乡村经济注入了新的发展动力，同时拓宽了学生的职业选择范围。然而，长期停留在传统技能培训的教育体系难以适应市场变化，不仅制约了地方经济转型，还削弱了学生在现代产业中的竞争力。

多样化的教育内容增强了乡村社会对经济转型的适应能力。涵盖广泛技能领域的课程设计，例如生态农业、文化创意产业或环保技术应用，扩大了学生就业选择，也提升了教育体系服务不同产业需求的能力。例如，针对绿色经济发展的生态保护技术课程，能有效应对乡村振兴中的环境管理任务。相较之下，过于单一的教育内容无法满足多样化社会需求，限制了教育体系的灵活性。

教师专业能力的发展对技术教育内容的质量起到决定性作用。实施高技术含量的课程需要教师具备实践经验和专业背景，与科研机构合作或持续开展培训是提升教师能力的必要途径。例如，农业科技类课程的开展要求教师熟悉最新种植技术，否则可能影响教学效果与学生技能的掌握程度。教师能力不足会限制课程深度，削弱教育内容的实际成效。

文化融入在技术教育中形成了独特价值。结合地方传统文化的课程设计，例如传统工艺、民俗艺术或农耕技艺，将地方文化与现代教育相结合，为乡

---

① 张迪. 新型城镇化、乡村振兴与生态环境协调发展水平研究［D］. 郑州：河南财经政法大学，2023.

村社会注入文化复兴的活力。这不仅增强了学生的文化认同感，还在乡村文化传播中发挥积极作用。但若教育内容脱离地方文化背景，学生的学习兴趣与文化归属感就会被削弱，乡村社会的文化凝聚力也随之下降。

实践环节在技术教育中起到桥梁作用。与地方企业合作开展实训课程或农业技术实践，使学生在真实场景中将知识转化为能力，既增强了学生的动手能力，又提高了教育成果在地方经济中的转化率。如果实践环节设计薄弱，学生在理论知识与实际操作之间容易产生断层，削弱教育的实际贡献。

适应性强的教育内容能有效应对地方经济与社会变革的需求。当政策或市场环境发生变化时，可以通过快速调整课程设置来满足新需求，例如针对农村电子商务发展开设物流管理与运营课程。这种灵活调整机制能缓解劳动力市场的匹配问题，为经济转型提供支持。若调整滞后，教育体系对社会变革的响应能力将大幅下降。

教育内容的资源需求直接影响教育体系的现代化发展。高技术课程往往需要额外的设施投入，如实验室设备或专用培训场地。这种资源分配的优化过程既提升了教育内容的执行力，也推动了乡村学校硬件设施的升级。如果资源供给不足，学生学习体验与课程效果将受到限制，教育现代化的进程亦可能停滞。

通过整合地方特色与现代技术的教育内容，乡村教育体系的区域竞争力得以增强。这种竞争力不单体现在学生技能的提升上，也为乡村经济的长远发展注入了持续动力。例如，结合乡村绿色能源开发或特色农产品加工的课程设计，将区域资源优势转化为经济发展动力。反之，教育内容若缺乏区域特色，乡村教育的吸引力与影响力都将受到制约，进而削弱教育在乡村振兴中的作用。

四、农业技术创新与教育融合

农业技术创新与教育融合在乡村振兴背景下呈现出复杂而动态的相互作用。这种融合不仅体现在教育内容的技术化转型上，还对教学模式、师资建设、文化传承以及产业协作产生了深远的影响，为乡村教育体系和经济结构的协同发展注入了活力。

农业技术的应用范围广泛扩展了教育内容的实践性与适应性。在智慧农业、精准农业以及生态友好技术日益发展的背景下，教育体系引入与这些领域相关的课程可以显著提升学生技能。例如，在水果种植区通过设置包括土壤监测技术和环境控制系统应用的课程，不仅可以让学生直接接触现代化农业技术，还激发了其对技术创新的兴趣。反观在技术创新缓慢的地区，教育内容局限于传统技能传授，导致学生对现代农业生产的适应力不足，这对地方经济转型形成了阻碍。

区域性农业特征决定了教育内容的地方化需求。针对不同农业特色区域设置差异化课程，例如在温室种植区域的环境控制技术或旱作农业地区的水资源优化管理课程，可以更精准地培养学生的职业技能。这种针对性设计在提升地方劳动力市场竞争力的同时，也为学生提供了明确的就业方向。然而，若教育内容缺乏对区域农业特性的响应，则会导致技能供需错配，进一步削弱教育资源的有效性。

教学方式的革新是农业技术融入教育的必然结果。以实践为导向的教学，例如田间操作、虚拟农业仿真实训，能够显著提升学生的实际操作能力和创新思维。这种模式为学生提供了真实的技术应用场景，缩短了理论与实践之间的距离。然而，传统的以课堂讲授为主的模式难以支撑复杂农业技术的传播，学生的学习成效和技术适用性因此受到限制。

农业技术的复杂性对师资队伍提出了全新的要求。乡村教师通过参与技术培训和农业推广项目，能够更全面地理解和掌握现代农业技术，从而更高效地在课堂中进行教学。校企合作与研究机构的支持为教师提供了实践机会，强化了教育与实际生产的联系。若教师缺乏必要的技术储备，课程质量将受到影响，学生的技能掌握深度也将因此下降。

技术的引入对教育体系的社会接受度产生了关键影响。当农业技术显著提高了生产效率时，例如通过优化种植流程减少资源浪费，这种效果往往会增强乡村居民对教育体系的信任。这不仅提升了教育在乡村社会中的地位，也为后续资源投入奠定了基础。相对而言，若技术引入后无法达到预期效果，乡村社会对教育的认可度就会下降，影响教育体系的持续发展。

农业技术的推广为乡村学生的职业选择提供了多样化的可能。学校设置围绕农业科技研发、智慧农业管理以及生态农业发展的课程，能引导学生探索新型职业领域。这种以职业为导向的扩展增强了乡村经济对技术型劳动力的吸引力，同时为地方产业链注入了新动能。然而，教育内容若缺乏技术创新性，学生更可能选择离开农业领域，进而影响乡村经济的人才储备与稳定性。

技术引入过程中的资源配置效率是教育内容落地的关键因素。现代化教育内容往往需要实验室设备、实训基地等硬件支持，例如建立智能农业实验室或数字化农场教学平台。这种资源投入优化了教育内容的执行效果，也推动了乡村教育基础设施的现代化进程。然而，如果资源无法及时匹配课程需求，教育内容的实施效果将受到制约，影响教育资源的长期效益。

技术发展速度与教育内容的更新周期密切相关。快速更新的农业技术要求教育体系能够灵活调整课程内容，例如新能源农业设备推广地区需要引入太阳能灌溉技术的知识。这种动态调整能力增强了教育内容对经济变革的响应速度，保障了学生技能的市场适应性。若课程更新滞后，学生的竞争力将受到影响，教育对经济发展的支持力度也会减弱。

农业技术与地方文化的结合为增强乡村教育体系的文化功能提供了新的契机。学校将传统农业技艺与现代技术相结合，例如将地方特色农产品加工知识融入课程设计，可在传承文化的同时增强地方特色的市场竞争力。这种技术与文化的融合在提升教育吸引力的同时，也促进了学生对本地文化的认同。然而，若教育内容忽略了地方文化的独特性，就会削弱学生的学习兴趣，限制文化创新的深度。

农业技术创新通过强化教育与地方产业的协作机制推动了乡村振兴的全局进程。学校与地方企业和合作社联合开展实践课程，可为学生提供真实的技能应用场景，为地方产业输送技术型人才。这种协同效应提升了教育体系的社会价值，同时为地方经济发展提供了持续的动力支持。如果教育与产业之间的协作不充分，技术教育的作用将被削弱，进而限制教育在乡村振兴中的整体贡献。

五、教育创新资源开发能力

教育创新资源开发能力对乡村教育体系和乡村振兴战略的推进过程展现

出多层次、系统化的影响。教育创新资源开发能力通过内容重塑、方法创新、社会互动及资源整合等，持续推动教育与社会的联动效能。

教育资源开发能力直接影响教育内容的动态更新与社会适配性。乡村学校及时将绿色能源应用、数字经济技能等前沿主题纳入教学，可在内容层面紧贴经济与技术变革的脉搏，为学生提供高度相关的学习体验。例如，围绕智能农业设计的课程能够激发学生对现代技术的兴趣，同时增强其市场竞争力。反之，若开发能力有限，教育内容滞后于社会需求，学生在技术转型中的适应性将大幅削弱，进而影响教育体系的长远发展。

跨领域协作扩展了教育资源的多样性与应用广度。教育体系若能联动地方经济和文化资源，例如与农业企业共建智能种植课程，或与非遗传承人开发特色工艺课程，将使教育内容更具区域适应性。这不仅丰富了教学资源，还提升了学生对区域经济与文化环境的融入能力。资源开发能力较弱的教育体系则过于依赖单一内容模式，学生的学习兴趣与发展路径因此受到限制。

教学方法的现代化与资源开发能力密切相关。技术驱动的创新教学，例如利用虚拟现实模拟农业生产流程，或通过大数据平台实现个性化教学，不仅优化了课堂的趣味性，还提升了教学效率与知识转化率。这就为学生提供了动态学习体验，缩小了理论与实践间的差距。然而，教学方法的革新需要资源支持，缺乏开发能力的体系往往停留在传统教学模式上，学生的技能培养因此受到限制。

资源开发能力在社会吸引力构建中发挥了直接作用。乡村学校引入创新项目或优质课程，能吸引更多学生选择在当地学习，同时吸纳高素质教师进入乡村教学岗位。例如，开设国际化职业培训课程能够强化乡村教育的竞争力，形成资源吸引与教育生态优化的良性循环。开发能力不足的乡村学校难以对抗城市教育的吸引力，乡村地区的人才流失问题随之加剧。

数字化转型对教育资源开发能力提出了更高要求。乡村学校构建在线教育平台并整合开放性资源，可以大幅提升教学资源的覆盖率与公平性。乡村学生因此得以突破地域限制，享有与城市学生相等的学习机会。这种资源利用方式显著提升了教育普及的效率。然而，开发能力较低的地区难以完成数字化教育转型，资源获取与分配上的瓶颈阻碍了教育体系的现代化进程。

教育资源的文化属性在乡村社会的文化振兴中展现出独特价值。乡村学校将地方文化融入课程内容，例如传统农艺、地方工艺或生态保护实践，可以激发学生的文化认同感，并形成社会文化传播的新路径。这种文化结合增强了教育的社会功能与吸引力，推动乡村文化的传承与创新。若资源开发缺乏文化深度，乡村学校的教育内容则在实践中丧失地方特色，限制教育对乡村文化振兴的支持力度。

师资队伍建设依赖资源开发能力的持续支撑。高质量的教育资源开发过程通常伴随着教师专业化的提升，例如与企业合作强化技术应用能力，或通过实践教学提升教师的行业背景。教师能力的提高直接决定了学生的学习成效与教育内容的实施效果。若教育体系缺乏持续的资源开发，教师的专业发展就会停滞，从而制约教育质量的全面提升。

资源开发能力还对乡村教育体系的经济效益产生了显著影响。乡村学校整合技术与教育，能够支持地方经济活动，例如推动农业增值产品的研发或区域特色产业的发展。这种教育与经济的联动为乡村教育提供了更充裕的资源支持，同时形成了经济与教育之间的正向循环。开发能力不足的学校则难以实现资源创新的经济效益，教育资源的利用效率因此受到限制。

教育资源开发能力通过内外协同作用，不断塑造乡村教育体系的适应力与创新力。这种能力的强弱不仅关乎教育质量的提升，更深刻影响乡村教育在经济、社会与文化转型中的表现形式。持续优化资源开发能力是实现乡村教育与振兴战略双向促进的关键途径。

第四节　地理与区位条件

一、乡村地理区位特点

乡村地理区位对教育资源分布和利用的影响复杂而深刻。这种影响体现在资源可得性、服务覆盖范围以及体系运行效率等多个方面。地理条件的多样性和区域差异直接塑造了教育资源的供给格局，并在很大程度上决定了教育质量和学生发展路径。

偏远性和分散性使教育资源的配置难度显著增加。山区和交通不便地区因运输成本和时间成本的攀升，教育设施建设进程往往滞后，教师调配与资源共享也面临阻碍。这种不均衡现象削弱了这些地区教育体系的稳定性与延展性，进一步影响了学生接受优质教育的机会。

地理区位的特性对教育内容的区域化设计提出了更高要求。沿海区域需要针对海洋经济知识开设课程，而内陆山区则更适合引入农业、林业技能培训。根据区域需求调整课程结构，可提升学生的学习兴趣，使教育更加契合地方产业发展需求。区域化内容的设置直接关系到教育体系对社会经济发展的适应能力。

学生在偏远地区接受教育受到多方面限制。每日长时间通勤和高额费用增加了学习的压力，也影响了课外活动的参与率和接受补充教育的机会。交通不便削弱了学生的综合发展能力，贯穿教育过程的这些劣势对学生成长轨迹的负面作用不容忽视。

自然条件的复杂性对教育设施的设计与维护提出了独特挑战。山区学校需要防滑设施和稳定的建筑结构，而沿海学校则需特别关注防风防潮设计。这些自然条件增加了设施建设和维护的成本，同时对教育资源的长效利用提出了更高要求。

边缘性限制了教育资源的流动速度与规模，导致教学内容更新滞后，教学方法难以改进。这种资源流动的受限进一步影响了师生互动的质量，拉大了城乡教育质量的差距。资源流动性在边缘地区的不足，使教育体系难以充分响应区域社会发展的需求。

地理特性也为教育内容的创新提供了可能。山区、河流和森林等自然特征可为生态实践教学提供场景，同时激发学生对自然环境的兴趣。若这些资源未能被教育体系有效利用，课程设计将显得单一且缺乏吸引力，阻碍学生的全面发展。

乡村地理环境对教育内容的生态属性影响深远。课程如能充分结合当地自然条件设计生态教育模块，将有效提升学生的环保意识和实践能力。反之，若生态教育不足，学生对可持续发展理念的理解将大打折扣，教育在地方环境保护中的支持作用也会大幅削弱。

地理区位的文化特色对教育资源的社会效益起着关键作用。乡村学校结合地方文化开展教育，可以实现文化传承与创新，增强社会凝聚力与文化自信。如果教育未能融入地方文化，课程的吸引力和实用性会显著下降。教育与文化在地理区位上的结合对乡村社会功能的发挥具有深远影响。

乡村地理区位通过多方面对教育资源的分布与利用形成复杂的作用网络。这种作用贯穿了教育体系的运行过程，并在学生发展、资源配置、教师稳定性及课程设计等方面表现得尤为突出。

二、交通条件对教育可达性的影响

交通条件在乡村教育的可达性与资源配置中展现出多维度的影响，其便利程度直接影响了教育资源的流通效率、覆盖范围及学生和教师的参与成本。从教育设施建设到学生的上学模式，交通因素涉及教育服务的各个环节，对教育体系的整体效能产生深远影响。

乡村学生的上学方式与交通条件紧密相连。许多偏远地区的学生需步行数公里或依赖简易交通工具往返学校，这种高耗时、高体力支出的模式显著影响了课堂专注度与学习效率。长途通勤压缩了学生课外活动的时间，对其综合素质发展形成了长期阻碍。此外，上学成本对经济条件有限的家庭带来了沉重压力，进一步加剧了教育机会的不均衡。

教师的流动性与职业稳定性同样受到交通条件的显著制约。偏远地区由于交通不便，吸引和留住教师变得困难，优秀师资向便利地区集中的现象拉大了城乡教育质量的差距。同时，交通阻隔使得教师参与培训和进修的机会大幅减少，职业发展的局限性进一步限制了教学质量的提升，形成了难以打破的恶性循环。

教育设施建设的效率高度依赖于交通条件。教材、设备及其他教学资源的运输成本和速度直接影响了乡村学校的建设与运营。山区学校因交通瓶颈难以及时获得必要物资，教学环境因此受到限制，学生的学习体验也随之下降。交通条件对教育设施的覆盖率和使用效果产生了深刻影响，进一步加剧了区域间教育资源分配的不均衡。

便利的交通为乡村教育与城市资源的连接提供了可能。乡村学校可借助便捷的交通引入先进教育资源，或通过远程教学技术与城市优质教育资源开展合作。这就提升了乡村教育的资源质量与多样性，为学生开辟了更广阔的学习与发展渠道。然而，在交通闭塞的区域，这种资源流动的滞后性削弱了教育体系的活力，也限制了乡村教育的整体竞争力。

交通的安全性在学生教育参与度中起到不可忽视的作用。复杂的地形条件与低性能的交通工具增加了通勤的风险，家长出于安全考虑减少学生的入学率，尤其是在偏远乡村，这种现象对教育覆盖范围形成了显著制约。交通隐患成为制约教育普及和推广的一大障碍。

教育资源的共享能力受到交通条件的深度影响。便利的交通能够有效支持学校间教师、课程及设备的共享，提升区域教育资源的利用效率。而交通不便的地区，教育资源的分布更为零散，协同效应难以发挥，进一步拉大了区域间教育发展的差距。

推进教育现代化离不开交通条件的支撑。现代化教学体系高度依赖信息化设备及技术，而这些资源的引入速度与覆盖范围均受制于交通条件。交通不畅导致乡村教育在信息化建设中的显著滞后，现代化教育手段的缺失加剧了城乡教育发展的不平衡。

交通条件还通过影响家长的择校行为间接塑造了教育资源的分布。交通便利的学校因通勤高效而吸引了更多生源，而偏远学校则面临生源减少、运营困难的问题。这种趋势进一步加剧了教育资源分配的不均衡，对区域教育格局的优化带来了挑战。

交通条件潜移默化地影响着乡村社会对教育的态度。交通便利性提升了乡村的开放性，增强了居民对教育的关注与重视；而交通落后的区域由于生活圈封闭，居民对教育需求的认知较弱，这种差异影响了教育的推广效率与社会认同度。

交通条件是乡村教育的运行与发展中的重要变量，其优化不仅关乎教育体系的效能提升，更深刻影响着乡村教育的公平性与可持续性。交通与教育的联动改善，将成为乡村振兴过程中的重要突破口。

三、自然灾害对教育设施的约束

自然灾害对乡村教育设施的影响具有显著的复杂性与深远性，其作用涉及设施建设、日常维护及服务延续等多个环节。地震、洪水、台风等灾害因地域环境的差异呈现多样化的破坏特征，不仅对设施本身造成直接威胁，也对教育体系的运行稳定性和资源分配效率形成深层次挑战。

灾害的高频性对乡村学校基础设施的质量构成持续考验。因资源和技术不足，许多乡村学校在建筑材料及结构设计上难以满足抗灾标准。地震破坏墙体，洪水侵袭教室，台风撕裂屋顶，这既影响了教学环境的可用性，也对师生的安全形成长期威胁。设施脆弱与灾害高频的矛盾，使教育发展在灾害多发地区步履维艰。

灾后修复的资源耗费和响应滞后进一步加大了设施维护的压力。灾害过后的修复过程往往需要大量人力、物力投入，而乡村地区缺乏充足的财政支持和技术储备，使得恢复工作周期延长。例如，洪水带来的电力中断和设备损毁需要逐项修复，但这些任务的延宕直接削弱了学校的运转能力，设施在灾害后的"亚健康"状态成为常态。

学生的学习进程在灾害影响下呈现显著的不确定性。停课、学校迁移及设施损毁等直接干扰了学习计划，学生的知识积累因课程中断而出现空白。更为隐性的是，灾害对学生心理状态和学习习惯的负面影响，导致受灾地区的学生在教育成果上与其他地区差距更大。教育资源的分配不平衡因灾害的累积效应进一步加剧。

区域灾害特性决定了教育设施设计的复杂性与实施难度。地震多发地带需要高抗震级别的结构，沿海地区则需强化防潮与抗风设计，这些特定需求直接抬高了建设成本，并延长了施工周期。在资源有限的情况下，差异化设计成为乡村教育设施推进过程中的重要障碍。

灾害带来的财政压力在教育领域表现得尤为明显。灾后重建需要大量财政资源，然而乡村教育体系的自主性较弱，在资源分配中往往处于被动地位。扩建、维护等原有计划因此被迫延期，设施覆盖率和服务能力的提升陷入瓶颈。财政倾斜向灾害恢复领域的集中投入，进一步压缩了乡村教育的增长空间①。

灾害对学校选址与布局的约束性亦十分显著。高风险区域的学校需避开地质断层、山洪通道等危险地带，这就使得乡村学校分布更加零散。分散布局增加了设施的管理与维护成本，也降低了教育服务的运行效率。

教学设备在灾害中的损毁进一步放大了资源短缺问题。许多乡村学校的教学设备本就不足，而泥石流掩埋器材、洪水浸泡课桌等破坏场景让设备匮乏问题更加严峻。设备短缺直接限制了课堂教学的开展，学生因资源不足而丧失了动手操作和实践体验的机会，教育质量受到显著影响。

灾害的安全隐患也是师生流失的原因。教师在灾害频发地区出于安全考虑更倾向于选择其他工作环境，家长也更愿意将子女送往安全区域的学校就读。师生队伍的流失削弱了教育体系的稳定性，还对灾害地区教育体系的吸引力形成巨大冲击。

学校的社会功能在灾害中呈现大幅削弱的趋势。作为在乡村社区的重要空间，学校通常承担文化活动、社区集会及灾害避难等多重功能。然而，当自然灾害破坏了教育设施，这些功能便难以维持。乡村社区的凝聚力因此减弱，教育设施的社会价值在灾害背景下大幅下降。

灾害的动态性对教育设施使用模式提出了更高要求。学校在灾后可能被改为临时避难点或物资集散中心，教学活动不得不暂停或迁移。这种动态调整增加了资源管理的复杂性，教育体系被迫承担更高的应急响应成本。灾害与教育资源管理的双重压力，对乡村教育的长期规划提出了多维度的挑战。

---

① 孙静雯. 河南省生态功能县旅游经济与新型城镇化耦合协调研究 [D]. 信阳：信阳师范学院，2023.

四、城乡边缘区的教育供需矛盾

城乡边缘区的教育供需矛盾折射出资源分配与利用效率的多重复杂性。其地理位置与社会结构的独特性使教育需求同时呈现乡村和城市的双重特质。这种混合特征使供需关系不断变化，对区域教育的公平性与发展策略产生了深远的系统性影响。

高频人口流动是城乡边缘区教育需求波动的直接驱动力。一方面，外来人口的涌入带来了教育需求的急剧增长，学校负担骤然加重；另一方面，因部分家庭迁往城市而导致学生流失，教育资源随之闲置。需求变化的不稳定性对教育资源配置形成了高度不可预测的压力，资源调度的滞后性进一步放大了供需矛盾。

资源分布的不均衡性加剧了城乡边缘区的教育分化。靠近城市的学校往往吸引到更多政策扶持和资源倾斜，教育条件显著优越，而距离城市较远的学校则因交通不便、经济薄弱而难以获取支持。资源的不均衡分布使得城乡边缘区内部的教育机会差距进一步扩大，供需之间的结构性失衡难以缓解。

社会经济活动的多样化为城乡边缘区教育需求增添了新的变量。农业家庭倾向于优先考虑基础教育，而从事商业或服务业的家庭则更注重职业技能培训。这种需求的分层性，迫使教育体系在资源有限的情况下进行更加精细的调配，以满足多元化的需求。资源如何在这些分化的需求之间实现平衡，是一大难题。

基础设施的不均衡对城乡边缘区教育资源的可达性构成直接挑战。交通便利的地区更容易吸引优质师资和学生，而基础设施落后的区域不仅面临师资流失问题，还难以维持生源的稳定性。设施条件的差异对教育服务的连续性和资源流动的效率形成了长期制约，进一步影响区域教育的整体协调发展。

政策环境的模糊性是资源分配偏差的深层原因之一。城乡边缘区游离于城市与乡村之间，政策分配因缺乏明确性而产生偏差。例如，优先城市发展的政策就暂时无法充分考虑城乡边缘区的教育需求，资源覆盖的不均衡因此更加显著。这种模糊性使城乡边缘区教育的长期发展面临更大阻力。

文化融合的特性使城乡边缘区的教育需求更加复杂。部分家庭希望通过教育延续乡村文化，而另一些家庭则渴望以教育为途径加速融入城市生活。教育体系若无法兼顾这种多元文化诉求，资源利用效率将大幅下降，供需矛盾的深化不可避免。

教育质量的显著差异使城乡边缘区供需关系进一步复杂化。一些学校因获得优质资源而在教育成果上表现突出，吸引了更多学生和家庭，而资源有限的学校则难以提供高水平的教育服务。这种两极分化的格局使资源利用的效率进一步降低，教育选择的集中化趋势加剧了区域内的不平衡。

城乡边缘区产业结构的波动性对教育需求具有导向性作用。当劳动密集型产业为主导时，家庭更倾向于短期技能培训，而非学历教育；当区域内产业结构发生转型，教育需求又随之改变。这种需求的不确定性使教育资源的规划和配置面临长期压力。

教育服务模式的灵活性直接影响了城乡边缘区供需矛盾的缓解程度。基础教育与职业培训的结合需要教育体系在资源整合、课程设置和服务创新上展现更高的适应能力。若服务模式调整不当，教育供需关系的失衡将持续对区域教育的发展形成系统性障碍。

五、区域资源特色与教育发展的契合度

区域资源特性深刻作用于乡村教育的内容设计、资源利用效率与整体发展潜力。自然资源、文化资源与产业资源等因素共同塑造了教育体系的创新路径及其对乡村社会的适应程度。这种适配性直接影响教育资源的转化效率与学生学习成果，对乡村教育的发展形成深远影响。

自然资源的多样性为教育内容设计提供了广阔空间。不同地区的自然条件决定了教育内容的具体侧重，例如林区适合开展森林管理课程，而矿产丰富地区则适宜开设采矿技术培训。若忽视自然资源特性，教育内容的实践性和针对性将被削弱，学习成果的应用价值随之下降。

产业资源开发水平决定了教育资源实践平台的构建质量。产业发展较成熟的地区可为学生提供农业园区、旅游基地等多样化实践场景，助力技能提

升与生产实践的结合。而产业基础薄弱的地区，由于缺乏相关支持，教育资源的利用效率往往显著降低。

文化资源对教育内容设计与创新起着深刻作用。地方文化遗产、传统技艺及民俗活动为教学提供了丰富素材。设置传统艺术课程或组织本地文化活动不仅增强了学生对文化的理解，还提升了教育内容的吸引力与多样性。若忽略文化资源整合，教育内容的创新能力与社会价值可能难以充分体现。

生态资源为教育体系的可持续发展提供了实践路径。生态旅游和有机农业等模式能够融入环保教育与资源管理课程，帮助学生理解生态保护理念，并推动教育体系与可持续发展目标的结合。

资源分布的不均衡性直接影响教育资源的获取与服务能力。资源集中的地区更易获得政策倾斜和资金投入，而资源匮乏区域在教育资源配置中常面临更大压力。这种差异进一步加剧了城乡教育发展的不平衡现象。

资源开发水平决定了教育内容的技术深度与多样化程度。开发程度高的地区通过技术创新引入智能农业等现代化元素，提升了教育内容的技术含量。而开发水平较低的地区，教育内容的创新能力受到限制，难以培养适应未来需求的人才。

区域资源的协作潜力为教育资源整合与提升带来新的可能。学校通过跨领域合作，可开发符合地方特色的职业课程与技术培训，提升教育内容的实用性与学生的就业竞争力。缺乏协作的资源开发方式则限制了教育体系的协同效能。

资源的外部依赖程度对教育发展有长期影响。高依赖性的地区在教育内容设计上更倾向迎合外部需求，短期内适应性较强，但在资源枯竭或经济波动中，单一模式的教育体系易陷入发展困境，限制长期稳定性。

科技含量的差异影响教育内容的技术水平与学生的职业竞争能力。高科技区域资源推动教育内容的深度发展，要求学生掌握更复杂的技能，而科技含量较低的区域，教育内容的创新性不足，就会削弱学生在技术密集型行业中的适应能力。

第四章 教育与乡村振兴耦合发展的机制构建

第一节 耦合发展机制构建的原则

一、以乡村振兴战略为核心

（一）聚焦乡村发展目标制定教育战略方向

教育与乡村振兴的协同发展需要以乡村振兴战略为核心指导，这要求教育战略紧密契合乡村发展的实际需求，确保教育体系在目标、内容和路径上高度统一。乡村振兴战略涵盖农业农村现代化、乡村文化繁荣和生态文明建设等多层次目标，教育发展需在此框架内明确其方向和功能。

教育战略应优先围绕乡村经济转型与现代化展开设计。提升农业生产效率和拓展乡村经济的多样性，是乡村振兴的关键所在，而这需要兼具技术和管理能力的人才作为支撑。因此，教育内容的设置应聚焦于现代农业技术、生态农业实践和产业链延伸等领域，帮助农村人口获得职业转型所需的核心技能。

乡村的区域特点决定了教育战略必须体现灵活性和适应性。在资源丰富的地区，可以侧重开发资源和延伸产业链能力的培养，而人口流失严重的地区，更需加强基础教育和返乡创业人才的培养。针对不同乡村的实际情况，教育规划需避免"一刀切"，通过因地制宜的方式，精准匹配各地的发展目标。

与此同时，乡村社会的整体振兴呼唤具有全局视角的教育发展模式。乡村的未来不仅需要技术人才，还需要具备文化保护和社会治理能力的多元型人才。因此，教育内容应兼顾技能培训与文化传承，关注乡村文化的保护和社会治理能力的提升，增强乡村社会的凝聚力与文化自信。

教育发展还需立足长远，确保规划具有可持续性。在基础教育阶段，可以通过课程内容和实践活动培养学生的乡村情感和生态意识，为未来乡村建设奠定思想根基；而在高等教育阶段，则应注重创新能力的培养，持续为乡村发展输送智力支持。

（二）推动教育目标与乡村振兴规划的协同

教育与乡村振兴的深度融合，需推动教育目标与乡村振兴规划在方向与实践中形成协调关系，避免二者脱节或相互矛盾。实现这一目标要求教育在总体设计、内容规划与实施路径上充分融入乡村发展的需求，通过明确的目标协同推动实际效果的显现。

政策引导是目标协同的基石。乡村振兴战略规划涵盖农业现代化、文化传承、生态建设以及社会治理等多方面任务，而教育作为这些任务的驱动要素，其目标设计需紧扣政策脉络。例如，在农业现代化领域，培养具有农业技术专长与生态保护意识的人才是核心；而在文化传承方面，教育可开设针对乡村非物质文化遗产的保护课程。这种政策与教育目标的对接，不仅体现在内容安排上，也贯穿于执行层面的细化措施中。

教育内容需动态适应乡村发展的阶段性需求。乡村振兴作为长期目标，其发展过程充满阶段性变化。在初期阶段，完善与普及基础教育是优先任务，重点解决教育资源不足、教学质量不均衡等问题；而在振兴中后期，教育则需更加注重创新型、复合型人才的培养，以应对乡村经济结构调整与技术革新的挑战。因此，教育目标需具备动态调整能力，始终与乡村发展保持同步。

城乡关系的协调发展也是教育与乡村振兴协同的重要环节。作为连接城乡的桥梁，教育目标设计需体现两者之间的资源流动与共享。例如，建设城乡教育资源对接平台，将城市优质教育资源引入乡村；或者推动城乡高校合作，使城市的科研成果能够在乡村环境中实现应用。

教育目标的制定需以乡村实际需求为导向，将人才培养与乡村振兴任务深度融合。乡村振兴需要农业专家、乡村规划师、社会治理能手等多元化人才，教育必须明确培养方向，通过调整课程结构、强化实践教学等方式，确保学生具备直接服务乡村的能力。例如，增加现代农业技术课程、设置乡村治理实验课，都是针对性解决乡村发展短板的实际措施。

此外，教育模式的创新是推动协同发展的关键。在传统模式中，乡村教育往往以城市标准为模板，忽略了乡村特色，导致教育成果难以契合乡村实际需求。针对这一问题，可以探索融合实践与教育的"乡村工坊"模式，将理论与实际相结合；或者通过数字技术构建在线教育平台，使乡村学生接触更广阔的知识资源。

二、以长期可持续发展为导向

（一）优先保障薄弱地区教育的公平性

教育公平是实现乡村全面发展与社会包容的必要条件。在许多乡村地区，长期存在教育资源配置失衡、基础设施薄弱、师资匮乏、教学质量低下等问题，是制约乡村人才成长与社会进步的一大障碍。为应对这一挑战，地方需从资源分配、政策设计和体制创新多方面发力，构建可持续的教育公平体系，以推动乡村教育发展和振兴战略的深度耦合。

资源倾斜是解决教育资源分布不均的重要策略。乡村教育在硬件、课程设置及师资水平上与城市存在显著差距，这直接削弱了乡村学生的成长条件。调整资源配置的关键在于加大对乡村学校的支持力度，例如，可将专项资金用于改善校园设施、建设现代化教室和实验室；在政策上可制定教师激励机制，通过提高待遇、提供住房补贴等方式，吸引优秀教师扎根乡村教学环境。资源的合理分配将逐步缩小城乡教育差距，为乡村学生创造良好的学习条件。

教学质量的提升是教育公平的重要核心。资源不足只是表象，更深层次的问题在于乡村学校的教学内容单一、教育方法滞后。对此，可从技术引入与制度创新两方面入手。"互联网＋教育"模式将有效打破地理限制，将城市的优质课程资源引入乡村课堂，促使城乡教学质量趋于均衡。同时，应建立系统化的乡村教师培训计划，定期组织教学方法与专业知识的强化培训，使乡村教师具备更强的教育能力与职业认同感，从根本上优化教育生态。

保障学生发展机会均等是推动教育公平的关键。城乡学生在升学与就业中的不平等问题，显著影响乡村人才的成长与社会流动。为此，需实施专项政策保障乡村学生的教育道路畅通。地方可以扩大高校针对乡村学生的定向招生比例，或设立专门助学通道，为优秀的乡村学子提供进入高等学府的机会。在就业方面，可将职业教育与就业指导相结合，帮助乡村学生在毕业后快速融入市场需求，实现教育价值的延续。

此外，经济困境对教育公平的侵蚀需要引起高度重视。在偏远乡村中，因贫失学现象仍然存在，直接影响受教育权的保障。完善教育资助体系是解决这一问题的有效途径，例如，实施义务教育、发放生活补贴，助力贫困学生完成基础学业。同时，大力发展职业教育，为经济困难家庭的学生提供低成本、高收益的技能培训，使其快速获得就业能力，形成教育与经济发展的正向循环。

制度化支持是教育公平性的长期保障。城乡教育发展的差距不仅需要短期的政策推动，更需要构建长期有效的协作机制。例如，城乡学校结对帮扶模式能够实现资源与经验的共享，提升乡村教育整体水平；鼓励社会资本与公益组织参与乡村教育建设，为乡村学校注入更多资金与资源支持。

（二）确保资源整合与机制运行的长期性

在教育与乡村振兴的协同推进中，资源整合与机制运行的长期性是实现可持续发展的关键环节。这一原则强调，教育资源的配置与机制的运行必须具备长远视野，避免短期行为和资源浪费，推动教育系统持续支撑乡村振兴所需的各项能力。

首先，确保资源整合的长期性，需要全面统筹教育资源的科学配置。乡村地区教育资源长期面临分布不均的问题，虽然阶段性政策能够缓解部分矛盾，但要实现持续均衡，需要建立长效机制。在财政支持方面，可以设立专项教育基金，保障乡村教育发展所需的稳定资金。在师资力量分配上，实施"轮岗制"与"定向培养"等政策，使乡村学校拥有充足的优质教师队伍①。

其次，机制运行的长期性有赖于制度化保障。教育与乡村振兴的协同推进涉及多个领域，仅凭临时性政策难以取得长效成果。地方要推动制度建设，为机制运行提供稳定框架。例如，建立城乡教育协作机制，鼓励城市优质学校与乡村学校形成长期合作，通过资源共享、经验传递和教师培训等方式，持续提高乡村教育水平。在政策设计中，地方可将乡村教育发展与乡村振兴战略同步规划，在目标与时间上实现高度协同，从而为机制的长期运行提供有力支持。

再次，数字化教育资源的应用为实现长期发展开辟了新路径。随着信息技术的发展，优质教育资源可以通过数字化手段覆盖乡村地区。例如，建设乡村教育信息化平台，将城市优质课程、教学视频等直接输送至乡村学校，从而显著改善教育质量。然而，这种资源整合模式的持续运行，需要技术支持和资金投入的双重保障。区域性教育云平台的建设，以及设备维护和技术支持政策的完善，可确保数字化资源高效服务于乡村教育。

从次，社会力量的广泛参与是实现资源整合长期性的另一重要手段。乡村教育的持续发展难以仅靠政府资源，需要引入社会资本和公益组织的支持。企业设立教育公益基金，支持乡村学校基础设施改善和教师培养；社会组织实施教育帮扶项目，如志愿服务和物资捐赠，可以有效弥补政府资源的不足，提高乡村教育发展的整体效率。

最后，建立动态的评估与反馈体系是机制运行长期性的必要保障。教育与乡村振兴的协同发展是一项复杂的系统工程，需要通过定期评估和社会反馈机制，及时发现问题并调整策略。例如，建设乡村教育监测体系，评估教育资源配置和教学质量对乡村发展的实际贡献；收集乡村居民和学生的意见建议，让机制真正契合乡村需求。

---

① 杨雪琴，邓生菊. 基于乡村振兴和新型城镇化耦合视角的甘肃城乡融合研究［J］. 寒旱农业科学，2023，2（04）：369-376.

第二节　资源整合与优化配置机制

一、推进城乡教育资源的优化配置

（一）完善乡村教育基础设施与师资队伍建设

在教育与乡村振兴的耦合发展中，优化乡村教育基础设施与师资队伍建设，是推动城乡教育资源协调配置的重要路径。地方应积极提升乡村教育的硬件条件与教师质量，有效缩小城乡教育差距，助力乡村振兴战略的实施。

乡村教育基础设施的完善是优化资源配置的重要环节。长期以来，乡村学校在现代化教学设备、实验室、图书馆和多媒体教室等方面存在显著短板，这直接限制了教学质量和学生的全面发展。政府应加大专项资金投入，快速推进乡村学校基础设施的现代化建设，让乡村学校拥有与城市学校接轨的教学环境。同时，要建立长期维护机制，避免因资金或管理问题导致设施老化或闲置。

师资队伍建设对城乡教育资源均衡发展具有重要作用。当前，乡村教育面临教师数量不足、专业水平偏低以及师资流失严重等问题，需要通过多层次的政策支持来突破瓶颈。例如，实施教师轮岗制度，鼓励城市优秀教师定期支教，推动城乡教师资源共享；提高乡村教师待遇与职业保障，以吸引更多人才长期从教；同时，构建针对乡村教师的专业发展体系，通过定期培训和技术指导帮助其提升教学能力。

此外，基础设施和师资队伍建设需注重统筹规划，避免资源浪费。地方可通过区域协作机制整合优质资源，有效弥补乡村学校硬件和师资的不足。例如，设立区域共享实验室、图书馆等平台，满足多所乡村学校的教学需求；搭建教师协作平台，促进城乡教师间的教学经验交流和能力提升。

同时，在具体实施过程中需结合乡村特点因地制宜制定方案。在偏远山区，优先发展支持远程教学的网络设施，为学生提供在线优质课程；在经济条件较好的乡村地区，引入创新型教育资源，如创客空间或实践基地，以增强学生的实践能力和创新意识。

为了保障建设机制的有效运行，应构建科学的评估和反馈体系。地方要定期监测教育基础设施的使用情况和师资队伍建设成效，及时发现并解决问题。通过满意度调查、教育质量监测等手段可为政策优化提供依据。同时，设立专门监督机构确保资源分配透明，避免形式主义和"一刀切"现象，保障乡村教育发展的可持续性。

（二）构建城乡资源共享平台促进均衡发展

构建城乡教育资源共享平台，是促进教育资源优化配置、缩小城乡差距的有效路径。该平台可突破区域教育资源的壁垒，为乡村教育发展注入持续的动力，推动教育公平性与质量的提升。

信息技术的广泛应用是资源共享平台建设的基础。现代教育的数字化与网络化为资源整合提供了强大支撑。地方建立区域性教育云平台，可以将城市优质课程、教学资源以及在线课堂内容传递至乡村，弥补乡村在硬件与师资上的不足。例如，同步课堂技术使乡村学生能够实时参与优质教学活动，而在线教育平台则为乡村教师提供便捷的培训渠道与专业支持。这种基于信息技术的共享模式，拉近了城乡教育的时间与空间距离，也提升了乡村教育的整体水平。

政策和制度设计是推动资源流动的关键。城乡教育资源长期失衡的一个重要原因在于缺乏协调和调配机制。地方要通过政策引导，构建系统化的资源共享机制。例如，在区域教育发展规划中明确城乡教育资源共享的目标和实施路径，设立激励措施鼓励城市学校支持乡村教育发展。此外，制度化的合作协议能够加强城乡学校之间的深度协作，包括教师培训、学术交流以及实验室共建等，逐步缓解城乡教育资源配置的不平衡状态。

城乡资源共享应注重多领域、多层次的整合。城乡教育发展的差距不仅体现在课程与师资上，还涉及教育研究、实践基地建设以及文化交流等方面。因此，平台建设需涵盖基础教育、职业教育以及课外实践等领域。例如，高校可设立乡村研究中心，为乡村教育提供学术支持；城市企业则可以与乡村职业学校合作建设实训基地，为学生提供实践机会。

此外，资源共享平台需根据乡村不同的发展需求提供针对性的支持。乡村教育的实际需求因地区而异，例如偏远山区亟须加强基础教育，而产业发达地区则更加关注职业教育的完善。因此，平台建设应以需求为导向，定制化提供资源。例如，在乡村振兴背景下，数字农业领域的发展需要大量技能型人才，共享平台可以为乡村学校提供相关课程、实训资源，助力人才培养。

资源共享的可持续性离不开对成效的动态评估。地方要构建完善的评估体系，以全面监测资源流动对乡村教育的实际影响。例如，通过学生成绩变化、教师专业成长以及学校教学质量提升等指标，直观反映资源共享的成效；同时，通过问卷调查与访谈了解教育群体的反馈，为平台的优化提供依据。评估结果与反馈机制的结合，将推动城乡教育资源共享形成良性循环，使其在城乡教育平衡发展中发挥更大作用。

二、创新教育资源整合与供给模式

（一）依托信息技术推进乡村资源数字化转型

教育与乡村振兴的耦合发展，需要创新资源整合与供给模式，而依托信息技术推动乡村教育资源数字化转型，是实现资源高效配置的关键路径。数字化手段不仅能够缓解乡村教育资源短缺问题，还能为缩小城乡教育差距提供持续支持，进而助力乡村教育的全面提升。

信息技术打破了传统资源配置的空间障碍，使优质教育资源得以广泛覆盖。乡村地区因地理条件限制，长期面临教育资源不足的问题，而数字化工具能够直接弥补这些短板。例如，在线课堂可将城市优质师资的课程实时传输到乡村教室，虚拟实验室可以模拟实验过程供学生学习，电子图书馆则为乡村学生提供了丰富的阅读资源。地方构建覆盖乡村的教育云平台，可使学生随时接触到高质量的学习内容，而教师也能利用平台进行教学交流与技能提升，从根本上改善乡村教育的质量。

数字化转型推动了资源的创新整合。传统资源整合多依赖于集中化的物理配置，难以实现动态调整，而信息技术则打破了这一局限。地方可构建基于数据和平台的乡村教育资源共享机制，使教育资源配置更加灵活精准。例如，借助教育大数据平台，实时分析学生学习数据、教师教学行为以及学校资源需求，从而实现资源的动态分配与优化。大数据分析还为教育决策提供了科学依据，帮助管理者精准锁定短板，设计具有针对性的政策措施。

信息技术赋予了乡村教育资源供给更多适应性与灵活性。乡村教育需求因地区差异而呈现多样化，数字化平台能够根据不同需求提供个性化解决方案。在偏远山区，更多基础课程和在线辅导服务能弥补教师短缺的问题；在经济较发达的乡村，引入职业教育课程和创新型项目则为学生提供了更多发展机会。这种灵活的供给模式，既能满足不同地区的实际需求，又能有效激发学生的学习兴趣，为其未来发展奠定扎实的基础。

与此同时，数字化教育资源的推广需要稳步推进信息化基础设施建设。乡村学校需要稳定的网络环境、高效的终端设备以及专业的技术支持团队，以推动数字化资源顺利落地。通过政府主导与社会力量协同，构建长期的资金支持机制，是推动基础设施建设的关键。此外，乡村教师的信息技术能力直接决定了数字化资源的使用效果，因此，定期开展技能培训与实践活动尤为必要，可帮助教师掌握现代教学工具并熟练运用在日常教学中。

数字化转型中还需警惕"数字鸿沟"问题。虽然信息技术带来了教育资源的普及机会，但乡村学生和家长在设备拥有率和技术使用能力上仍存在显著差距。因此，地方要采取多样化措施以确保资源的公平可及性。例如，提供低成本甚至免费的学习设备，为家庭技术薄弱的学生设立专门支持计划，定期组织使用培训，帮助学生与家长掌握数字化工具，真正实现资源的普惠共享。

科学的评估与反馈机制是保障数字化资源有效应用的必要手段。地方通过数据监测和使用反馈，可以全面评估资源供给的实际效果[①]。例如，分析学

---

① 张一鸣，李睿. 西北地区乡村振兴与新型城镇化耦合协调发展及影响因素研究 [J]. 农业科技管理，2023，42（02）：22-28.

生在线学习时间、学习成果以及教师的资源使用频率，发现资源使用中的潜在问题并加以优化。这不仅提高了资源利用率，还为未来资源推广提供了宝贵经验，使乡村教育数字化转型更具可持续性和实用价值。

（二）引导社会资本参与乡村教育资源建设

在教育与乡村振兴协同发展的资源整合过程中，引导社会资本参与乡村教育资源建设是一条实现教育可持续发展的有效途径。这一机制利用社会资本的优势，通过多方协作，为乡村教育提供稳定支持，补充政府资源的不足。

社会资本的参与可以有效缓解乡村教育资源的短缺问题。长期以来，乡村教育的发展主要依靠政府投入，但受资金限制，基础设施薄弱、师资力量不足、教学设备落后等问题依然突出。吸引社会资本进入乡村教育领域，可以带来多元化的资源供给方式。例如，企业通过捐赠、设立专项基金或校企合作等形式，为乡村学校提供资金支持和设备改造；公益组织通过助学计划，为经济困难的学生提供资助。这不仅扩大了教育资源的来源，还提升了资源配置的灵活性。

社会资本的引入能够促进乡村教育质量的提升。其贡献除了资金层面，还包括先进的管理理念和教育模式。例如，企业参与职业教育课程开发，能够帮助学生掌握适应市场需求的技能；公益组织组建志愿教师团队，为学生提供个性化的教育服务。同时，社会资本还可以引入更加科学的评价体系和管理方法，提高学校的管理效率和教学质量。

与此同时，推动社会资本有效参与乡村教育建设，需要健全激励机制与政策支持体系。降低社会资本进入门槛、提供经济激励是吸引社会力量的重要措施。例如，通过税收减免、政策扶持等方式增强社会资本的积极性；设立教育公益奖项，对参与者进行表彰，提高其社会影响力。此外，搭建资源对接平台，使社会资本与教育需求高效匹配，进一步提高合作效率。

规范化和透明度是社会资本参与的关键所在。一方面，应确保资金使用和管理公开化，防止资源分配中的不当行为。例如，建立监督机制，吸纳多方参与对资金流向的审查；另一方面，需明确法律法规，规范社会资本的行为，避免短期逐利对教育公平产生负面影响。

最后，社会资本参与的实际效果需要通过动态评估来检验。地方要定期评估投入成效，为政策调整和资源优化提供依据。例如，监测学生成绩变化、教师专业化水平提升、基础设施改善情况等指标，全面分析社会资本对教育的影响；结合乡村居民满意度调查，确保项目符合实际需求。

第三节 需求导向的人才培养机制

一、以乡村产业发展需求为核心的培养路径

（一）动态调整专业与课程满足产业需求

教育与乡村振兴的协同发展，需要紧扣乡村产业需求，不断调整专业设置与课程内容，使人才培养与经济实际保持高度一致。地方要精准研判乡村经济发展趋势，动态优化教育资源配置，为产业振兴输送应用型和实践型人才。

专业设置的调整是对乡村经济动态需求的直接响应。乡村产业结构随着振兴战略的推进持续变化，从传统的农业种植逐步延伸至智能农业、生态旅游及文化创意等新兴领域。传统农业向机械化、智能化转型的趋势显著，对现代农业管理、农业科技创新等领域的人才需求急剧增加。针对这一变化，教育机构需灵活调整学科体系，如增设农业数据分析、生态农业技术等专业。同时，针对不同地区的特色经济，采取区域化专业设置，例如在茶叶主产区增设茶文化推广与管理课程，在旅游热点地区开设乡村旅游运营与规划专业，使教育与地方实际相辅相成。

课程内容的更新是专业调整的内在延伸。在传统教学模式中，理论与实践脱节的问题普遍存在，学生在进入职场时常难以匹配岗位需求。高校引入以产业发展为核心导向的课程动态更新机制，可以有效缓解这一矛盾。例如，在农业相关课程中融入精准农业、农业物联网等前沿技术内容；在乡村旅游

课程中增加品牌塑造与智慧化管理模块。这种紧随产业趋势的课程改革，将使学生在掌握理论基础的同时，具备适应乡村经济变化的实际操作能力。

产业主体的深度参与是实现动态调整的重要环节。乡村企业、合作社等不仅是产业发展的推动者，也是需求变化的观察者。高校要建立产学协作平台，与企业联合制定课程内容，并在教学中融入企业实际案例。例如，让企业参与课程设计或担任教学顾问，为学生提供行业现状和问题分析；通过校企实习计划，让学生亲身参与项目运作，增强实践感知力。

技能培训与综合素质培养的协调发展同样不可忽视。乡村产业发展既需要技能型劳动者，也需要创新型管理者。技术操作能力如农机使用、数据处理等是基础，而解决问题的能力、团队协作能力和管理能力则是长远发展所需。例如，现代农业教育中既需要训练学生掌握精准化操作技能，也需要设计案例研讨课程，提升其规划能力和团队协作能力。

为了保持动态调整的科学性与有效性，需要依托数据驱动建立评估机制。高校要长期跟踪乡村经济发展趋势和就业市场反馈，持续优化教育规划。例如，对企业用人需求进行调研，分析当前教育产出与实际需求的匹配程度；对毕业生就业情况进行追踪，评估教育效果和社会认可度。基于这些评估数据，高校发现教育与产业的脱节之处，并迅速采取调整措施，使教育体系能够始终契合乡村产业发展的节奏。

（二）加强实践教学对接乡村振兴具体场景

实践教学作为教育与乡村产业联动的重要手段，以需求为导向，可为乡村振兴培养具有实用技能和实际经验的人才。高校应在真实情境中强化学生的实践能力，弥补理论与实际脱节的问题。

多元化实践基地的建设非常重要。乡村振兴涉及农业、旅游、生态保护等广泛领域，每个领域对实践型人才的需求各有侧重。例如，农业技术实践可依托乡村合作社或现代农业园区，学生在机械化种植和精准灌溉等场景中学习先进技术；而在乡村旅游领域，地方景区和民宿企业可成为教学实践的载体，让学生深入理解运营流程和服务设计。

实践内容需要与乡村产业需求深度对接。传统的实践教学往往局限于单一化操作，难以满足乡村产业的动态需求。高校调整教学内容，使其契合产业特性成为当务之急。例如，绿色农业的推广应融入环保种植和加工技术的实践课程；在乡村电子商务方面，可设置直播带货、产品品牌塑造的实训环节。

校企合作是实践教学深化的重要路径。乡村企业能够为教学提供真实的产业场景，同时也是技术和管理经验的宝贵来源。高校可与农业龙头企业合作，设计农产品加工优化方案；或与旅游公司合作，开发区域旅游线路设计项目，让学生在企业实践中获得专业成长。此外，企业专家参与教学，能够将实际案例引入课堂，帮助学生更好地理解产业需求，提升教学的实用性。

现代信息技术为实践教学的创新提供了可能。虚拟现实（VR）技术可以模拟现代农业和乡村规划的实际场景，让学生在安全环境中完成复杂操作；远程实训平台则可以解决偏远地区资源不足的问题，通过实时指导提升教学覆盖率和效率。这种技术驱动的教学方式，既提高了学生的实践参与度，也能帮助他们更全面地把握乡村振兴的复杂生态。

二、注重乡村本地化与多元化的人才培养

（一）实施乡村本地化培养计划强化基层支撑

教育与乡村振兴的耦合发展需立足本地实际需求，推动乡村本地化人才培养计划，以满足基层对多元化人才的迫切需求。

乡村本地化人才培养需从政策层面优化设计。乡村基层在农业技术推广、乡村治理与文化保护方面的人才短缺问题突出，因此，政策层面的引导非常重要。具体措施可包括设立乡村专项招生计划，鼓励本地学生选择与农业、乡村管理相关的专业方向；通过定向就业激励，例如提供服务期补贴及优先晋升机会，吸引毕业生回流乡村。

教育机构在课程设计与教学模式上进行乡村化改造，提升人才培养的实用性与适应性。课程设计应聚焦乡村产业、社会治理与生态建设等实际需求，例如在职业院校开设农业技术、乡村电子商务及农村财务管理课程；高等院

校可设立乡村规划、文化研究等课程，打造多领域综合型人才。

此外，乡村文化的融入是培养本地化人才的重要环节。文化认同感能够增强人才扎根乡村的意愿与能力。教育机构可开设乡村历史与文化课程，增进学生对本地传统文化的理解；组织非遗保护、乡村节庆策划等活动，让学生在实践中深化与乡村的情感连接。

依托地方资源实现区域协作，可为本地化人才培养提供差异化支持。学校可针对区域特点，制定个性化人才培养方案[①]。例如，在经济发达地区，可优先培养技术创新及市场运营型人才；而在资源匮乏地区，则侧重培养基础教育、医疗及治理型人才。建立区域教育联盟与资源共享机制，如联合高校设立乡村振兴研究中心或推动高校与乡村社区合作开发培养项目，能够实现资源的高效整合。

本地化培养计划还需拓宽学生的就业路径，形成人才供需对接机制。地方要建立乡村就业信息平台，为学生提供精准岗位；在乡村企业及合作社设置实习机会，帮助学生积累基层经验；推出创业扶持政策，鼓励现代农业、文化旅游等创新创业活动。

（二）推动职业教育与继续教育的多层次联动

职业教育与继续教育的多层次联动机制，可通过多元化教育供给，响应乡村产业与居民的多样化需求，建立覆盖职业技能、终身学习与职业发展的完整教育体系，为乡村振兴提供持续支持。

多层次联动的核心在于建立适配乡村产业链需求的职业教育体系。乡村产业对人才需求的层次和类型差异显著，涵盖基础劳动力、技术研发及管理型人才。职业教育需通过分层培养精准匹配这些需求。短期技能培训可面向农业机械操作、农产品加工等基层岗位；中等职业教育则可专注于农业技术推广；高等职业教育则培养从事产业规划及管理的综合型人才。

职业教育与继续教育的衔接是实现劳动者技能提升的关键。职业教育服

---

① 徐雪，王永瑜. 城乡融合的逻辑机理、多维测度及区域协调发展研究——基于新型城镇化与乡村振兴协调推进视角［J］. 农业经济问题，2023（11）：49-62.

务初次就业，继续教育则面向职业技能再提升与知识更新。乡村产业升级对劳动力技能提出更高要求，继续教育能够补足职业教育在动态适应性上的不足。例如，农业技术推广部门可联合职业院校，为在岗劳动者提供农业物联网、绿色农业技术等继续教育课程。

与此同时，多层次联动需要结合乡村特色开发模块化课程，贴合本地经济与社会发展实际需求。例如，针对特色农产品产区，可设计特色种植与品牌建设课程；在乡村旅游兴盛地区，可设置民宿运营与文化导览课程。课程体系需采用模块化设计，灵活满足学员的多元需求。

第四节　协同创新与合作共赢机制

一、构建服务乡村振兴的协同创新平台

（一）推动校企合作共建技术研发与实践基地

教育与乡村振兴的协同发展需要充分整合学校和企业的资源与能力，共建技术研发与实践基地，为乡村振兴注入创新动力。

校企合作共建技术研发与实践基地需要聚焦乡村振兴的实际需求，明确合作目标与方向。乡村振兴战略涉及现代农业、绿色发展、乡村治理、文化传承等多个领域，每个领域都有特定的技术和实践需求。例如，在农业领域，基地可专注于智能农业设备研发、精准农业技术推广等；在乡村旅游领域，开展数字化景区建设、乡村文化资源开发等技术研究。

实践基地的建立需要充分发挥学校和企业的资源优势。学校在理论研究、人才培养和技术开发上具有明显优势，而企业则具备市场洞察力和应用实践经验。通过校企合作，学校可以利用科研力量进行技术攻关，为企业提供前沿技术支持；企业则可以为学校提供真实的生产和经营场景，让师生参与实践项目。例如，高校的农业学院可以与农业企业合作，共同研发适用于乡村的小型农业机械，并通过企业的试验田对新技术进行测试和改良。

校企合作的技术研发与实践基地需要兼顾研发与人才培养的双重功能。除了技术开发，基地还应成为学生实践教学的重要场所，为培养服务乡村的高质量人才提供支持。例如，学生可以在基地参与农业技术研发项目，从中掌握现代农业的核心技能；企业的技术人员可以担任实践导师，为学生提供行业前沿的指导。

此外，技术研发与实践基地的建设需要引入长效机制，确保合作的持续性和成果的转化效率。首先，政府应通过专项政策支持校企合作，例如设立乡村振兴技术创新基金，为基地建设提供资金保障；同时通过政策激励吸引更多企业参与合作，例如在税收减免、技术补贴等方面给予支持。其次，校企双方应通过签署长期合作协议，明确权责分配和合作期限，确保合作的稳定性。对于研发成果的转化，可以建立共享机制，按照贡献比例进行利益分配，激励双方持续投入技术创新。

技术研发与实践基地还需要注重多方协同，构建开放式创新平台。乡村振兴涉及多个部门和领域，仅靠校企双方难以满足复杂的技术需求。因此，地方可以引入政府部门、科研院所和社会组织等多方参与，共同推动技术创新。例如，政府可以为基地建设提供政策和资金支持；科研院所可以为技术开发提供理论指导；社会组织可以将基层需求反馈到研发中，确保技术成果的可行性和适用性。

最后，校企合作共建的技术研发与实践基地需要以乡村振兴为中心，注重技术成果的推广和示范作用。例如，基地可举办技术推广会、示范观摩活动等，将研发成果推广到更广泛的乡村地区；同时建设试点示范村，验证新技术的适用性，为大规模推广提供实践依据。这种"研发—试点—推广"的模式将加快技术成果的转化速度，扩大技术创新对乡村振兴的影响力。

（二）促进教育科研成果转化为乡村应用场景

教育科研成果的转化与应用是推动乡村振兴技术创新的重要环节。地方建立高效的科研成果转化机制，可以将高校和科研院所的创新成果直接应用于乡村产业发展、生态治理、社会服务等场景，为乡村振兴提供实用技术和解决方案。

教育科研成果转化机制需要以乡村振兴的实际需求为导向。乡村振兴涉及农业现代化、乡村治理、生态保护等多个领域,科研成果的转化必须与这些领域的具体需求相匹配。例如,针对农业生产效率低下的问题,优先将农业智能化设备、绿色农药研发成果转化为乡村的具体生产工具;针对乡村治理问题,推动基于大数据和人工智能的乡村社会治理平台落地。

教育科研成果转化为应用场景需要建立有效的中介服务平台,促进教育科研单位与乡村实践主体的深度对接。当前,科研成果在转化过程中往往存在"最后一公里"问题,即高校和科研院所的技术成果难以直接对接乡村企业和合作社的实际需求。为解决这一问题,地方可建设区域性的科技成果转化中心,作为科研与乡村产业之间的桥梁。例如,科技成果转化中心可组织技术推广会、需求对接会,将高校最新的科研成果展示给乡村企业,同时收集企业的技术需求,反馈给高校科研团队。

科研成果的高效转化需要完善利益分配机制,激励各方积极参与转化工作。科研成果转化的核心问题之一在于高校、企业、科研人员和政府之间的利益如何合理分配。为此,可建立收益共享机制,将成果转化所产生的经济收益按比例分配给高校、企业和科研人员;政府可以通过专项资金补贴,为技术推广提供启动资金。这种利益分配机制将激励高校和科研人员积极参与技术转化,同时吸引更多乡村企业承担转化的实践成本。

此外,教育科研成果的转化还需要注重适用性和可操作性,确保技术在乡村环境中的可行性。乡村地区在技术应用上受到资源、环境、技能水平等多重因素的限制,一些过于复杂或高成本的科研成果难以直接推广[①]。因此,在转化过程中,需要对技术进行本地化改良。例如,将先进的农业设备调整为适合乡村小规模种植的简化版;将复杂的治理系统分解为简单易操作的模块化方案。同时,通过试点示范的方式,验证科研成果在乡村场景中的实际效果,再逐步推广到更广泛的地区。

---

① 徐颖慧. 中部地区乡村振兴与新型城镇化耦合协调研究 [D]. 天津:天津财经大学,2023.

教育科研成果转化的长效运行需要建立动态评估和调整机制。地方要对科研成果在乡村应用中的实际效果进行跟踪监测，发现技术应用中的问题并及时调整。例如，对农业新技术在乡村试点中的产量变化、成本效益等数据进行分析，评估其实际效果并优化技术参数；对乡村治理系统的运行数据进行分析，发现可能的功能改进方向。

二、深化区域间教育与技术协作机制

（一）探索区域间资源共享与政策协同路径

在教育与乡村振兴的协同发展进程中，区域间资源共享与政策协同是推动教育资源优化配置和技术推广的重要机制。地方要通过区域间的教育资源互联互通和政策协同，有效解决单一区域资源不足的问题，实现教育和技术优势的跨区域流动，为乡村振兴提供更广泛的支持。

区域间资源共享机制需要建立教育资源的流动和整合平台，打破地域限制，实现资源共享最大化。不同区域在教育资源方面往往存在显著差异，例如发达地区的优质教育资源丰富，而偏远乡村地区教育资源短缺。建立区域性教育资源共享平台，可以实现优质教育资源的下沉。例如，城市学校可以通过在线教育平台将课程内容、教学经验共享给乡村学校；高校可以向偏远乡村地区开放实验室资源，支持乡村学校开展科学实践活动。此外，区域共享机制还可以包括图书馆、科研设施、师资培训等资源的互通，构建一个区域间教育资源协作的综合体系。

区域间政策协同是实现资源共享的制度保障。教育与乡村振兴的耦合发展往往涉及多个部门和地区，如果缺乏政策协同，容易导致资源分配不均或机制运行低效。例如，区域间的教育政策在招生、经费支持、技术推广等方面存在差异，制约了教育资源的跨区域流动。因此，应通过政策协同机制，统一区域间教育资源的调配规则。例如，制定跨区域的师资调配政策，鼓励优质教师定期到乡村学校支教；建立区域联合资金池，统一规划资源分配，让薄弱地区获得更多支持。

区域间资源共享与政策协同需要围绕区域特色和需求，制定精准化的协作方案。不同区域在教育资源禀赋、乡村发展需求上存在显著差异，资源共享和政策协同不能采取"一刀切"的方式。例如，在以农业主导的乡村地区，可以加强与农业高校的协作，共享农业技术研究成果；在旅游资源丰富的乡村地区，则可以与旅游院校合作，开发文化创意和旅游管理课程。地方要通过因地制宜的协作方案，最大限度地发挥资源共享的效果，同时满足各地的实际需求。

此外，区域间资源共享与政策协同还需要注重教育资源的均衡配置，防止优质资源过度集中于发达地区。一些区域间的教育协作容易造成资源"虹吸效应"，即发达地区通过资源共享吸引了更多优秀师资和学生，而偏远乡村地区的资源反而进一步被削弱。为避免这种现象，地方要通过政策设计进行资源倾斜，例如规定优质教育资源输出比例，提高薄弱地区的资源获取优先权；同时通过奖补机制激励发达地区向乡村地区输送资源和人才。

（二）建立区域性教育合作与长效交流机制

建立区域性教育合作与长效交流机制，是教育与乡村振兴协同创新的重要组成部分，可推动区域内教育资源共享、经验交流和技术协同，实现教育体系与乡村振兴需求的深度融合，为乡村地区的可持续发展提供源源不断的智力支持和人才保障。

区域性教育合作需要建立跨区域教育联盟，形成资源统筹与协作机制。乡村振兴的协同发展涉及多个领域，单个学校或地区的教育资源难以完全满足需求，因此，需要建立区域教育联盟，实现教育资源的统筹管理与协调分配。例如，区域教育联盟可组织成员学校共同开发课程、设计人才培养方案以及开展联合科研项目。联盟内的优质学校可以为乡村学校提供教育资源支持，如师资培训、课程开发指导等；同时，乡村学校可以反馈基层的实际需求，帮助优化教育内容和教学模式。

长效交流机制的关键在于搭建常态化的沟通平台，促进区域内教育经验和技术的持续共享。可建立定期举办的教育论坛、研讨会、观摩活动等，为区域内的教育机构提供深入交流的机会。例如，举办教育论坛，围绕乡村振兴中的教育角色、创新教学方法、资源整合经验等主题展开讨论；组织研讨会，邀请乡村和城市学校的教师共同参与，分享教学经验和创新实践；举办观摩活动，组织乡村教师前往城市优质学校学习先进的教学理念和方法。

　　区域性教育合作需要注重合作内容的多样性，涵盖教育教学、科研协作、文化交流等多个方面。乡村振兴的全面推进不仅需要基础教育的普及和提升，还需要科研创新和文化认同的支持。例如，在科研协作方面，区域高校可以与乡村学校合作，共同研究适合乡村发展的教育技术或创新教学模式；在文化交流方面，可以组织区域内的学生交流活动，如乡村学生赴城市体验现代化教学，城市学生到乡村感受传统文化等，增强城乡学生的互相了解和文化认同。这种多层次的合作内容将全面促进乡村教育质量的提升，同时为乡村文化的传承和创新注入活力。

第五章 教育与乡村振兴耦合发展的实践路径

第一节 高等教育与乡村振兴的融合策略

一、构建高校服务乡村振兴的协同体系

（一）建立"校地协作"联动机制，促进高校与乡村需求对接

推动"校地协作"联动机制的构建，需要从多维度深化高校与乡村的紧密合作，形成灵活而持久的合作体系。高校应设置专门机构，例如"乡村振兴服务办公室"，配备专业团队，全面统筹合作目标与任务，持续引导高校资源向乡村倾斜。同时，建立区域性校地合作网络，与地方政府、乡村社区及基层单位保持密切联系，并在重大项目决策中提供智力支持。

定期举办"校地合作交流会"是加强互动的有效方式。乡村要邀请地方领导、乡村干部、高校专家及相关企业代表参与，共同针对乡村需求进行系统调研和讨论，明确亟须解决的具体问题。高校需派遣调研团队深入乡村掌握真实情况，并根据实际需求提出解决方案，减少高校资源供给与乡村需求之间的错位，提升资源使用效率。

搭建需求对接平台是协作机制的关键环节。高校可建设"乡村振兴需求数据库"，动态管理乡村提交的实际需求，同时建立双向反馈机制，实时收集

乡村需求，反馈项目实施的进展与成效。高校可利用互联网技术开发线上协作平台，将需求、资源与成果进行可视化展示，显著提高协作效率。

明确责任分工和实施路径是协作机制顺利运行的保障。高校需组织跨学科专家团队，根据乡村需求定制技术支持与决策建议，在农业技术、生态治理、产业升级等领域结合地方特色设计具体方案。地方政府和乡村社区则需提供政策支持、资源协调及项目监督，确保高校实践行动有效落实。各方要厘清责任主体，避免因职责不明导致的协作停滞或资源浪费。

引导高校师生直接参与乡村实践是机制运转的重要组成部分。高校可定期组织"乡村振兴实践活动周"，安排师生团队进入乡村开展短期项目，如基层党建调研、农业技术指导、教育帮扶等。此举既能解决乡村实际问题，也能为师生提供实践教育机会。同时，高校可与地方政府联合建立"乡村实践实习基地"，长期支持师生驻村服务，推动协作机制常态化①。

为确保协作机制的长效运行，高校需积极争取政策与资金支持。一方面，与地方政府合作申请专项财政拨款，用于协作机制建设与项目实施；另一方面，吸引社会资本参与乡村发展，与企业协同开展乡村项目。高校还需建立完善的绩效评估体系，以数据化方式对合作项目进行成效评估，并定期将评估结果反馈给乡村与政府，确保资源利用的高效性。

（二）完善高校服务乡村的资源协调与跨部门协同体系

优化高校服务乡村的资源协调与跨部门协同体系，需要从资源整合、制度设计和执行保障等多个层面切入。首先，明确资源梳理的方向，建立覆盖学术、技术、人才和资金等多领域的资源清单，并搭建开放共享的动态数据库。数据库应以平台化形式呈现，与地方政府、企业和社会组织实现信息互通，确保资源配置的精准与高效。资源整合应紧扣乡村的实际需求，聚焦农业技术、教育培训、医疗服务等关键领域，以最大限度地发挥高校学科优势。

跨部门协同机制的构建是解决资源整合瓶颈的重要路径。高校可联合地

---

① 安雪梅，刘星，李忠华. 河北省乡村振兴与新型城镇化融合发展研究［J］. 华北理工大学学报（社会科学版），2023，23（01）：54-62.

方政府组建"高校—政府协作委员会"，囊括高校职能部门与政府相关部门的多方代表。该委员会统筹资源调配、项目规划，并对实施效果进行全过程监督。高校内部需明晰职能分工，例如科研部门负责技术支持，教务部门组织课程与实践，外联部门则对接外部需求与资源。地方政府则在政策支持、资源整合与审批环节发挥主导作用，双方共同打造资源协同的立体化运行机制。

校内资源整合需进一步细化和深化。专项资金的设立可推动各部门围绕乡村振兴开展实践与研究，资金使用规则应明确优先领域及分配依据。跨学科合作是资源整合的关键，高校可组建联合研究中心，例如"乡村振兴与生态发展中心"，推动环境科学、经济管理和社会学等多学科资源的深度融合，在复杂问题中寻求综合解决方案。

地方政府与企业的协同参与能使资源协调更具活力。高校可主导设立"乡村振兴资源协调办公室"，作为高效对接内部资源与外部需求的桥梁，该机构需定期召集高校、政府与企业三方会议，就资源分配、项目进展和反馈问题进行集中研讨。农业和旅游等领域的龙头企业，可通过技术、资本与市场渠道的引入推动乡村发展，而高校则提供智力和科技成果支持。

科技成果转化与推广是资源协调体系的重要延伸。高校可设立校地技术推广机构，让研究成果迅速进入乡村实践。例如，农业类高校可以针对农产品生产需求提供新品种与新技术，同时组织农民培训，确保技术应用落地。医疗类高校则能通过专家义诊与健康教育改善乡村卫生服务水平。科研与企业的联合开发，则可通过产业化路径放大成果效益，提升乡村发展的综合实力。

执行保障体系的完善决定了资源协调与协同机制的成效。高校需联合地方政府构建明确的项目管理和评估体系，涵盖目标设定、过程监控与效果评价等完整环节。例如，推广项目需设定清晰的时间节点、资源分配与实施细则，考核机制则以技术覆盖率、教育培训参与度及乡村经济改善为核心指标，确保各环节的实效性。

数字化技术为资源协调提供了革命性的工具支持。一体化共享平台的建设可实现资源清单、项目进展和需求反馈的实时更新与透明展示，模块化设计进一步提升了平台的功能性和用户体验。高校还可借助大数据与人工智能，精准分析资源配置的优先级与潜在效率，为乡村振兴的决策提供科学依据。

（三）推动高校与乡村企业共建服务平台，用于资源对接和政策指导

推动高校与乡村企业共建服务平台，需要在角色分工、资源整合和合作模式上精准设计，形成相辅相成的协作格局。高校以智力资源和技术积累为核心，通过决策支持与技术服务助力乡村经济发展；乡村企业则以市场需求和实践场景为依托，提供真实问题和资源输入。高校可组建专门团队，与地方龙头企业、特色产业合作社深入对接，围绕服务平台的功能规划与运行模式展开合作，确保平台切实响应乡村经济发展的需求。

平台的核心价值体现在资源对接的效率提升上。高校可建立"乡村振兴信息共享系统"，集中提供技术咨询、政策解读及市场动态等服务模块，并定期更新科技成果信息库，将最新研发成果精准推送至乡村企业。比如，农业领域的技术创新可直接优化种植和养殖环节的生产效率；文化领域的研究成果则能支持乡村旅游与特色文化产品的开发，显著提升附加值与市场竞争力。

在合作过程中，明确优先领域和操作路径是保障平台效能的基础。在农业领域，高校可联合龙头企业设立"农业科技推广服务站"，覆盖品种选育、土壤改良及病虫害防治全链条服务；在旅游领域，高校可与乡村民宿、旅游开发企业共建合作，打造特色文化旅游项目并培训从业人员。手工艺领域的合作亦不容忽视，双方可通过产品设计、品牌建设和渠道拓展等措施，推动乡村特色产品拓展更广阔的市场空间。

政策支持作为平台功能的重要组成，应被高度重视。高校可设立政策研究中心，跟踪乡村振兴相关政策的动态变化，为乡村企业提供精准解读与发展指导。政策研究需深入分析政策对企业的潜在影响，为其提供应对策略和发展机遇指引。同时，高校可通过政策宣讲会、培训班等形式，帮助企业掌握补贴申请、税收优惠等具体操作方法，从而更高效地利用政策红利。

数字化技术的引入能大幅提高平台运行的便捷性和实效性。高校与企业

可联合开发智能资源管理平台，将高校科技成果、企业需求及政策信息整合在同一系统中，建立基于数据驱动的服务机制。借助该平台，企业能快速提交需求，高校则能匹配适合的技术方案和研究团队。平台依托大数据分析与人工智能技术，可为企业提供精准的市场趋势预测和经营建议，提升服务附加值。

科研成果的实际转化是平台建设的延伸环节。高校可建设"科技成果转化试验基地"，通过试点验证研发成果的适用性与经济效益。在农业推广中，采用小范围试验后逐步扩展的方式，可最大限度降低风险并提高成效。在文化产业领域，高校可协助企业将传统文化融入现代设计，通过线上渠道实现市场化推广，让传统元素焕发新活力。

平台的持续运行需要稳定的资金与专业团队支撑。高校应积极争取专项资金支持，同时与地方政府和企业合理分担平台建设成本。此外，高校要设置专门管理团队确保平台的日常运营顺畅，对问题及时协调解决。在人才培养方面，高校可在相关学科设立"乡村产业管理"方向，为平台输送熟悉乡村经济需求的专业人才，为平台的可持续发展提供保障。

长期合作关系是平台健康运转的前提。校企要签署合作协议，明确平台的建设责任与收益分配。例如，在农业推广平台中，企业通过付费获取技术服务，高校根据企业反馈优化技术内容。与此同时，企业可为高校学生提供实习机会，使学生的实践经验反哺企业的生产流程优化，形成双赢局面。

推动高校与乡村企业共建服务平台，可将高校资源高效转化为乡村经济发展的动力，同时为乡村企业提供技术支持和市场机会。平台的高效运行将使双方实现资源对接，并在更大范围内推动乡村振兴的发展。

二、优化高等教育助力乡村振兴的人才培养路径

（一）开设乡村振兴相关专业和课程，培养复合型人才

高校要设立与乡村振兴相关的专业与课程，为乡村振兴注入持续动力。要实现这一目标，高校要在专业设置、课程设计、教学模式及培养目标等方

面深度布局，构建与乡村需求高度匹配的教育体系，促进知识与实践的深度融合。

高校的专业设置应注重需求导向与地域特色相结合。高校可开设与乡村振兴密切相关的专业，例如农业科技与现代管理、乡村生态规划、文化遗产保护与旅游开发等。这些专业的课程设计需聚焦具体领域，如农业技术课程应涵盖绿色种植、数字化农业工具应用；生态治理类课程可加入土地修复与废弃物管理等内容。同时，跨学科专业的开设也极为关键，例如"乡村振兴与政策研究"，通过综合性课程帮助学生理解乡村治理、经济规划和政策设计的复杂性，为多维度需求提供多元化解决方案。

课程的设计需结合理论深度与实践广度，聚焦乡村面临的现实问题。教学内容除了课堂理论，还应融入案例分析与实际操作。高校可与地方政府及企业合作开发案例课程，将具体的乡村经济转型或产业升级实例作为教材，指导学生剖析问题根源并提出解决思路。研究性课程则可通过分组形式，引导学生围绕乡村农业、环境治理或文化复兴中的具体问题，进行调查与实验，确保学习内容直击实践痛点。

创新教学模式是培养复合型人才的必要手段。高校可采用"课堂教学+实地实践"的双轨模式，有效拉近教育与现实的距离。在课堂环节，学生可以系统掌握专业知识；在实践环节，学生则可深入乡村，与农民共同完成项目规划、项目实施等实际任务。教学实践基地的建设尤为重要，高校可设立乡村经济创新实验室，或与地方合作建立农业合作社为学生提供真实的产业链体验。高校要推广导师制模式，由教师带领学生组建小型研究团队，以专题研究的形式，助力学生获取更系统的实践能力。

人才培养目标需要从应用性、复合性与创新性三方面展开。首先，在应用性方面，人才需具备直接参与乡村建设的能力，如农业专业学生应能在生产管理中推广高效工具与技术；环境治理方向的学生则需掌握生态修复项目的实施方案。其次，复合型人才需兼具多学科背景与整合能力，能够在乡村复杂的社会经济环境中实现跨领域合作，例如将文化研究与旅游开发融合，推动经济与文化同步发展。最后，在创新性方面，人才应具备设计新模式的能力，例如通过创业开发乡村品牌，形成市场竞争力。

为确保课程的持续发展，高校需加强外部协作，联合政府与企业建立多维度支持网络。地方政府可为课程标准制定与实践环节提供政策指导与场地支持，企业则可通过合作开发课程内容或提供实践平台，促进学生理解真实市场逻辑。引入社会组织亦是不可忽视的一环，可设计公益活动或社区服务项目，为学生提供更多的视角与经验积累。

政策支持是保障乡村振兴教育体系建设的助推器。高校需积极申请专项资金，用于开设新专业及开发课程。同时，参与国家级教学改革项目也能为高校提供更多理论指导与实践案例。为了吸引优秀学生参与，应同步推出奖学金与助学金等激励机制，而在教学领域，教师奖励制度则能促进教育资源的优化配置。

乡村振兴相关专业与课程的开设，不仅为学生提供服务乡村的机会，更能借助教育力量促进乡村社会的全面发展。通过合理的专业设计、创新的课程形式以及多方协作的保障机制，高校可将乡村需求转化为教学内容，将教学成果转化为实际效益，最终助力乡村实现经济、文化与社会的全面振兴。

（二）推动大学生实习实践基地向乡村覆盖，强化实践能力

推动大学生实习实践基地向乡村覆盖，需要从多层次构建实践体系，使理论与现实在具体情境中产生紧密联结，同时塑造学生服务乡村的责任意识与行动能力。高校可与地方政府协作，在乡村设立长期、多领域的实践基地，覆盖农业、教育、医疗、文化等不同产业和公共服务领域。例如，现代农业示范园区可以作为农业类专业学生的实践场地，而文化遗产地或乡村旅游企业则能够为文化和旅游管理专业的学生提供真实的工作情境。

有效的实践基地管理需要清晰的组织框架和运作机制。高校应制定详细的实习管理方案，涵盖学生遴选、任务分配、过程监督及效果评估。实践内容可采取"项目化"形式，设计主题鲜明的调研任务或公益活动，如"乡村经济转型调研"或"生态环保教育推广"，从而让学生的任务目标更具体。与此同时，指导团队的配备尤为关键。教师或实践指导人员需随时跟踪学生的

实践进展，提供学术和技术支持，确保学生的学习质量与安全。

学生的实践成果应与乡村实际需求无缝对接。高校可安排学生参与产业发展规划或生态修复项目，在实践中磨炼专业技能，为地方发展提供建设性意见。对于师范类学生，高校可组织支教活动，让他们在课堂教学与课后辅导中积累经验；农业专业的学生则可以直接参与技术推广与生产指导，通过实验和数据支持优化生产模式。

为了激发学生参与的积极性，高校应制定多元化的激励政策。将乡村实践纳入学分管理体系，明确其为培养计划中的必修部分，以提升学生对实践活动的重视程度。除此之外，奖学金、助学金等激励措施不仅能奖励表现优异的学生，还能为经济困难的学生减轻负担。高校与地方政府及企业的合作亦可延展至经济支持层面，为学生提供交通补贴、生活津贴等便利条件，降低实践成本，扩大参与基数。

乡村实践基地的建设需注重长期性和可持续性。高校与乡村之间应建立稳定的合作关系，通过签订协议确保年度派遣学生数量与合作深度的逐步提升。对于关键性实践领域，如农业技术推广或旅游资源开发，高校可促成校内科研团队与乡村企业的长期合作，推动从规划到实施的闭环管理。在此过程中，学生可以长期观察乡村的发展变化，而乡村则从持久的教育与技术支持中获益。

数字化技术的应用为基地覆盖乡村提供了强有力的辅助工具。高校可搭建统一的"实践管理平台"，集中发布基地信息、提供申请渠道，并追踪学生的实践过程和成果。学生可以通过平台进行任务反馈，教师则能实时提供指导建议。此外，高校可运用大数据技术分析实践活动的各类指标，例如参与人数、成果转化情况等，为基地建设的优化提供决策依据。

通过与政府、企业和社会组织的广泛合作，乡村实践的支撑网络将得到进一步强化。地方政府可在基地建设的选址及基础设施完善方面提供政策支持，企业则能通过资金、设备和场地支持，提升基地的服务能力。公益机构与社会组织的参与，还能够为学生提供开展如乡村教育推广、基层治理协助等公益项目的平台，拓展实践领域的多样性。

大学生实习实践基地向乡村覆盖，不仅为学生提供了体验与学习的机会，也为乡村发展注入了新鲜的力量。通过这种双向互补的模式，教育和实践之间的边界被模糊，学生成为兼具思考与行动能力的复合型人才，同时乡村也因这些实践活动焕发出新活力。持续推进这一模式，将为乡村振兴赋予更丰富的内涵，也为高校教育的创新注入更多可能性。

（三）实施"乡村英才计划"，支持毕业生长期扎根乡村

实施"乡村英才计划"是推动乡村振兴的重要举措。高校引导毕业生深入乡村，既解决了基层人才短缺的问题，也为年轻人提供了施展才华的广阔空间。高校应通过政策引导、资源支持和职业规划三位一体的协调运作，让扎根乡村成为毕业生的优先选择和可持续发展路径。

政策需精准对接毕业生需求与乡村实际，形成多方共赢的支持体系。高校可以与地方政府协作，设立"乡村振兴专项职位"，涵盖农业技术推广、乡村教育发展、医疗服务与文化保护等领域。

资源投入是吸引毕业生扎根乡村的关键环节。高校可以设立"乡村英才基金"，以满足毕业生的创业和生活需求。例如，提供资金扶持，帮助他们在乡村创办农业合作社、开发乡村旅游项目或建立社区服务中心；与地方企业合作，为创业项目提供技术与市场支持。此外，金融机构可以为这些人才定制低息贷款方案，降低创业资金门槛，从而让他们的创新与努力得到更好的释放。

职业规划与能力培养决定了毕业生能否适应乡村工作环境并持续发挥作用。高校应在学生毕业前提供针对性的技能培训，涵盖农业技术、基层治理、乡村教育等实践领域，帮助他们更快融入岗位需求。同时，高校可定期举办职业交流活动，邀请已经扎根乡村的优秀毕业生分享经验，帮助新加入的毕业生建立正确的职业预期。此外，高校要通过在线课程、短期培训等为乡村工作的毕业生提供继续教育机会，从而提升其专业技能，增强他们在岗位上的适应力和成长性。

激励机制与评价体系是计划长效运行的保障。高校可以设立"乡村英才

奖"，表彰在乡村工作中表现突出的毕业生，为他们树立荣誉感与归属感。评价标准需聚焦实际成效，如在乡村产业发展、生态治理、教育提升等方面取得的具体成果。荣誉奖励、职业晋升和物质支持的有机结合，将使毕业生的工作积极性和持续性进一步增强。

社会认同是激励更多年轻人投身乡村的软性力量。高校要通过多渠道宣传扎根乡村的毕业生事迹，例如纪录片、主题演讲、校园活动等形式，展现乡村工作的价值和意义。同时，媒体平台也应成为毕业生发声的桥梁，让他们的经历和成就被更多人看到，从而营造乡村就业的良好社会氛围。

数字化技术的应用能够提升计划的运作效率与支持能力。高校可以建立"乡村英才管理平台"，整合政策信息、岗位资源和职业发展支持功能。通过这一平台，毕业生可实时了解岗位需求，申请适合的职位，并提交职业发展计划。同时，地方政府和高校也能通过平台获取毕业生的动态数据，根据其反馈优化支持方案。此外，该平台还能通过数据分析提供计划运行的科学依据，例如统计岗位覆盖范围、参与人数及成果转化情况，助力后续政策调整。

"乡村英才计划"的实施需与高等教育体系深度融合，使其成为人才培养链条中的重要组成部分。高校可通过开设相关课程、组织乡村实践项目和加强职业教育，为乡村发展储备潜力人才。同时，高校要建立健全计划的实施细则，确保每一位选择乡村工作的毕业生都能获得系统支持，让扎根乡村不再是一种孤立的选择，而是一个充满希望和前景的职业方向。

通过多维度的政策、资源、社会支持，乡村英才计划为乡村振兴注入了新鲜血液，也为高校人才培养开辟了新的路径。随着机制的不断完善和更多优秀毕业生的加入，乡村将焕发新的生机，而高校也将在这一过程中探索教育与社会需求深度融合的更多可能性。

（四）引导学生创新创业，重点支持乡村特色产业发展

引导高校学生投身乡村创新创业实践，是高等教育助推乡村振兴的一条有效路径。高校要积极完善政策支持、搭建实践平台、整合资源以及提供全面指导，推动学生结合专业特长与乡村实际需求，探索产业发展的新模式，

为乡村注入发展动力和活力。

高校要通过科学的规划引导学生明确创业方向。在课程设计上，应加入"乡村产业创新"相关内容，帮助学生深入理解乡村经济发展规律，激发其兴趣。例如，课程可涵盖乡村产业现状与趋势、市场分析、运营策略等，通过理论与实践结合，使学生形成乡村创业的逻辑思维。此外，高校要邀请创业者、企业家及政府官员开展讲座，分享实践经验，培养学生的社会责任感及创新意识，为其未来的创业实践奠定基础。

搭建实践平台是激发学生创新的有效方式。高校可在乡村设立创业孵化基地，聚焦现代农业、文化创意、乡村旅游及生态治理等特色领域。例如，农业专业学生可利用基地试验新型种植技术，探索绿色农业商业化；艺术设计学生则可通过乡村传统工艺的现代化转化，提升产品附加值。同时，高校可与地方政府和企业合作举办"创业大赛"，积极遴选优秀项目并提供资金与技术支持，助力成果落地转化。

资源支持是实现乡村创业成功的关键因素。高校应设立专项基金，为学生提供启动资金及后续发展保障，并通过严格的项目筛选机制确保资源高效利用。同时，高校要积极对接外部资源，引入投资机构、公益基金等为学生拓展融资渠道。校企合作模式亦可为创业团队提供设备、技术及市场推广支持，例如农业类项目可通过与技术企业合作获取最新设备，而旅游类项目可借助旅行社的运营经验进行乡村旅游产品开发。

实践指导贯穿学生创新创业的全过程。高校可聘请行业专家担任创业导师，为学生提供从项目策划到运营的全方位辅导，帮助解决实际问题。例如，通过导师一对一辅导，指导学生制订商业计划、评估市场风险。同时，组织学生参访成功案例，实地学习并提升实践能力，或通过模拟商业环境的"创业实验班"，在虚拟市场中进行创新尝试，为未来创业奠定实战经验。

推动乡村特色产业与学生创业深度结合是关键。创业项目应围绕乡村资源与需求展开，通过创新赋能传统产业。例如，智慧农业平台的开发能够提升乡村农产品的产量与质量；文化旅游领域的数字化技术应用则能将乡村文化资源转化为文创产品或服务。高校要充分发掘地方特色资源，如传统工艺、自然景观及特色农产品，鼓励学生打造具有市场竞争力的产品，为乡村经济注入活力。

建立长效机制保障创新创业项目持续发展。高校可建立跟踪服务机制，帮助学生在创业初期解决实际困难，如提供商业咨询、调整策略等。同时，高校要与地方政府合作，为学生提供税收优惠及简化注册流程等支持措施。例如，设立创业"绿色通道"，帮助学生快速完成公司注册并获得相关法律和财务支持，使学生创业项目在乡村扎根并实现长远发展。

数字化技术在乡村创业中具有广泛应用前景。高校应引导学生利用电子商务平台将乡村特色产品推向更大市场，例如通过直播推广农产品或搭建乡村电子商务平台，实现产品资源整合和便捷销售。数据分析技术亦可帮助优化生产与营销策略，加速乡村经济数字化转型，提升创业成效。

通过多方协作与长期实践，乡村特色产业将实现转型升级，高校学生也将在创新创业中积累经验，为未来社会发展培养具有实际能力的复合型人才。这一过程尽管复杂，但其带来的社会与经济价值无疑十分深远。

三、高校推动乡村绿色发展的科技实践路径

（一）推广高校农业与生态科技成果在乡村的应用

推广高校农业与生态科技成果在乡村的应用是实现乡村振兴的有效策略。地方将高校的科研能力与乡村需求深度结合，推动先进技术在乡村落地，可以显著提升农业生产力和生态治理水平。地方需在科研定位、技术推广、示范基地建设、数字化手段应用及政策协同上进行全面部署。

科研工作的核心在于需求导向的明确与技术突破的实现。高校应设立专门研究机构，集中攻克乡村农业与生态治理的核心技术难题。例如，针对农业生产，研究高抗性、优质高产的作物品种，优化智能灌溉、精准施肥等关键环节技术；在生态治理方面，开发适合乡村使用的低成本废水处理系统与环境修复技术。高校还要定期召开技术需求研讨会，与政府、农业合作社和农民代表交流，确保研究项目的针对性与实用性。

　　技术推广的实施需要高效机制与专业团队的支撑。高校要组建跨学科推广团队，深入乡村一线进行技术普及，将实验室成果转化为可操作的生产方法。例如，通过现场培训班教授农民现代农业操作技术，或开展生态修复演示项目，推动水土保持技术的落地应用。推广的形式可灵活多样，如集中培训、田间指导、合作试验等，确保技术推广既覆盖广泛又深度有效。

　　建设农业与生态科技试验示范基地是推动技术落地的重要实践途径。基地可选取典型区域作为试点，例如粮食主产区推广智能化种植技术，或生态敏感区实施植被恢复与废弃物循环利用方案。高校可通过示范基地的建设，集中展示技术成果的应用效果，为农民和地方管理者提供清晰、直观的解决方案，并逐步在更大范围推广成功经验。

　　数字化工具的应用能够显著提高技术推广的效率与覆盖面。基于互联网的农业与生态服务平台，高校可为乡村用户提供实时数据支持和技术指导。例如，农民可以通过在线平台获取精准的施肥建议和市场行情信息，生态管理者则能实时监测环境数据并制定治理策略。直播培训与在线答疑降低了推广成本，同时为技术指导提供了更多便利。此外，数据分析技术的引入可以优化技术推广过程，根据反馈不断调整推广策略。

　　与农业企业和合作社的协作，是扩大技术应用规模和降低推广成本的有效方式。高校可以与企业合作，将研究成果转化为市场化产品，例如商业化推广优质种子、开发便携化农业机械等。合作社则能整合农民资源，实现技术的集体采纳，从而提高经济效益并减少单户成本。

　　政策支持为技术推广提供保障。地方政府可制定专项补贴政策、提供贷款优惠或设立推广专项资金，减轻农民和企业的经济压力，同时鼓励高校科研团队深入乡村开展实践工作。此外，标准化的推广流程与管理制度能够确保技术应用过程的规范性与效果。

　　评估推广效果是确保资源高效利用的重要步骤。高校可以从技术覆盖率、应用效益和用户反馈等多方面进行评估，利用调查问卷、数据分析与现场调研，全面掌握推广进程。如果发现技术在实际应用中效果不佳，需要及时调整策略或探索更具针对性的解决方案。

（二）建设绿色发展示范基地，推广循环农业与低碳技术

为推动乡村绿色发展，高校可通过建设绿色发展示范基地发挥引领作用，探索循环农业与低碳技术在乡村的落地模式。

选址与规划是示范基地建设的首要环节。高校要优选生态资源丰富或农业基础较好的区域作为试点，同时注重区域内亟须生态修复的场景。例如，选择具备现代农业潜力的平原地区推广高效种植技术，或在退化土地上实施生态恢复试验。高校在规划中需整合农业、生态与社会需求，组建跨学科团队进行全方位设计，包括土地功能划分、资源循环体系构建与技术应用路径，以实现生态与经济效益的均衡发展。

循环农业技术是示范基地的重要实践方向，其核心在于资源的高效利用与闭环转化。例如，针对农业废弃物处理，高校可以推广"种养结合"模式：将养殖废弃物制成有机肥供作物使用，同时将作物废料加工成饲料，形成高效生态链。引入沼气技术，让废弃物发酵产出清洁能源，并进一步生成肥料，既提升能源自给率，又减少污染排放，优化了资源利用效率，显著降低了农业生产对环境的压力。

低碳技术在基地建设中的应用同样重要。高校要引进节能设备、开发可再生能源解决方案，以有效降低生产过程中的碳足迹。例如，太阳能驱动的灌溉系统和风能辅助的农业机械可取代传统高耗能设备。同时，精准农业技术的引入，如滴灌与精确施肥，能够减少水肥浪费，提升资源利用率。

示范基地不仅是技术落地的场所，也是农民学习与实践的课堂。高校应设立绿色技术培训中心，为农民提供系统性教育课程，将理论教学与现场实操相结合，让学员理解技术原理并掌握实际应用。例如，培训农民搭建沼气池并维护设备，或通过现场指导推广病虫害绿色防控技术。这既能提升农民的技术水平，也能增强乡村居民参与绿色发展的主动性。

基地的示范作用需要通过系统化推广扩大影响力。高校要与地方合作社和龙头企业协作，共建技术推广网络，推动循环农业模式在更广范围内复制。此外，高校要邀请乡村干部和农民代表到基地参观学习，让更多人直观感受

到绿色技术的优势。高校还可以举办绿色发展主题论坛，汇聚各方力量，促进技术、理念与资源的交流与共享。

示范基地的长期发展离不开高效的运营与评估机制。高校、地方政府与企业应明确分工，共同负责基地的管理与优化工作。例如，高校提供技术支持，政府引导政策落地，企业则聚焦于项目的市场化实施。高校要定期评估基地在生态、经济与社会效益方面的表现，通过数据分析发现问题并提出改进策略。例如，通过监测土壤肥力提升或碳排放减少的具体数据，验证绿色技术的应用成效，并为后续规划提供依据。

数字化技术为基地的高效运行提供了有力支持。高校要通过物联网与传感技术实时采集土壤湿度、作物生长状况等数据，精准指导农业操作，同时实现能源利用的智能化管理。例如，将监控沼气生产过程自动化，通过数据分析优化发酵条件。

以绿色发展示范基地为核心的技术推广模式，为乡村生态与经济的双重提升提供了创新路径。基地为农业生产方式的转型提供了实践场景，还通过资源整合与科技赋能，形成了可复制、可推广的标杆。通过这种模式，高校实现了科研价值的社会化转化，同时为乡村振兴提供了全新的解决方案，为其他地区探索绿色发展路径积累了宝贵经验。

（三）推动高校与乡村合作开展生态修复和环境治理项目

推动高校与乡村合作开展生态修复与环境治理项目，是实现乡村绿色发展的有效路径。高校要依托环境科学研究与技术开发的资源优势，与乡村形成长期协作机制，针对实际生态问题提供系统解决方案，并借助技术推广与人才支持，助力乡村建立健康的生态系统并改善环境质量。具体实践涉及问题调研、项目规划、技术应用、培训教育以及持续维护等多个方面。

系统的生态问题调研是项目实施的基础。调研团队需深入乡村，结合实地考察、环境监测与数据分析，全面掌握区域生态状况。例如，在水资源治理方面，需对河流、湖泊及地下水的水质状况进行监测，明确污染源及其影响范围；土壤修复调研则需通过采集样本，分析重金属含量与有机质水平等核心指标。调研成果以数据报告形式呈现，明确优先治理领域，为后续规划奠定科学依据。

在项目规划阶段，高校需与地方政府、村级组织及企业合作，制定详细的实施方案，包括治理目标、技术路径、时间节点及资源分配等内容。例如，对于污染农田，可提出阶段性修复策略，应用重金属修复技术与土壤结构改善方法；针对河道治理，可规划生物净化和人工湿地建设等措施。规划过程中需充分考虑自然条件、经济状况及社区接受度，确保方案切实可行。

技术应用是项目成功的核心环节。先进科研成果需结合乡村实际，转化为具体治理技术，例如利用超积累植物进行土壤修复，采用生态浮床技术净化水体，或将农业废弃物转化为有机肥和新能源。为保障技术的实效性，技术专家应深入乡村，指导操作并根据现场条件调整技术方案，确保治理目标得以实现。

基层培训能够为项目的长效运行提供人力支持。高校要设立环境治理培训中心，向村干部、农民及企业管理者传授理论知识与实操技能。例如，在土壤治理中，培训内容可涵盖改良剂使用及土壤质量监测；在水体治理中，则可培训湿地系统维护与管理技术。高校要通过实践演示与案例讲解，提高学员技术掌握水平。

长期效果需通过科学管理与监督机制保障。项目管理委员会的成立可有效协调资源、监督进度并评估实施效果。高校要利用信息化系统记录与分析关键指标，如污染物去除率或生态恢复情况，确保治理成效透明化。

资金支持直接影响项目推进的效率与规模。高校需整合政府拨款、企业赞助与公益基金，用于项目建设与后续维护。例如，地方财政可补贴污染治理成本，企业可资助技术研发与推广，公益组织则可提供科研经费支持。

生态治理效果需通过监测与评估加以验证。高校要长期追踪生态、经济与社会效益，量化项目成果。例如，测定土壤肥力变化评估农业效益，监测河流水质与生物多样性判断生态改善程度，或通过村民反馈调查衡量社会影响。这些数据将为后续优化提供参考，同时为其他地区生态治理提供示范。

数字化技术亦可赋能生态治理。物联网设备可建立实时环境监测网络，涵盖土壤、水体与空气等领域，为决策提供实时支持；遥感技术则可从宏观角度评估生态变化，发现问题热点，指导治理规划。

通过这种协作机制，高校不仅将科研成果转化为乡村发展的实际动力，同时也为乡村生态恢复与生活质量改善提供切实助力。这就为推动乡村绿色发展目标的实现，以及生态文明建设提供了经验支持。

四、高校支持乡村文化振兴的实践路径

（一）开发乡村非物质文化遗产保护与教育项目

高校应积极参与乡村非物质文化遗产（以下简称"非遗"）保护与教育项目，为乡村发展注入独特的文化动力，同时促进传统文化的延续与创新。非遗是乡村重要的文化资源，高校借助学术与教育资源优势，有能力构建涵盖保护、传承、创新和推广的系统性非遗教育框架，并推动其与乡村社会经济发展的有机结合。具体实践需从非遗资源调研、课程设计、实践平台建设和成果推广等方面展开。

非遗资源调研是实施保护工作的首要步骤。高校需组织专家团队深入乡村，通过实地考察、影像记录和文献梳理等方式，全面掌握非遗资源的类型、分布和传承现状。例如，在对传统工艺的记录中，细致描述制作流程和工具使用，并探讨技艺背后的文化象征；而在表演艺术的调研中，则需通过音视频采集与分析，记录其表演形式和仪式背景。这些资料需要以数据化形式保存，形成动态数据库，为后续教育与保护措施提供科学依据。

在教育课程设计方面，高校应创新性地将非遗保护融入教学体系，设置多样化的专业课程。例如，文学方向可开设课程研究民间文学的保护路径；艺术设计领域可探索将传统工艺与现代设计结合的教学内容；文化管理专业则可关注非遗项目的组织与运营。跨学科课程有助于学生从不同视角理解非遗价值，通过理论与实践结合的方式提升文化保护能力。

实践平台的建立为非遗教育提供了重要载体。高校可以与地方政府及乡村社区合作，设立非遗实践基地。例如，手工艺工作坊可邀请传承人进行技

艺教学，同时让学生设计非遗衍生品；而在表演艺术方面，可以安排学生参与地方节庆活动，学习并协助传播传统艺术。通过这种现场教学，学生将深入了解非遗文化的内涵，并掌握相关技艺。

创新与实验是非遗保护的重要环节。高校可以设立创意实验室，汇聚传统文化专家与现代设计师的智慧，共同探索非遗与当代产业的结合方式。例如，将传统刺绣与时尚产业结合，开发具有市场吸引力的文创产品；或借助数字媒体技术将地方戏曲转化为交互式体验内容，为非遗的现代传播开辟新路径。

推广非遗成果是教育项目的重要目标。高校可举办非遗主题活动，如乡村文化展览、工作坊等，让更多人直观感受非遗魅力。同时，利用短视频、纪录片等数字化方式传播非遗故事，显著提升社会公众的关注度。国际交流项目的开展，则为非遗走向全球提供了契机，展现了乡村文化的多样性与独特性。

数字化技术在非遗保护中展现了巨大潜力。高校可以开发非遗存档系统，将技艺流程、历史背景等内容数字化保存，延续非遗文化的生命力。例如，虚拟现实技术可模拟传统技艺操作，构建在线学习平台，突破地域与时间限制传播非遗知识。同时，高校可通过遥感与大数据技术，实现对乡村非遗资源的动态监测与宏观分析。

长期的非遗保护与教育需要多方力量的协同。高校应与地方政府共同制定保护政策，明确工作目标与执行框架；与传承人及社区合作开展技艺教学；与企业携手开发市场化非遗产品，为保护项目提供资金与资源支持。设立专项基金也能够为研究与实践提供持续保障。

通过非遗保护与教育项目，高校为乡村文化赋能，为传统文化的创新发展开辟新的可能。学生在实践与学习中，既提升了文化认知，也为非遗的现代传播开拓了思维。这种的双向互动在文化传承、教育创新与乡村振兴中均展现了显著价值。

（二）推动高校文化社团与乡村社区文化活动联动

推动高校文化社团与乡村社区文化活动联动，是实现高等教育资源与乡村振兴需求有效结合的一种实践探索。这种联动可在丰富乡村文化生活的同时，为高校学生提供真实的文化实践场景，促使乡村文化与高校教育形成深层次互动。

高校文化社团的角色需要清晰定位，其参与乡村文化活动是一种双向互动而非单方面的资源输出。这种互动既包含社团向乡村引入新的文化形式与传播方式，也涉及乡村文化为社团活动提供灵感与资源支持。例如，通过观察乡村的节庆活动或日常习俗，社团成员能够深刻体会传统文化的独特内涵，在活动设计中融入更强的文化敏感性。在这一过程中，学生的社会意识与文化理解能力得以提升，而乡村社区的文化活力也因外来元素的加入而被重新激发。

具体活动的设计需要充分考虑社团特色与乡村文化需求之间的契合点。艺术类社团可通过乡村音乐会或戏剧表演，将现代艺术形式与本地传统结合，既吸引村民参与，也为学生提供创新实践的平台；文学类社团则可以组织乡村故事创作活动，记录和表达乡村生活，让乡村居民与学生都成为文化创造者；手工艺类社团可以与乡村手工艺人合作，开设技艺教学课堂，既传播传统技艺，又丰富学生的实践体验。这些多样化的活动设计既满足了乡村社区的文化需求，也为学生提供了难得的沉浸式学习机会。

资源整合是联动过程中的关键环节。高校内部需要为文化社团提供充足的支持，例如设立专项资金、配备专业指导教师等。同时，高校与外部机构的合作也不可或缺。地方政府可提供场地、政策支持等为活动开展创造条件；文化机构可协助宣传与推广；而社会组织则可提供志愿服务及额外资源。在多方合作的基础上，高校与乡村之间的文化交流更加顺畅，活动的组织效率与影响力也得以提升。

为了避免联动活动的短期化倾向，高校需建立持续性机制，保障文化活动的长期开展。例如，签署文化合作协议，明确双方的责任、目标与活动计划。高校要定期组织系列活动，例如结合乡村传统节日的专题文化项目，在时间与内容上保持连贯性。此外，高校要创建"高校—乡村文化交流中心"，为文化社团与乡村社区提供固定的沟通平台，也为文化活动的策划与实施提供长期支持。

数字化技术为高校文化社团与乡村文化活动的联动提供了更多可能性。通过在线平台，高校可以实现文化活动从策划到展示的全流程数字化管理。例如，社团可以在平台上发布活动信息，上传活动记录，甚至开展在线文化课程，吸引更多人关注乡村文化。对于乡村的非物质文化遗产，数字化手段则能有效保护和传播，例如通过制作音视频资料、虚拟体验内容等形式，让传统文化得以在更广泛的受众中传递。

评价与反馈机制是确保文化联动活动持续改进的重要工具。高校要收集乡村居民和学生的意见，了解活动的实际影响并发现潜在问题。例如，居民的参与意愿与满意度，学生在活动中的成长与收获，均是衡量活动效果的重要指标。高校要根据这些评估结果，不断优化活动设计与组织，从而在未来更好地实现文化互动的目标。

（三）打造乡村文化节品牌，促进乡村文化复兴

打造乡村文化节品牌，是高等教育资源与乡村振兴需求交汇的重要尝试。高校要通过系统化、品牌化的文化节活动，将乡村丰富的文化资源与高校的创意与传播能力结合，从而激发乡村的文化潜能，为社会各界的资源流入开辟渠道。

乡村文化节品牌的核心在于主题的独特性与鲜明性，主题的设计需深挖乡村文化资源。文化节的内容策划既要反映乡村的历史与传统，又要结合现代文化趋势。例如，若某地以传统手工艺闻名，可以设计为"匠心与传承"文化节，通过技艺展示和手工市集突出非遗的魅力；若某乡村依托于自然资源，则可围绕生态文化展开，以"人与自然的交响"为主题策划系列活动。高校的学术团队要开展调研分析，为主题设计提供科学支撑，确保其兼具吸引力与文化深度。

资源整合是文化节成功的必要条件。高校应利用自身的组织能力，促成地方政府、企业、文化机构以及乡村社区的多方协作。政府部门可以提供政策支持和场地保障，企业可通过资金赞助和技术支持为文化节赋能。与此同

时，高校师生要进行跨学科合作，为文化节提供创意设计与运营服务。例如，设计专业学生可以制作品牌标志与宣传海报，媒体专业团队负责传播方案，文史方向的学生则可参与内容策划。多方力量的联合提升活动质量，也确保了文化节的执行效率。

在活动运营方面，文化节需要展现多层次的文化体验。传统文化展示应突出乡村特有的艺术形式，例如非遗表演、民俗活动等；现代创意融合则可借助装置艺术、数字化展览等形式，让传统文化焕发新生；互动环节则注重参与感，设计 DIY 手工坊、文化体验游等活动，让参与者从旁观者转变为文化的创造者。以线上线下相结合的形式，进一步扩大活动覆盖范围，吸引更多观众。

品牌推广的关键在于精准定位与多渠道传播。高校可通过短视频、纪录片、专题报道等形式，向目标人群传递文化节的核心理念和亮点内容。社交媒体的互动性与传统媒体的权威性相结合，可在不同圈层中建立影响力。除此之外，文化节品牌形象的延伸也十分重要，例如开发带有文化节标志的文创产品，通过线下销售或线上推广扩大品牌认知度。

文化节的长期效益需要通过机制化的管理和创新来保障。例如，设立专门管理机构，负责年度规划、活动评估与资源调配。品牌的可持续发展还依赖于清晰的商业模式设计，例如结合文旅资源，发展特色乡村旅游；通过文创产品销售，形成文化经济的循环链条。高校不仅提供智力支持，还推动乡村社区自主参与文化节的组织与运营，增强乡村自身的"造血"能力。

数字化技术为乡村文化节品牌的拓展提供了新的可能。高校要进行数字化存档，让文化节的内容与影响永久保留并持续传播；高校还要基于大数据分析，更精准地了解参与者需求，为未来活动设计提供参考。线上互动功能的开发，还能吸引更多年轻群体关注乡村文化，将文化节的影响从本地辐射至更广范的范围。

乡村文化节的成功，不仅在于带动文化与经济的融合，更体现在其社会影响力的延展上。例如，通过文化节吸引游客，可以增加乡村收入；通过文化的展示与传播，可以提升乡村文化的认知度与认同感；通过高校师生的参与，可以促进城乡文化的深度交流。在活动实施过程中，注重环保与可持续发展，减少资源浪费，推广绿色活动方式，使文化节成为文化传播与生态保护的融合典范。

高校打造乡村文化节品牌，不仅赋予乡村文化更多的社会价值与市场潜力，也为学生提供了一个参与社会、深入基层的实践平台。在这种双向互动中，乡村的文化活力得以重塑，高校的教育理念得以延展，文化的传承与创新找到新的载体，为高校服务乡村振兴提供了参考，为乡村文化的品牌化探索了路径，其成果可以供更多地区借鉴。

（四）利用在线教育平台传播乡村文化与现代文化理念

利用在线教育平台传播乡村文化与现代文化理念，是高等教育推动乡村振兴的有效实践。高校要通过数字化手段打破空间限制，将优质资源传递至乡村，同时通过文化交流促进城乡互动与融合。

技术层面的支持是在线教育平台的保障。高校应建立功能多样的数字平台，满足视频课程录制、直播互动、资源下载与反馈收集的需求。平台应针对乡村的使用习惯优化设计，例如简化界面操作、提升移动设备兼容性，并在数据网络覆盖有限的地区确保访问稳定。高校可通过与现有平台合作或开发独立系统，为文化传播打下技术基础。

课程内容的设计决定了平台的吸引力与实用性。高校需根据乡村实际需求与社会关注点双向开发课程模块，既包括现代农业技术、环保理念等实用技能的传授，也涵盖乡村非遗、手工艺和民俗文化的推广。例如，农业课程可围绕智能化种植技术展开，而文化课程则可通过传承人录制实操视频展示传统技艺的精髓。跨学科设计亦能增强内容丰富性，例如文学专业的乡村叙事课程与艺术设计专业的乡村元素应用案例相结合，为城乡交流注入新鲜血液。

互动性与参与感是在线教育平台的活力源泉。平台活动可通过直播形式，邀请传承人或专家现场解说文化技艺，开放观众提问互动；DIY 工作坊等实践环节，则让用户在动手体验中深入理解乡村文化。此外，高校可借助主题讨论、竞赛活动等方式，建立用户间的交流纽带，增强学习者对课程内容的投入感与归属感。

传播方式的多样化是扩展平台影响力的关键。短视频作为流量热点,适合将课程内容剪辑为精华片段,通过社交媒体推广;微信公众号等传统渠道则可辅助发布深度解读与动态预告。与此同时,高校需推动平台走入乡村基层,例如设立数字学习点,为未接触过线上学习的居民提供设备与指导,降低技术门槛,拓宽平台普及率。

平台的长期运营离不开机制保障。专门团队的组建可确保内容更新、用户服务与技术维护的高效进行。平台要定期开展用户满意度调查、更新课程库、优化功能模块,以持续保持吸引力。激励机制的加入,如颁发学习证书、组织成果展示,也可调动用户的学习积极性。

数字技术的融入为在线教育带来了更多可能性。虚拟现实技术可以模拟乡村场景,让用户足不出户参观手工作坊、体验民俗节庆;增强现实技术则能动态呈现非遗技艺制作过程,提升视觉冲击力与学习趣味性。同时,大数据分析可实时追踪用户行为,优化内容推荐和学习路径。

评估与改进是确保平台服务能力的重要一环。高校需从用户活跃度、课程完成率到学习反馈等多个维度进行数据分析,并通过问卷调查了解乡村居民对课程的适用性与吸收情况。对课程效果与乡村经济、文化提升间的关联性研究,也有助于总结经验,优化平台策略。

第二节　职业教育与农业现代化的对接路径

一、深化职业教育与农业企业的合作机制

(一)建立农业龙头企业与职业院校共建的人才培养体系

职业教育对接农业现代化的核心在于培育符合新时代农业需求的高素质技能型人才,而农业龙头企业与职业院校共建人才培养体系无疑是一条值得深入探索的路径。通过紧密结合现代农业发展趋势和产业需求,校企协作将

在人才培养、技术创新和行业升级等多方面实现协同效应。

职业院校与农业龙头企业可携手成立"现代农业人才培养联盟"，以此为平台，共同制定切实可行的人才培养方案。方案设计需充分融入农业技术创新、智能化装备运用和绿色生产理念，明确培养目标与能力要求。例如，企业根据实际生产需要，提供技术岗位能力清单，院校则以此为依据调整课程内容，优化教学模块，确保学生技能与现代农业岗位需求精准匹配。

共建实训基地是培养实践型人才的关键环节。职业院校和企业可以合作建立现代农业实训中心，配置先进的农业智能设备、精准施肥系统、自动化灌溉设施等，营造接近真实生产的环境。在这一过程中，企业负责提供设备与技术指导，院校则提供场地与教学资源，实现教学、实训与科研一体化。这种"校内+校外"结合的实训模式，既提高了学生的动手能力，也为企业培养了熟悉现代农业生产流程的人才储备。

订单式培养模式则在精准匹配供需关系上发挥了重要作用。校企双方要签订合作协议，明确企业对人才的数量、质量及岗位需求，实施定向培训。例如，学生根据企业的订单需求进行专业化学习，毕业后直接进入企业工作，省去了传统招聘中的适配成本。这在为学生提供就业保障的同时，也确保了企业用工的稳定性和专业性。

此外，校企共建研发团队可以实现学术与产业的深度结合。农业企业的实际需求与职业院校的研究资源通过这种合作得以整合，例如，在智能化耕作设备、农作物病虫害防治技术等领域展开联合研发。企业提供资金支持与实践场景，院校组织教师与学生进行技术攻关。如此，学生不仅获得了实践机会，还掌握了最新技术，提升了科研能力与职业竞争力。

为了保障合作机制的可持续运行，政策支持是必不可少的环节。地方政府可设立专项资金，用于支持校企合作项目的实施，或者对企业参与合作产生的成本提供税收优惠。与此同时，政府还可搭建校企对接平台，定期举办合作洽谈会或科技成果转化活动，为职业院校和企业的深度合作创造更多机会。

通过农业龙头企业与职业院校的共建模式，职业教育得以进一步优化服务能力，为农业现代化提供持续的人才供给和技术支持。这种深度融合的方式，不仅弥合了职业教育与农业实际需求之间的鸿沟，还为乡村振兴与农业高质量发展注入了新动能。

（二）推动校企合作共同制定现代农业技能标准

职业教育与农业现代化的深度融合依赖于科学化、系统化的现代农业技能标准。由职业院校与农业企业共同制定的技能标准将明确人才培养的方向，构建服务农业全产业链的能力框架，为现代农业提供精准的人才支持。

技能标准的制定需要紧扣农业现代化发展的脉络，涵盖智能化装备使用、绿色技术应用、农产品加工与流通等多维领域。职业院校可组建专家团队，深入农业生产与管理一线，通过数据采集与实践观察，梳理企业在技术操作与管理流程中的核心需求。例如，在无人机施肥、智能灌溉系统操作等方面，企业技术难点是技能标准设计的重要依据。同时，农业龙头企业、科技公司及农机制造企业可为技能标准提供现实场景和技术参数，共同完善技能框架。

技能标准的内容需与行业规范和国家政策保持一致。结合农业机械化推广、绿色发展规划等目标要求，各技能岗位的知识与能力标准应突出现代农业技术的实用性。例如，在传统农业技能的基础上，增加农机操作、农业信息化管理等现代技能模块，使学生既掌握了基本农艺，又能操作先进的农业科技设备。

在制定技能标准的过程中，校企间的常态化交流机制是保障质量的关键。例如，成立技能标准研究委员会或技术协作组，定期组织研讨与考察活动，根据行业动态及时调整内容。企业要提供生产数据、案例模型，确保技能标准的实际应用价值；职业院校则通过课程研发和教学实验，为标准的理论支撑和科学性提供保障。

区域特色和产业结构的差异也应成为技能标准制定的考虑重点。例如，在南方以水稻种植为主的地区，技能标准要重点围绕水稻育种、智能灌溉与精准施肥展开；而北方则应更加注重大田作业的农机操作与机械维修。职业院校要根据区域需求，优化专业方向，调整课程内容，使技能标准具有地方适配性，真正服务于当地农业生产。

技能标准的有效落实需要依托教学实践。职业院校应以标准为核心开发课程体系与实训教材，将标准内容细化为具体的学习目标和操作要求。例如，在课堂上设置更多的实践课程，增加学生在企业生产线实训的机会，让理论与实践无缝对接。同时，职业院校可通过技能竞赛的形式，提升学生对标准应用的兴趣与能力，为企业输送能够即刻上岗的人才①。

政策支持对技能标准的推广非常重要。地方政府可牵头制定技能标准框架，提供宏观指导，并通过专项资金支持技能标准的研究与实施。例如，参与标准制定的企业可以获得税收减免或项目补贴，激励更多市场主体参与这一体系。此外，政府还可搭建标准推广平台，推动技能标准在更广范围的应用。

在全球化背景下，技能标准的国际对接亦是提升农业现代化水平的关键环节。职业院校与农业企业可联合引进国外先进经验，特别是在精准农业、智能农机及农产品深加工领域，与本地需求结合，打造适应国际化竞争的技能框架。

校企联合制定现代农业技能标准，不仅为职业教育明确了发展方向，也为农业企业提供了适用的人才储备。通过科学制定与有效落地，这一体系将在推动职业教育专业化、促进农业现代化发展过程中发挥不可替代的作用。同时，标准的实施将深化教育与产业的互动，为构建高效、高质的现代农业体系提供长远支持。

（三）鼓励农业企业技术人员参与职业教育教学，强化校企交流

推动农业企业技术人员深度参与职业教育教学，是连接职业教育与农业现代化的有效策略。职业院校将企业的实践经验融入课堂教学，提升了教学的现实性与专业性，也为学生提供了直面农业产业需求的学习机会。

职业院校应建立灵活的合作机制，吸纳农业企业技术人员担任兼职讲师或教学顾问。合作应签署协议明确双方的权益与义务。例如，企业派遣技术

---

① 李艳丽，李学坤，张榆琴. 乡村振兴与新型城镇化研究态势——基于 CNKI 文献的 CiteSpace 可视化分析 [J]. 云南农业大学学报（社会科学），2023，17（02）：25-34.

骨干参与授课时，院校可为其提供优厚报酬方案和专业发展支持，同时赋予企业技术人员正式的教学身份，增加责任感。为确保教学质量，院校还可以设置"企业导师评估机制"，定期评估技术人员的教学表现，以便进行动态调整。

课程设计需要紧密围绕农业现代化的实际需求展开。学校与企业可联合开发课程，将智能农机操作、农业信息化管理、农产品深加工等前沿领域的技能融入教学计划。例如，企业技术人员在授课时，可结合实际案例和生产数据，展示现代技术在农业中的应用场景，使学生既能掌握理论，又能直观了解技术在实践中的挑战与潜力。此外，为适应现代农业的多样性，课程中应预留充足的实践课时，为技术人员提供施展技能的空间。

在实践教学环节，共建实训基地是不可或缺的一环。企业提供生产设备与技术指导，职业院校则组织学生以"真实任务驱动"方式开展实训。例如，在基地内设置无人机精准施肥演练、智能温室管理等项目，由企业技术人员全程指导学生完成具体任务。基地的管理需要双方共同投入资源，并建立长期合作机制，让实训内容随行业发展及时更新。

同时，为丰富学生的学习体验，职业院校可以定期举办技术交流活动。例如，通过"企业技术公开课""实践沙龙"等形式，邀请农业技术人员分享其职业心得与创新实践，为学生提供第一手的行业信息，也有助于激发学生对农业技术的兴趣，增强他们的职业归属感。

双向交流机制的建立，可有效深化校企合作的广度与深度。企业技术人员在教学过程中，可参与职业院校的教学研讨与培训，提升其教育能力与理论水平；职业院校教师则可进入企业生产一线，了解最新技术与产业需求，实现"教学中实践、实践中教学"，也为双方的持续合作奠定了基础。

政策层面的支持是这一模式推广的重要保障。地方政府可以设立专项资金，鼓励农业企业技术人员积极参与职业教育。例如，通过教学补贴、奖励机制等手段，增强企业派遣技术人员的动力。此外，政府可制定激励政策，例如对参与合作的企业实施税收减免，或优先支持其参与农业科技项目，从而扩大校企合作的覆盖面。

评价机制的完善能够进一步保障合作效果。职业院校可从教学反馈、学生就业表现、企业满意度等多维度评估技术人员的教学质量。与此同时，政府部门可以通过第三方机构对校企合作进行综合评估，以此优化政策支持方向，并为未来的推广提供依据。

农业企业技术人员参与职业教育教学，将企业的最新技术与实践经验转化为教育资源，还能培养学生面对现代农业挑战的适应能力与创新思维。这种校企联动模式既提升了职业教育服务农业现代化的能力，也为企业的人才发展注入了新的活力，为农业现代化和乡村振兴提供了持续的动力支持。

二、推进职业教育课程体系与农业需求的精准匹配

（一）开设与现代农业智能装备操作相关的课程

职业教育要精准对接农业现代化，聚焦现代农业核心需求，其中智能装备操作技能的培养非常重要。随着农业现代化的推进，无人机、自动化拖拉机、精准灌溉系统等智能装备广泛应用于生产领域，职业院校的课程体系亟须围绕这些技术展开设计，以适应产业对技能型人才的需求。

职业院校应深入调研农业现代化的技术需求，明确智能装备操作课程的教学目标。职业院校可与农业企业、装备制造商及相关服务组织合作，共同制定课程大纲和能力标准。课程大纲可具体落实为掌握智能农机的基本构造与操作原理，熟悉精准农业设备的数据分析方法，以及具备在农田巡查和施肥中无人机的实操能力，以有效推动课程内容与现代农业实践相结合。

课程设计需注重实用性和针对性，将智能装备的操作技能与农业生产的实际需求相匹配。理论模块可涵盖传感器应用、数据处理与分析、自动化控制原理等技术基础，实践模块则应集中于设备的安装、调试、维护以及具体操作。教学方法的创新也不可忽视，如通过案例教学将智能装备在农业中的实际应用场景引入课堂，例如展示无人机在病虫害监测中的具体案例。

实践教学是课程建设的核心。职业院校需建设实训基地，为学生提供操作智能装备的真实环境。职业院校可与农业企业合作，共建实训中心，配置

现代化智能农机和相关设施，如无人机操作实训室和精准灌溉系统模拟农田环境。在实训过程中，学生不仅能学习设备操作，还能参与播种、施肥、喷药等农业生产环节，从而提升综合实践能力。

课程教学质量的提升可以通过项目式学习实现。职业院校可组织学生以团队形式完成实际任务，如利用无人机采集农田数据、制定精准灌溉方案等，将理论知识与实践能力相结合。这不仅培养了学生解决实际问题的能力，还激发了其学习热情。

同时，职业院校需与智能装备制造企业联合开发适配教材和教学资源，以弥补传统教材的不足。职业院校可编写覆盖设备构造、操作规程和故障处理的实训教材，并开发虚拟仿真教学资源，利用数字化手段为学生提供灵活的学习支持。

教学成果需通过科学评估体系进行检验。院校可与行业协会和企业合作，制定技能认证标准，评估学生在设备操作、数据分析和实际应用中的能力。认证考试将提高学生的就业竞争力，并进一步推动课程内容与行业需求的融合。

政策支持为智能装备课程建设提供保障。地方政府可通过专项资金支持院校采购设备和建设实训基地，鼓励企业提供设备与技术支持。此外，政府可在农业机械推广政策中设置面向学生的优惠措施，以激励更多年轻人掌握智能装备操作技能。

职业院校开设智能装备操作课程，将职业教育与现代农业需求紧密结合，推动了农业生产效率的提升，既为农业竞争力的增强提供了坚实的人才支持，也为乡村振兴战略的实施注入了新的动力。

（二）优化课程内容以适应农业绿色发展及结构调整需求

职业教育与农业现代化的对接需要紧密围绕农业绿色发展与结构调整的实际需求展开。随着农业转型升级的深入推进，绿色发展逐渐成为现代农业的重要目标。职业院校需主动适应这一趋势，全面调整课程内容，融入绿色农业技术、生态农业理念和产业结构优化等关键要素，以培养能够满足现代农业需求的新型技术人才。

职业院校应系统性地在课程中融入绿色农业理念。基础课程可增加与生态保护相关的模块，例如环境保护、资源节约和生态平衡等内容。在种植类课程中，可引入绿色农药应用、土壤改良技术等；在养殖类课程中，应增加动物福利与粪污资源化利用的教学内容。

此外，职业院校可设计专门针对绿色农业技术的课程，以更好地契合现代农业对绿色生产技能的需求。例如，可开设有机农业栽培技术、生态循环农业及农业废弃物资源化利用等专业课程。职业院校要邀请生态农业领域的技术专家参与课程开发，将实践案例和前沿技术引入课堂，提升课程的实用性和创新性。

针对区域农业结构调整的实际需求，职业院校的课程内容应体现地方特色。例如，在特色经济作物种植为主的地区，课程可聚焦生态种植技术和农产品质量提升；而在畜牧业占优的地区，则需加强绿色饲养和粪污处理技术的教学。这种因地制宜的调整，将让学生更加契合地方绿色农业发展的具体要求。

实践教学是绿色农业课程建设的关键环节。职业院校可建立绿色农业实训基地，为学生提供实践机会。例如，在校内设立生态种植区、生态养殖区，或与企业合作建设循环农业示范区，让学生深度参与绿色生产的全过程。同时，职业院校可安排学生到农业企业实习，通过亲身体验绿色生产模式深化理论知识的应用能力。

"双师型"教师队伍建设是课程优化的核心保障。教师可通过定期到生态农业企业或科研机构学习最新技术动态，提升教学能力。同时，职业院校要与农业企业合作联合培养教师，通过参与绿色农业技术推广项目等实践活动提高教师的专业水平，确保绿色农业课程的高质量实施。

现代化教学资源的开发能够进一步推动课程优化。职业院校可编写涵盖绿色农艺规范和生态农业案例的教材，制作动态演示农业生态循环系统的多媒体课件，开发可灵活学习的在线课程。这些资源既可以提高课程质量，又能扩大绿色农业教育的传播范围。

职业院校还可联合农业部门和地方政府推广绿色农业技能培训，将课程优化成果应用于农民技术培训。例如，通过培训普及节水灌溉、有机肥施和低碳种植等技能，帮助农民掌握绿色生产技术，为农业绿色转型提供广泛的技术支持。

三、加强职业教育助力农业科技推广的实践

（一）推动职业院校建立农业技术推广平台，开展科技下乡活动

职业教育与农业现代化的融合，不仅体现在人才培养层面，更体现在技术推广与服务的实践能力上。推动职业院校构建农业技术推广平台，依托这一平台开展科技下乡活动，是加速农业现代化进程的关键举措，可有效推动先进农业技术在基层的普及与应用，同时强化职业院校服务农业发展的能力。

职业院校应优先建设功能完善的农业技术推广平台，将教学活动与技术推广紧密结合，实现教育成果的社会化转化。推广平台可采用实体与虚拟结合的形式：实体平台可设在院校内，作为农业技术研究、试验与推广的核心基地；虚拟平台则可通过线上渠道为农民提供技术支持，包括咨询服务、培训资源和远程指导。

实体平台的建设需要院校整合多方资源，构建涵盖技术研究、推广与培训的综合性服务中心。例如，在校内设立"农业科技示范园区"，展示精准灌溉、高效种植和绿色防控等现代农业技术，农民可通过参观与实践活动直接学习这些技术。同时，实体平台还可提供现场技术咨询，解决农民实际生产问题。

虚拟推广平台则可利用信息化手段扩大服务覆盖面。例如，开发农业技术推广 App，涵盖病虫害防治、种植技术和市场分析等内容，农民可随时通过手机查询相关信息或与专家互动。此外，利用直播技术组织线上讲座与操作演示，将科技传播至更广泛的受众群体。

在农业技术推广实践中，职业院校需主动组织科技下乡活动，将技术服务直接带到农民身边。这就需要与地方政府和农业企业展开合作，定期组织

教师与学生深入农村，提供技术培训。院校需针对不同地区的农业特点设计专门推广内容，例如，在果蔬种植区推广温室管理技术，在畜牧区推广粪污处理方案等，通过面对面指导帮助农民快速掌握技术要点。

此外，学生可作为技术推广志愿者参与科技下乡实践，结合教学安排将所学知识应用于实际问题解决。这种实践将提高学生的动手能力与社会服务意识，同时也加速农业技术在基层的应用。

职业院校还可举办"农业科技节"或"农业技术推广周"等活动，集中展示农业技术成果，吸引农民广泛参与。院校可在活动中安排技术讲座、操作演示和专家答疑环节，同时邀请农业企业和科研机构共同推广最新研究与产品，形成校企协同的推广模式。

政策支持是推动技术推广平台建设的基础保障。政府可为职业院校提供专项资金支持，用于推广平台的设施完善及科技下乡活动的运行。例如，购置现代化农业设备、开发信息化系统或补助活动费用。同时，地方政府可建立合作机制，鼓励农业企业向院校提供技术支持与实践基地资源，促进多方协作与资源共享。

平台建设的可持续发展离不开科学的运行管理。院校可建立农业技术推广数据库，及时更新技术资料和案例；同时聘请专业人员对平台运作进行监控与评估。此外，院校要探索有偿服务模式或争取企业赞助，以缓解运行经费压力。

职业院校构建农业技术推广平台和开展科技下乡活动，可深化与农业基层的联系，将先进技术与服务延伸至农村，在推动农业高质量发展和技术成果转化的过程中发挥不可或缺的作用。同时，也为农业现代化培养具备技术推广能力的高素质人才队伍。

（二）开发适合农民需求的职业技能提升项目，增强基层服务能力

职业教育助力农业现代化的路径，还在于开发面向农民群体的高效职业技能提升项目。这既能快速提升农民的生产技能，又能强化职业院校服务农业基层的能力，推动技术的普及和实际应用。

职业院校首先要深入调研农民在农业生产、管理与销售中存在的技术短板，制定针对性的技能提升方案。职业院校要与地方政府、合作社、农业企业等主体合作，采用问卷调查、实地走访等方法，获取农民的真实需求。例如，某些地区亟须掌握高效种植技术，而另一些地区则更需要农产品加工和市场营销的技能。职业院校可基于这些具体需求，设计贴近实际的培训项目。

职业院校在课程开发时，应突出"实用性"和"易学性"，以满足农民的实际生产需求。例如，种植业可引入高效育苗、节水灌溉和绿色植保技术，养殖业则可涵盖饲料优化、疫病防治和粪污资源化利用等内容。同时，针对电子商务和品牌建设的课程也能为农民开辟新的收入来源，提高农业附加值。

模块化教学能够灵活适应不同层次的学习需求。职业院校可将课程划分为基础模块、技能模块和提升模块。基础模块聚焦通用农业知识，如气候对作物生长的影响；技能模块则集中于实操技术，例如无人机施肥或机械维护；提升模块则为有更高需求的学员提供前沿技术与管理理念。

职业教育的推广需要教学方式的多样化。职业院校引入线上与线下结合的模式，能够有效应对农民学习时间有限的情况。在农忙时，农民可通过手机应用和短视频课程提供灵活的学习资源；在农闲季节，职业院校则可组织短期集中培训班，确保理论与实践相结合。

实践操作作为技能培训的核心环节，需融入项目实施全过程。流动实训基地可将教学设备和技术指导人员送至田间地头，提供直观的指导服务。例如，配备无人机和检测仪器的技术团队，在现场演示精细化农业操作。这种直接的实训形式不仅便于农民掌握，还能提高技术的应用效率。

为评估培训效果，职业院校需建立考核和反馈机制。职业院校可通过操作展示、技能考试或实际生产效益的变化，量化培训成果。同时，院校要根据参与者反馈优化课程内容，以持续提升培训的针对性与实效性。表现突出的学员可获得技能认证，进一步增强学习动力。

职业技能提升项目的推广，不仅缩短了职业教育与农业生产的距离，也为农民提供了提升生产效率和收入的有效手段。通过这一模式，职业院校将培养适应农业现代化需求的人才，将技术传播至农村，为乡村振兴和农业转型提供强有力的支持。

四、创新职业教育支持农业现代化的师资建设

（一）建立"双师型"教师培训体系，提升教师实践能力

职业教育与农业现代化的深度融合离不开教师实践能力的提升。职业院校要构建"双师型"教师培训体系，为教师制定理论与实践并重的成长路径，以适应现代农业发展。"双师型"教师不仅需要深厚的理论基础，更需熟练掌握实际操作技能。职业院校应通过多元化培训模式，推动教师能力的全面进阶。

职业院校与农业龙头企业及科研机构的协作，是设计高效培训计划的重要路径。培训内容需覆盖现代农业前沿技术与绿色管理模式，注重实践性与创新性。例如，安排教师深入企业，参与无人机施肥、精准农业操作、智能农机运行等实践，同时汲取企业在生产管理中的经验。教师直面实际需求，可将所学技术融入教学，为课程内容注入现实案例。

实践基地的建设是培养教师实战技能的重要环节。校企联合实践中心或农业示范园区，可以为教师提供定期实践的场所。在基地中，教师可操作先进设备，开展农业技术试验和项目研究，积累实践经验。例如，在示范园区参与精准灌溉方案的设计与应用，可以使教师从具体的农业生产问题中找到教学与研究的结合点。

分层化的培训设计能够精准匹配教师的能力水平与发展需求。新入职教师可接受基础技能培训，如设备操作和生产流程；资深教师则可以参加高阶课程，包括指导学生创新实验或解决复杂农业问题。通过模块化的课程设计，每位教师都能在实践中实现自身能力的提升。

参与农业科技项目是提升教师实践能力的又一有效途径。教师可联合申报农业技术攻关课题，将研究成果转化为教学案例，使理论与实际更加贴合。在此过程中，教师不仅能接触最前沿的技术，还能将现代农业的管理理念融

入教学，从而拓宽学生的知识视野。

职业院校还可组织专业技能竞赛和行业展会拓展教师的实践经验。例如，组织教师参与农业技术大赛，在竞争中磨炼技能；参观农业科技展会，了解最新设备与技术发展，为课程设计提供参考。这种开放性的交流形式将帮助教师更快速地掌握现代农业的动态。

政策的推动力是构建"双师型"教师培训体系的保障。职业院校要设立专项资金支持培训计划，为教师参与国内外技术交流提供经济保障。院校要补贴实践活动中的差旅费用或在职称评定中增加实践经验的权重，进一步激励教师投身实践。此外，职业院校要对完成高质量培训的教师提供奖励，有效提升培训参与度。

为了持续优化培训体系，职业院校需建立科学的评估机制。职业院校要通过教学成果改进、学生反馈以及实践表现，对培训效果进行量化分析，并据此定期调整培训计划，确保其紧跟农业发展需求。教师意见的收集和反馈机制，也能为计划优化提供第一手信息。

"双师型"骨干教师的培养，是职业院校提升整体教学水平的重要手段。教师通过成立工作坊等形式，可以定期分享实践经验与创新案例，新教师则通过参与学习先进教学理念与技术操作，加速提升自身能力。这种"传帮带"机制有助于教师队伍的快速成长。

推动"双师型"教师培训体系的建立，不仅能强化教师的实践能力，还能促进职业教育教学的更新迭代。通过多维度培训与持续优化，职业院校将更高效地培养出契合农业现代化需求的师资力量，为现代农业发展注入更多创新动力和技术支持。

（二）组织教师团队深入农村开展调研与实践活动

职业教育与农业现代化的深度衔接，需要教师深入了解农业基层的实际需求和发展现状。职业院校要组织教师团队开展调研与实践活动，以有效贴近农业生产一线，为职业教育的课程优化、教学提升和技术推广注入鲜活的内容与经验。

职业院校在组织调研与实践活动时，应首先明确具体目标与任务。调研内容可涵盖农业生产中的技术短板、农民的技能需求、产业结构调整趋势，以及绿色农业的实施现状。这些信息可以为职业教育设计提供重要参考，使教学内容更紧密地对接现代农业需求。同时，实践活动应聚焦于农业生产实际，教师可通过参与播种、植保、加工等环节，积累技术经验并验证理论知识的实际适用性。

调研活动的有效性离不开多方协作。职业院校可与地方政府、农业合作社、龙头企业建立合作关系，形成支持调研的协同网络。例如，学校与农业部门组建调研团队，深入乡村采集数据；合作社为教师提供农业操作的真实场景；企业分享产业链各环节的管理与技术模式。这种合作机制将大幅提升调研的深度与广度。

在调研过程中，职业院校可采用多样化的信息采集方式，例如实地观察、问卷调查与深度访谈。实地观察能够记录农田作业、设备操作的细节，以及技术应用的实际效果；问卷调查可以收集农民对于职业教育和技术推广的需求；深度访谈则能挖掘基层从业者对农业未来发展的期待与困难。

教师实践活动的设计应注重实际操作与全产业链体验的结合。例如，在生产环节，教师可以直接参与机械化播种、智能灌溉的实施；在产业链延伸方面，职业院校可安排教师进入企业的加工、物流环节，全面了解农业产品从生产到消费的路径。这不仅提升了教师的技术熟练度，还为课堂教学带来了生动的案例素材。

为推动教师参与，职业院校可将调研与实践活动纳入考核体系。例如，将调研成果、技术推广成效作为评价指标，确保活动与教师的职业发展紧密挂钩。同时，职业院校要通过提供绩效奖励、职称评定优待等激励政策，增强教师参与的积极性。

调研与实践的成果需要转化为教育资源。教师可以基于调研中收集的真实案例，开发新课程或优化现有教学内容，将农业生产的实际问题融入课堂。同时，教师可将所总结的经验编写进教材或案例集，向更广泛的师生和农民传递农业技术与管理知识。

在实践活动中发现的农业技术难题，还可以促成校企或校研合作。针对具体问题，职业院校联合科研机构与企业攻克技术瓶颈。例如，针对某地灌溉效率低的问题，研究推广适用的节水方案；对于病虫害防控中的技术空白，开发绿色防控技术。这种以实践为导向的科研合作既能提升教师科研能力，还能扩大职业教育的服务半径。

政策支持是调研与实践活动可持续推进的基础。地方政府可以通过专项经费，为调研活动提供资金保障，包括教师差旅费用、设备租赁及数据分析成本。同时，政府要出台政策支持职业院校调研成果转化，将调研实践纳入农业科技服务体系，形成教育与农业发展的良性互动。

为了放大调研活动的成果影响力，职业院校可举办调研成果分享会，邀请农业部门、企业代表及农民参与，共同探讨教育与产业的协同发展。此外，职业院校要通过出版研究报告、发表学术文章或利用媒体宣传，推动调研成果的广泛应用，促进技术推广和经验共享。

组织教师团队深入农村开展调研与实践活动，为职业教育注入了实践活力。这一策略强化了职业院校与农业基层的联系，使教学更贴近农业需求，也让教师通过实践提升了技术水平和教学能力，为乡村振兴提供了强有力的支持。

五、利用信息技术提升职业教育服务农业现代化的水平

（一）推广"互联网+职业教育"模式，开发在线课程资源

信息技术的迅猛发展，为职业教育与农业现代化的深度融合提供了广阔空间。"互联网+职业教育"模式以其突破空间限制的优势，为农村地区的农业从业者和学生提供了更加灵活的学习机会，有效推动了农业现代化的进程。

职业院校可以充分运用信息技术，搭建多功能在线教育平台，将教学、互动与评价融为一体。平台功能可覆盖视频课程、实时直播、在线测试等模块，打造出高效便捷的学习生态。例如，在平台中设立现代农业技能专区，课程内容涵盖农业智能化装备的使用、精准种植技术和生态种植方法等，方

便用户随时随地获取知识。同时，职业院校还可以引入知名在线教育平台的技术与资源，借助更广阔的传播网络扩大课程的覆盖范围。

课程内容的设计需深刻贴合农业生产实际需求，同时满足学员的学习习惯。职业院校可通过短视频形式将关键技术以直观方式呈现，从播种到收获的每一环节都能被系统化拆解，并辅以简明的图文说明，帮助学员快速掌握要点。职业院校还可引入虚拟现实场景，让学员在虚拟环境中模拟操作无人机、调试农业机械或规划灌溉系统。

不同群体对在线课程的需求有所不同，因此职业院校需开发多层次、多类别的资源。例如，针对农村基层的农民，设计关注实用技能的课程，如病虫害绿色防控技术、精准施肥方法或节水灌溉方案；而面向职业院校学生的课程则可兼顾理论与实践，深入农业物联网应用或现代化农业经营管理等领域。此外，开放式的在线公开课有助于传播农业现代化理念，进一步提升公众对农业发展的关注。

教师的积极参与是确保课程质量和更新速度的关键。职业院校可组织信息技术技能培训，帮助教师掌握在线教学的必要工具和方法。例如，学习如何制作高质量的在线课程内容、利用互动工具增强学生参与感，以及通过数据分析工具跟踪课程效果。与此同时，职业院校可鼓励教师根据农业科技的新动态以及学员的反馈意见，不断完善课程内容，使教学资源保持鲜活性。

在线平台不仅是知识传播的通道，还应成为学员与教师交流的纽带。平台内可以设立讨论区或答疑模块，提供即时互动的机会。职业院校还可定期举办在线直播课堂，邀请农业领域的专家或企业技术人员分享经验，通过实时解答疑问、示范操作，让学员的学习更具针对性和实用性。这不仅提升了学员的参与感，还能缩短知识与实际应用的距离。

扩大在线教育的影响力，需要有效的推广策略与政策支持。例如，职业院校可以联合地方政府，在乡镇村落通过多种方式宣传在线学习的便利性，如在农村集市发放宣传手册，利用村广播讲解平台使用方法，甚至通过合作社将课程学习纳入社员的福利体系。针对经济条件有限的学员，职业院校可以提供流量补贴，降低参与门槛。

技术维护和数据分析是在线教育平台运行的保障。职业院校可以聘请专业团队对平台进行持续优化，确保资源的稳定性与高效性。同时利用学习数据分析用户行为，找出课程的薄弱环节或热门需求，进而调整课程内容与教学策略。例如，根据学员的学习进度优化推荐机制，提供更具个性化的学习体验。

"互联网+职业教育"模式的深入推广，使职业教育得以突破传统边界，为农村地区的农业从业者提供更加灵活、便捷的学习方式。这种模式扩大了职业教育的覆盖面，还为农业现代化注入了新的动力。通过信息技术的有效应用，职业教育将更加精准地对接农业需求，为农业高质量发展与乡村振兴战略注入持续的创新活力。

（二）搭建职业教育与农业生产远程互动平台，促进技术交流

职业教育与农业现代化的协同发展，技术交流始终是不可或缺的一环。在农村地域广袤的背景下，传统的技术传递模式往往受制于空间分散与资源不足，难以有效覆盖全体农业从业者。利用信息技术搭建职业教育与农业生产的远程互动平台，是解决这一问题的突破口。借助这一平台，职业院校技术与知识的传播可突破时间与空间，精准服务于农业生产需求，加速现代农业技术的推广与应用。

职业院校需要着眼于构建技术先进、功能全面的远程互动平台，为农业从业者提供交流与指导的线上通道。平台应集成远程视频教学、实时问答、问题诊断与数据共享等功能模块。例如，通过直播课堂，教师可以在线讲授作物种植、农机操作等实用技术；通过问题诊断模块，农民可通过上传作物图片或土壤数据，获得针对性的技术建议。这种智能化设计提升了服务的便捷性，也扩大了教育资源的覆盖范围。

平台的内容设计需聚焦农业生产中最常见的技术痛点。在种植领域，可开设病虫害防治、精准施肥等课程；在养殖领域，则可涵盖疫病防控、环境优化等主题。同时，针对现代农业发展需求，还可增加农业电子商务运营、

智慧农业设备使用等新兴课程。平台要通过形式多样的课程内容，使农民在平台上既能解决当下问题，又能汲取前沿知识。

分层化服务是远程互动平台满足用户多样化需求的关键。对于基层农民，可以设计操作简单的技术指导课程，注重基础技能普及；对于新型职业农民，则可提供理论与实践兼顾的进阶课程；而针对农业企业和合作社，则可开设智慧农业管理、产业链优化等专题培训模块。这样的分类设计既能有效覆盖不同层次的用户，又能提高学习的针对性与效率。

平台还可通过专家在线互动活动进一步提升吸引力。职业院校可定期邀请农业领域的资深专家开展线上讲座，围绕技术热点和常见问题与用户交流。例如，通过案例解析、技术应用演示，帮助农民更直观地掌握知识，并将其应用于实际生产。实时互动的形式不仅增强了用户参与感，还有效弥合了理论与实践之间的鸿沟。

高质量的运行离不开多方力量的支持。职业院校可与地方农业部门、企业及合作社密切合作，例如联合农业技术推广站开展线上服务，或依托企业的设备资源展示最新技术的应用方式。这不但提升了平台的服务深度，还在职业教育与农业产业之间搭建了高效的沟通桥梁。

数据的积累与分析是远程互动平台的重要功能。职业院校可记录用户的提问与反馈，精准识别农业生产中的技术难点。此外，职业院校可对上传数据进行整理与分析，发现不同地区农业发展的共性问题。这些数据可用于优化课程内容，并为农业技术的进一步推广提供科学依据。

政策支持是平台建设与推广的强有力保障。地方政府可以设立专项资金，用于平台的开发与运营、购置硬件设备以及教师参与线上教学的补贴。此外，职业院校可制定鼓励农业企业参与平台推广的政策，将技术与商业资源引入教育体系，构建职业教育与农业发展的合作生态。

用户体验的优化直接关系到平台的使用效果。为此，职业院校需确保界面设计简洁直观，操作流程清晰简便，同时开通全天候技术支持服务，及时解决用户在使用中的问题。职业院校通过问卷调查与评分系统收集反馈，不断完善功能，提升平台用户的满意度与黏性。

宣传推广也是扩大平台覆盖范围的重要手段。例如，职业院校可通过乡村广播、合作社会议等线下途径，让更多农民了解平台功能；同时设置免费体验课程或奖励机制，吸引更多用户注册，以此提高平台的知名度与使用率。

通过远程互动平台的建设与运营，职业教育将与农业生产建立更紧密的联系。这为农业从业者提供了高效的技术服务通道，也让职业教育更深层次地参与到农业现代化进程中，推动乡村振兴战略的全面落实。

第三节 基础教育与乡村文化振兴的协同路径

一、推动基础教育资源与乡村文化建设的深度融合

（一）推动乡村学校开设传统文化体验课程

推动乡村学校开展传统文化体验课程，是基础教育与乡村文化振兴深度融合的有效路径。地方应在基础教育中将文化融入学生日常生活，使传统文化在新一代中得到传承与创新。

基础教育的课程设计首先要凸显地方特色，依托乡村丰富的文化资源打造实践性强的体验课程。例如，在富有农耕传统的地区，可以设置农具制作、田间劳作等主题课程，让学生通过动手操作理解传统农业智慧；在民间文学和地方戏剧盛行的村落，可以开展"故事讲述与表演"课程，培养学生对本地文化的兴趣。与此同时，在特色节庆文化鲜明的区域，可以设计"节日文化探索"活动，让学生深入体验节庆背后的民俗内涵。课程内容的规划不仅要体现文化的多样性，还要注重学生的参与感，使其能够在沉浸式的学习中领会文化价值。

在实施过程中，教学资源的整合与挖掘是关键。乡村学校可邀请本地非遗传承人、民间艺人和地方文化研究者参与教学，让课程更具真实性和吸引力。例如，传统染布技艺的传承人可以现场示范操作流程，而地方历史学者可以为学生讲述当地的文化渊源。学校还可与博物馆、文化馆合作，建立文

化展览空间，让学生通过直观的实物和资料来体会文化内涵。此外，学校可利用数字化手段，例如虚拟现实技术，模拟传统文化场景，让学生在沉浸式体验中了解文化脉络。

师资力量的培养决定了课程教学的深度和广度。乡村教师需了解本地文化，并具备将文化内容转化为教学素材的能力。高校、教育机构要开设专题培训班，助力乡村教师系统学习地方文化的知识背景和课程开发的基本方法。此外，学校可以搭建"传承人+教师"的联合教学模式，让传承人提供实践指导，教师负责组织教学，两者相辅相成。例如，刺绣工艺课程可以由传承人教授技法，教师结合美术和历史知识，延展课程的学科价值。

评估机制的建立，是确保课程效果和改进方向的重要环节。教学评估需要全面关注学生在课程中的表现和成长。例如，教师应记录学生的课堂参与度、完成作品的质量和创新性，以及课程中展现出的兴趣点，评估课程的实施效果。同时，教师要收集学生的反馈建议，分析他们在学习过程中遇到的困难，为课程优化提供数据支持。学校还可组织成果展示活动，公开学生的学习成果，进一步增强学生的文化自信和成就感。

将传统文化体验课程融入日常教学体系，是其可持续发展的有效保障。学校可以将文化课程纳入综合实践课程，并通过学分管理激励学生的参与。同时，学校可利用节庆活动或文化主题周，将课程与课外活动有机结合，使学生在多样化的情境中进一步巩固学习内容。例如，在春节期间组织民俗表演和传统手工艺比赛，让学生在实践中感受文化传承的意义。

（二）开发乡村特色文化教材，服务乡村文化振兴

开发乡村特色文化教材，将地方文化资源融入基础教育，是乡村文化振兴与教育创新的有力结合。这一实践既有助于传统文化的保护与传承，也能激发学生对地方文化的兴趣和认同。

教材内容需立足乡村特有的文化资源，进行深入挖掘和整理。例如，民间传说、地方戏曲、传统手工艺和节庆仪式等，皆是乡村文化的独特表达。学校可以组成调研团队，深入乡村进行实地考察，从口述历史、民间艺人的

经验和历史文献中提取素材。民间传承的织布技艺、雕刻工艺，甚至农耕智慧，都可成为教材中的重要内容。素材遴选需综合考虑内容的真实性、完整性以及适应学生认知的难易程度。

教材设计应结合不同学龄段学生的特点，呈现出层次分明的知识体系。小学阶段的教材可通过生动的插图与短篇故事激发学生的好奇心，让他们感受到文化的趣味性；而中学阶段则可对更多历史背景、文化发展脉络进行分析，引导学生养成批判性思维。例如，小学生可以阅读绘本版的神话故事，中学生则可探讨这些神话在历史语境中的演变和意义。此外，通过主题单元的设置，将农业、生态、民俗等方面的内容串联成结构清晰的课程框架，使学生在学习中形成全面的文化认知。

教材的编写不仅需要专家的学术指导，还需要实践者的积极参与。乡村教师的教学经验和文化传承人的生活智慧可以为内容增添鲜活的实践性。例如，手工艺传承人可以为教材提供技艺步骤的详尽描述，而教师则可结合实际教学经验调整难度和方法。多领域专家的参与，将推进教材的科学性、实用性与趣味性的统一。

推广应用是教材转化为教育成果的关键环节。教师的课堂教学可以设置特色文化单元，将地方文化融入语文、历史和艺术等课程。例如，学生在语文课上可以学习本地民间故事，在历史课上了解地方发展史，在艺术课上尝试传统工艺制作。同时，课外活动为学生提供了更加开放的体验空间，例如组织"乡村文化探秘"活动，让学生走访村庄，记录乡村生活中的文化细节。在课堂内外的联动下，学生将从多维度接触和感悟乡村文化。

为了检验教材的实际成效，学校需建立科学的评估体系。评估内容可涵盖学生的兴趣、理解和应用能力。例如，观察学生的课堂表现、收集学生创作的文化作品，了解学习效果；通过问卷调查和访谈分析学生对课程的接受度与建议。同时，专家学者的参与可以从专业视角评估教材的文化传播与教育价值，为后续的改进提供方向。

数字化技术为教材的传播与使用打开了新的视野。例如，通过虚拟现实技术重现传统节庆场景，学生可以在数字空间中感受民俗文化的独特魅力。

制作数字教材、开发互动教学软件，则能够打破课堂的限制，使更多学生和乡村居民受益。在线学习平台的搭建，还能为乡村文化教育提供多样化的学习途径，提升文化教育的覆盖率。

乡村特色文化教材的开发是教育形式的创新，更是文化再生的重要动力。乡村特色文化教材将乡村特有的文化元素系统化地融入教育，使地方文化成为学生成长过程中的重要组成部分。在文化认同的培养中，学生逐步建立对家乡的情感联系与责任意识。乡村文化教材的普及，不仅为传统文化的保护与传播注入活力，也为乡村文化振兴提供了新的发展模式。

二、打造乡村学校的文化育人实践模式

（一）建设乡村特色校园文化，营造文化氛围

建设乡村特色校园文化是一项基础教育与乡村文化振兴相互协作的重要策略。将乡村文化元素融入校园环境与日常活动，可以营造浓郁的文化氛围，使学生在潜移默化中感受文化的深厚魅力，从而加强文化认同。

校园环境设计需充分体现乡村文化特色，将地方文化的独特元素融入建筑、绿化与装饰之中。例如，校门设计可融合地方建筑风格，在主入口设置传统牌楼或门廊；在墙壁上绘制反映乡村生活与民俗的壁画，如农耕、节庆、传统技艺等；绿化区域可选用具有地方象征意义的树种与花卉。此外，学校可设立文化展示区，展陈地方传统物品与文化故事，让学生在日常生活中随时感知本地文化的魅力。

校园文化活动则是营造特色文化氛围的重要载体。学校可将乡村传统与学生兴趣相结合，策划丰富多样的活动形式。例如，举办乡村文化节，通过手工艺体验、民间表演与地方美食展现地方文化的多样性；组织地方文化知识竞赛，以问答形式增进对乡土文化的了解；开展乡村故事会，邀请老一辈讲述本地历史与传说，激发文化情感。

文化资源的整合对于活动内容的多样化非常重要。学校可邀请地方非遗传承人至校园，开展讲座或技艺展示，为学生传授草编、陶艺、剪纸等传统

技法，或讲解戏曲与民间音乐的独特魅力。学校还可与地方文化机构合作，引入展览、巡演等资源，拓宽文化教育的广度。此外，组织学生走出校园，参观博物馆、遗址或作坊，使其可在真实情境中深刻体验文化内涵。

教师与学生的深度参与是特色文化建设的动力来源。通过师资培训，教师可掌握乡村文化知识与教学方法，并在课堂中融入相关内容。文化考察与专题学习能帮助教师理解地方历史与传统，提升文化教学的创造力①。同时，学校可设立校园文化推广项目，让学生参与活动组织与文化传播，培养其文化认同与实践能力。

长效机制的保障是乡村特色校园文化可持续发展的关键。学校应制定文化发展规划，明确具体目标与路径，将文化活动纳入日常管理与考评体系。学校可成立文化建设委员会，吸纳多方力量共同参与文化项目的策划与执行，提升工作的协同性。此外，学校要进行多渠道筹资，如争取政府专项资金、公益支持或校友捐赠，为活动持续开展提供保障。

数字化技术为特色文化建设注入新活力。学校可开发数字化校园文化平台，将文化活动内容、图片与视频上传供随时查阅；利用三维技术打造虚拟文化博物馆，展现非遗技艺与民俗场景；通过短视频与直播技术，扩大乡村文化传播范围并提升互动性。

（二）组织学生参与地方传统节庆活动，增强文化认同

组织学生参与地方传统节庆活动是促进基础教育与乡村文化发展的重要方式。学生深入参与乡村传统节庆，可提升对本地文化的认同，同时培养对家乡的热爱之情，为文化传承和创新储备新生力量。

学校应结合地方传统节庆特色，制定明确的活动计划与目标。例如，在农历新年、端午节或地方性的丰收节等节日，学校可安排学生参与制作粽子、舞龙表演或节庆布置等活动，让学生体验节庆筹备的全过程。活动不仅关注学生的实际参与，还应组织节庆介绍和文化探讨，帮助学生深入理解节日的

---

① 喻嘉莹. 乡村振兴与新型城镇化动态协调发展关系研究［D］. 南昌：江西财经大学，2022.

历史、内涵及社会意义。

在组织活动的过程中，学校应注重学生的实践深度与文化体验。可以通过任务分组的形式，安排学生参与节庆相关的具体项目，例如手工制作、民俗表演、文化解说等，增强活动的多样性与吸引力。例如，丰收节可让学生体验农耕活动，感受劳动的意义；地方庙会中则可安排传统戏曲表演或民俗舞蹈实践，全面接触地方艺术。此外，学校可组织学生采访节庆活动的筹备人员或文化传承人，通过记录文化故事加深理解，实现实践与学习的有机结合。

地方政府、文化机构和社区的协作是活动成功的关键。地方政府可在政策、资金等方面提供支持，文化机构可为学生提供节庆历史与规范指导，社区居民则可共同参与节庆，为学生传授文化经验。例如，在龙舟赛中组建学生龙舟队，或在传统集市上开设学生文化摊位，都能增强活动的互动性与教育效果。

教师的文化理解与组织能力直接关系到节庆活动的效果。学校可邀请地方文化专家为教师开设专题讲座，或安排教师直接参与节庆筹备工作，以积累实践经验。学校可建立活动指导教师制度，让经验丰富的教师负责学生项目的指导与评估，以确保活动的顺利进行。

节庆活动后的总结与延展同样重要。学生可通过撰写报告、制作影像或班级分享等形式总结经验，将节庆活动中的收获转化为新的文化作品，如绘画、文学或短视频，以扩大文化影响。同时，学校可建立节庆文化档案，归纳活动过程、学生作品及心得体会，为后续活动提供素材与灵感。

数字化技术为传统节庆的传播与教育提供了新可能。学校可通过短视频平台记录并传播节庆内容，或利用直播技术让更多人实时参与。此外，虚拟现实技术的应用还能为学生提供线上体验节庆文化的机会，让传统节庆与现代教育紧密结合。

学校组织学生参与地方传统节庆活动，可在教育中融入文化传承，激发乡村文化的新活力。这就增强了学生对地方文化的认同感，并促进了学生与社区的情感连接，为乡村文化的持续发展注入创造性动力。长期坚持下去，将形成具有地方特色的文化传统，为基础教育与地方文化的融合发展树立实践标杆。

三、推动乡村文化传承与基础教育相结合

（一）引导乡村学校开展非遗保护传承教育活动

乡村学校开展非遗保护传承教育活动，是基础教育与乡村文化协同发展的重要路径。非物质文化遗产承载着乡村深厚的文化底蕴，也是多元文化传承的重要形式。学校将非遗教育融入学校课程，不仅能唤起学生对传统文化的热情，还能注入文化传承的新鲜力量。

整合非遗资源是基础。地方非遗项目具有多样性与区域特色，学校需根据其教育价值和文化特性进行筛选。学校可将剪纸、刺绣等传统技艺融入手工课堂，地方戏曲、民间舞蹈则适宜作为艺术课程内容，而农耕仪式或传统节庆则可通过主题活动展现。这种资源整合需结合学生的兴趣与认知水平，使教学内容既有趣又富有启发性。同时，地方文化部门与非遗保护机构可为学校提供翔实的资料和专业支持，助力非遗教育的深入推进。

在课程设计中，学校可依据地方特色构建校本化的教育体系。手工课程可教授传统工艺品的制作流程，音乐课程则可引入地方戏曲的唱腔与动作要领，而综合实践课则能通过非遗研究课题让学生探究非遗的历史渊源与传承现状。设计课程时，应注重互动与实践环节，如分组任务、实地体验等，提升学生对非遗文化的感知力。

活动组织是非遗教育的关键实施环节。学校可定期开展如"非遗文化周""传统技艺展示日"等主题活动，让学生在亲身体验中感知文化的魅力。例如，邀请传承人进行现场教学，组织非遗技艺竞赛或表演，开展学生创作成果展览等，通过多样化形式增强活动吸引力。此外，走出课堂的实地探访，如参观工坊、参与庙会等，也能让学生从多维视角感受非遗文化的生动内涵。

师资水平直接影响非遗教育的教学质量。学校需为教师提供针对性的培训，如邀请非遗专家开展专题讲解，或组织教师参与非遗项目的实际体验，

以提升教学设计与文化传承能力。与此同时，学校可与非遗传承人建立合作机制，聘请其作为兼职教师或顾问，将传承人丰富的实践经验与教师的教学方法相结合，可大幅提升教学质量。

非遗教育的成果需要通过多渠道传播以扩大影响力。学生的作品、表演及学习心得可通过校内展览、影像记录等形式呈现，并通过社交媒体和数字平台进行广泛传播。学校还可将这些成果与地方节庆活动相结合，通过展演或展示的形式将非遗教育融入社区，进一步加强文化认同与社会参与。

现代技术为非遗教育注入新活力。学校可利用数字化工具制作非遗教学资源，如线上课程、虚拟现实场景等，让学生通过数字平台便捷地学习和体验非遗。例如，开发虚拟现实技术还原传统技艺操作流程，或制作非遗传承故事的微视频，这既能增强学习趣味性，也能拓宽教育传播的范围。

长效机制的建立是非遗教育可持续发展的保障。学校可制定系统化的发展规划，将非遗教育纳入学校教学长期目标；设立专项资金支持课程开发和教师培训；联合地方政府、文化机构共同推进非遗教育。

引导乡村学校实施非遗教育，不仅能让学生更深入地理解家乡文化，还能增强其文化自豪感与社会责任感。通过多方协作与持续推进，学校将成为非遗保护与传承的有效载体，同时也能为乡村文化振兴注入持久动力。

（二）通过基础教育记录与传承乡村历史和文化记忆

通过基础教育记录与传承乡村历史与文化记忆，可以在教育中融入地方文化的生命力，是推动乡村文化振兴的一种独特路径。乡村的历史与文化蕴藏着丰富的社会情感与地方特色，通过系统化的教育实践，学生将成为文化传承的积极参与者。

课程设计是教育实施的核心。学校可将乡村历史与文化内容灵活融入多学科教学。例如，语文课程可选取乡村题材的文学作品，通过文本解读与写作练习让学生感知家乡文化的文学价值；历史课程可围绕地方史专题，揭示乡村发展的时代轨迹；美术课程则能引导学生以乡村为主题进行艺术创作，将个人情感融入视觉表达。通过多学科融合，学生将在不同学科中体会乡村文化的深度与广度。

实践活动的组织可助力学生将知识转化为能力。例如，组织"乡村记忆档案"项目，让学生通过访谈乡村长者、实地考察古建筑、收集地方文献和老物件等方式，记录乡村文化的重要元素。在这样的活动中，学生既能接触真实的历史资料，也能掌握研究与整理的方法，逐步培养文化记录与研究的能力。乡村的老建筑背后隐藏着怎样的历史？一封家书如何承载了跨越时代的情感？这些问题将激发学生进行深入探究。

社区的力量在文化记忆的保存中不可忽视。学校可以联动地方文化机构、村民及非遗传承人，共同推进教育实践。例如，邀请传承人展示传统技艺，或让村民讲述家族故事，通过多角度的信息共享，让学生从不同视角理解乡村文化。地方博物馆与文化馆也可以成为重要的学习场所，为学生提供直观的文化资源与教育支持。

成果转化与传播是教育成效的延伸。学生在参与文化记忆记录后，可以通过编撰读本、创作艺术作品、制作纪录片等形式将成果转化。例如，学校可组织"乡村文化记忆展"，向社区展示学生的学习收获，增强村民对乡村文化的关注。影像记录、线上展示、主题演讲等形式则进一步扩大了教育的传播力。这些成果的呈现既是对学生努力的肯定，也为乡村文化的再发现注入了新意。

技术的应用拓宽了文化传承的可能性。数字化平台可以将学生的文化记录永久保存，并开放给更多受众。例如，利用虚拟现实技术还原乡村的历史场景，让学习者以沉浸式的方式"回到"过去；通过在线课程与互动游戏，学生在游戏化学习中更容易对乡村历史产生兴趣。这种技术手段既为文化教育注入了现代元素，也增加了文化传播的广度与效率。

长期发展的保障需要制度化设计。学校可通过制定专项计划、设立文化基金、签订合作协议等方式确保教育活动的持续性。同时，学生的研究与参与表现可以作为评价其学习成效的重要依据，而教师在活动策划、课程设计中的表现也需纳入工作考核。这种机制化运作有助于乡村文化教育从短期活动转向长期战略。

四、加强城乡基础教育协同服务乡村文化的能力

（一）推动城乡文化资源共享机制，支持乡村文化建设

推动城乡文化资源共享机制是促进基础教育与乡村文化振兴协同发展的重要路径。构建城乡文化资源交流与共享体系，不仅能弥补乡村文化资源的短板，还能提升乡村教育与文化水平，同时为城市文化注入更多活力。

首先，搭建城乡文化资源共享平台，实现城市优质文化资源与乡村文化需求的精准对接。乡村学校、地方政府与文化机构可联合设立"城乡文化资源共享中心"，集中整合两地资源，形成统一数据库。城市的博物馆、图书馆及艺术机构可提供丰富的展览内容、艺术作品与多媒体资料；乡村则以地方特色非遗、传统技艺和民俗文化为资源主体。

资源共享模式需贴合城乡文化特质与需求，构建多层次、多渠道的共享机制。例如，实施"文化下乡"计划，将城市优质文化带入乡村学校和社区，包括博物馆巡展、艺术家巡演、移动图书馆等；同时策划"乡村文化进城"活动，展示非遗技艺、手工艺品及进行民俗表演，以展现乡村文化的多样性与魅力。双向交流将加深城乡对彼此文化的理解与认同。

文化实践活动为共享提供具体载体。例如，举办"城乡学生文化交流营"，推动两地学生在文化体验中互相学习。乡村学生可在城市博物馆与艺术中心学习先进知识与技能；城市学生则可深入乡村参与传统节庆与农耕文化活动，体验多样文化。此外，"城乡教师文化研修计划"可促进教师之间的经验共享，强化乡村学校的文化教育能力。

数字化技术为城乡文化资源共享注入新动力。可建立在线文化资源共享平台，实现文化内容与需求的高效匹配。设置文化资源目录，让乡村学校自主选择内容；开设在线课堂，组织乡村学生聆听城市专家讲座；开发虚拟现实体验，让学生足不出户即可参观城市博物馆或参与艺术活动。这些技术手段将突破空间限制，将优质文化传播到更多乡村地区。

共享机制的持续推进需要科学的管理与保障体系支持。地方政府应制定

激励政策，例如财政支持与税收减免，鼓励文化机构和学校参与活动；同时建立资源流通监测与反馈机制，借助数据分析优化共享模式。具体措施包括问卷调研资源满意度，统计平台使用数据，确保共享活动更具针对性与实效性。

城乡文化资源共享应注重双向交流。资源流动不仅是城市对乡村的支持，更需要城乡间的平等互动。例如，城市学生可通过平台学习乡村传统手工艺；乡村文化传承人则通过线上教学或巡回讲座，将技艺传播至城市。这不仅拓展了资源内容，还增强了城乡间的情感联结与文化互信。

通过城乡文化资源的高效共享，可有效提升乡村文化与教育水平，同时为城市文化创新提供灵感。文化资源的双向流动带来了城乡文化的深度融合与共同繁荣，形成了基础教育与文化振兴的协同发展模式。这一机制的推广，将为城乡一体化建设和文化教育公平提供创新思路与实践范例。

（二）推动城乡教师互派，提升乡村学校文化育人水平

推动城乡教师互派是实现基础教育与乡村文化振兴协同发展的重要举措。通过城乡教师的双向流动，可以在教育资源共享和文化互补中找到新的平衡点，不仅为乡村学校注入先进的教育理念，也为城市课堂带来独特的乡土文化元素。

明确的教师互派规划是推进此项工作的基础。地方教育部门需要结合城乡学校的具体需求，制定科学的互派方案，确保项目具备实际操作性和延续性。例如，选择具有鲜明文化特色的乡村学校与文化教育需求较高的城市学校进行试点，在此过程中注重教师的学科背景、教育经验以及参与互派的意愿。互派形式可以灵活多样，包括短期交流、长期驻校或定期轮岗，以满足不同地区和学校的实际需求。

在实际执行中，城乡教师的任务需要清晰分工，既要实现文化与教育的互补，又要尊重彼此的差异。城市教师派驻乡村学校时，应以提升教育质量为核心，通过开设专题课程、组织教研活动等方式，将先进的教学方法和文化资源引入乡村课堂。同时，城市教师也要参与乡村的文化活动，从中学习

传统技艺和地方文化，丰富自身的文化认知。乡村教师则可利用自身的文化积累，为城市学校提供独特的教学内容。例如，开设乡村文化主题课，让学生了解非遗技艺、地方民俗和生态知识；或带领学生参与文化体验活动，增强他们对乡村的兴趣和认知。

　　教师互派的顺利实施离不开全面的资源支持。教育部门与学校需为互派教师提供充分的物质和精神保障。例如，妥善安排互派教师的交通与住宿，为其提供必要的生活补助；通过定期培训和经验交流活动，帮助他们快速适应新环境。此外，设立教师互派支持网络，可以为参与者提供教学资源、管理指导和情感支持，增强其工作的信心与动力。

　　对互派成效的评估是优化此项工作的关键。构建科学的评估机制，可以客观衡量教师互派的实际效果。例如，利用学生成绩、文化活动参与度等量化指标，分析乡村学校的教育质量；通过问卷和访谈收集学校管理者、学生和家长的反馈，了解互派教师的影响力和创新实践；同时，通过对课堂教学的观察，记录城乡教师在教学策略和文化传播方面的创新与困难。这些数据将为进一步完善计划提供重要参考。

　　持续推进教师互派需要建立系统的管理与激励体系。学校可通过政策制定明确教师的职责与权利，拓展其职业发展空间；设立专项奖励基金，对表现突出的互派教师进行表彰；将互派经历纳入职称评定与岗位竞聘的考核范围，为优秀教师参与互派工作提供动力。同时，建立完善的管理平台和在线教学工具，增强教师之间的合作，提升教学与文化交流的效率。

　　数字化技术为教师互派的开展提供了更多可能性。例如，搭建在线管理平台，可以实现申请、审批与资源共享的高效对接；利用虚拟课堂和远程教学技术，让城乡教师在互派过程中保持密切联系，共同研究教学问题；录制课程与文化活动影像，记录和传播城乡文化教育的成果。这种技术手段不仅优化了互派流程，还丰富了文化传播的方式。

　　城乡教师互派实现了教育资源的流动和文化的双向交流，促进了城乡文化教育的融合发展。它不仅为乡村教育注入了新鲜活力，也为城市学生提供了丰富的文化视角。教师之间的交流合作，培养了既懂现代教育又具备文化敏感性的复合型教育人才，为城乡教育体系的联动发展提供了长远的支持。

五、利用数字技术创新基础教育支持乡村文化的形式

（一）建立乡村学校在线文化教育资源平台

建立乡村学校在线文化教育资源平台是基础教育与乡村文化振兴协同发展的有力路径。依托数字化技术，将丰富的文化教育资源输送到乡村学校，不仅拓展了学生的学习内容，还为乡村文化的保护和发展注入了新动力。

平台的功能设计需面对文化教育的多样化需求，打造内容展示、互动学习和资源共享的多功能体系。平台可设立"文化资源库"模块，汇集地方历史、民俗风情、非遗技艺等内容；同时，组织"在线课堂"提供直播课程、录播教学和互动讨论的空间。例如，乡村学生可以在线了解传统节庆背后的文化意义，城市学生也可以通过数字平台感受乡村文化的独特魅力。

资源的开发是平台内容质量的根本保障。地方文化机构、高校与乡村社区的合作能够为平台注入多元而权威的资源。地方文化机构可贡献非遗项目的数字化资料，高校则可以提供专业设计的课程与教学内容，而乡村社区则能以口述历史、地方故事和技艺记录丰富平台特色。例如，结合乡村独特的文化背景设计主题模块，如"乡村非遗课堂"或"民俗节庆探源"，通过生动的内容引发学生的文化兴趣。

用户参与是平台运行的关键动力。学校和教师可以将平台资源深度融入课堂和课后教学，督促学生主动使用。例如，在历史课中引导学生利用平台探索地方历史遗迹；在美术课中结合非遗技艺进行创作并上传作品。平台还可组织在线文化活动，例如知识竞赛或数字化展览，以提升学生的参与度，增强对本土文化的认同感。

教师的专业能力是平台资源有效转化为教学实践的保障。学校要通过定期组织平台操作培训，帮助教师掌握资源应用的方法。例如，为教师提供实用的教学案例指导，展示如何将数字化资源与日常课程结合；通过线上答疑帮助教师解决实际操作问题；设立"数字文化导师"岗位，支持教师之间的

经验分享与协作。这样既能提升教师的信心，又能促进教学模式的创新。

技术保障是平台稳定运行的后盾，尤其在乡村地区，网络条件的限制需要技术手段的支持。学校要优化平台的技术架构以应对不稳定的网络环境，同时开发资源下载功能，让学生即使在离线状态也能学习。此外，学校要通过数据加密保护用户隐私，提升用户的信任度；在界面设计上追求简洁直观，让学生与教师都能快速上手，减少技术障碍。

持续运营是平台生命力的核心。学校要成立专门运营团队，定期更新平台内容，优化功能体验，确保平台的长效服务。例如，结合学生反馈开发更贴合实际需求的新课程；通过用户数据分析，调整资源分配策略，提升使用效率。激励机制的引入也能激发参与热情，例如对活跃学校颁发荣誉称号，对教师的创新教学给予奖励，对表现突出的学生进行表彰，从而形成正向循环。

为了扩大平台的社会影响力，多层次的宣传推广不可或缺。地方教育部门可通过政策发布和教育论坛推广平台功能，学校可通过课堂宣讲和家长会介绍使用方法，乡村社区则可通过文化活动和村委会公告吸引更多人关注。此外，通过社交媒体分享优秀教学案例，或邀请乡村文化传承人展示其教学成果，都能提升平台的知名度和吸引力。

如此，在线文化教育资源平台有效促进了乡村学生的全面发展，同时推动了乡村文化的保护与创新。平台的多维度设计和实施，既为教育资源的均衡发展提供了解决方案，也为城乡文化的双向交流提供了新的可能性。这一模式将文化与教育深度融合，为城乡的协同发展开辟出更为广阔的路径。

（二）通过虚拟现实技术展示地方文化特色

通过虚拟现实技术展现地方文化特色，已成为基础教育与乡村文化发展协同创新的重要路径。虚拟现实技术以沉浸式方式呈现乡村文化的细节，为学生提供生动的学习体验，同时为乡村文化保护与传播开辟了全新途径。

首先，应推动学校与技术企业和文化机构的合作，开发面向乡村文化教育的虚拟现实平台与学习内容。平台需具备沉浸感与互动性，让学生借助虚拟现实设备感知文化场景。平台可设计"虚拟文化博物馆"，再现非遗技艺、传统建筑和历史遗址；创建"互动文化体验"，让学生在虚拟环境中参与传统工艺学习或节庆活动；打造"乡村历史探索"模块，重现历史事件及文化变迁。在开发中需整合地方文化资源，确保内容真实且具教育意义。

内容设计作为虚拟现实技术融入乡村文化教育的核心，需依托高校及文化研究机构的支持。学校通过深入调研与学术研究，为虚拟场景设计提供扎实背景。例如，在展示非遗技艺时，应邀请传承人参与制作，精准还原工艺细节；记录节庆活动的仪式、声音及画面，为学生呈现完整文化体验；历史场景重建则需依据文献和传说，精心复刻细节，提升学生在虚拟环境中的代入感与认知效果。多样化设计将显著增强文化教育的成效。

在教育应用层面，需结合乡村学校的条件与教学需求。例如，地方课程或校本课程可融入虚拟现实模块，为学生提供系统化文化教育。在语文课上，展示文学作品的创作背景与场景；在历史课上，通过虚拟场景还原历史事件；在艺术课上，通过虚拟展厅欣赏地方艺术作品并学习美学设计。此外，可开展跨学科项目，例如结合科技课设计"虚拟乡村文化探索"主题活动，培养学生的创新能力与文化认知。

教师培训是技术有效落地的重要保障。学校应通过专业培训帮助教师掌握设备操作与教学技巧。教育部门和技术企业可联合举办培训班，通过案例分析与实践操作，提升教师的课程设计与实施能力。例如，安排教师体验虚拟课程，深化其对技术潜力的理解；提供技术支持，解决设备使用与内容优化问题。学校还可设置技术指导岗位，由专业教师指导师生使用设备，推动虚拟现实在教学中的深入应用。

普及推广是扩大虚拟现实教育影响力的关键环节。教育部门应提供专项资金支持乡村学校配置设备与课程资源，缩小技术差距。例如，为学校配备基础设备如 VR 头盔、手柄及内容服务器；提供免费课程资源，助力学生获取优质教育内容。地方政府与社会组织也可通过设备捐赠、课程资助与技术培训支持项目开展。

技术应用效果需通过科学评估不断优化。学校可采用学生学习成果展示、课堂观察与反馈调查等方式评估课程效果。例如，问卷调查学生的满意度与技术体验；观察课堂参与度与兴趣变化；通过学生作品展示评估其对地方文化的理解与认知。评估结果可用于调整课程内容与教学方法，进一步提升虚拟现实的教育价值。

为确保虚拟现实技术在乡村文化教育中的持续应用，地方需建立完善的管理与运营机制。例如，设立发展基金，用于设备更新与内容开发；与文化机构及高校建立长期合作，共同推动技术创新；构建区域性教育资源中心，促进多校共享技术支持与课程资源。此外，可探索"学校+社区+企业"合作模式，通过多方协作实现资源整合与推广。

借助虚拟现实技术的优势，乡村学生的文化学习方式得以丰富，同时为地方文化的保护与创新注入新动能。这一实践为城乡教育与文化融合提供了宝贵经验，必将推动社会更多资源向乡村教育与文化领域倾斜。

第四节　社会教育与乡村社会治理的耦合联动

一、构建社会教育与乡村治理协同机制

（一）建立乡村社会教育服务中心，支持基层治理与社会教育协同发展

建立乡村社会教育服务中心是推动社会教育与乡村治理协同发展的有效途径。地方应积极建立乡村社会教育服务中心，使社会教育资源与基层治理需求精准对接，为村民提供多层次、多领域的教育服务，同时提升乡村社会的治理能力。

乡村社会教育服务中心的规划建设应结合乡村的文化特色与实际需求，注重资源的高效利用。村委会闲置的会议室可改为教育培训场所，用于小规模课程；乡村文化礼堂则可通过配置多媒体设备，承办大型教育活动。选址需优先考虑交通便利、覆盖面广的区域，确保村民能够轻松参与。同时，建

设过程需注重成本控制与资源合理分配，以提升服务中心的运行效率。

服务中心的功能设计应契合社会教育与治理需求的协同目标，涵盖教育、服务、培训与活动组织等核心内容。例如，教育功能可包括普法宣传、乡村治理知识普及和职业技能培训；服务功能可涵盖政策解读、法律援助与社会服务咨询；活动组织则可通过社区讲座、文化展演和主题交流等形式，提升村民的参与感与归属感。服务中心要设置教育资源展示区，集中提供学习材料、课程视频和治理案例，方便村民随时获取相关知识。

社会教育资源的整合是服务中心有效运作的关键环节。地方政府应整合高校、教育机构、企业和社会组织的资源，共同参与服务中心的建设与运营。高校可派遣专家进行专题培训，教育机构提供课程与师资支持，社会组织组织志愿者提供公益服务，企业则通过赞助设备或提供实训场地参与资源共享。在资源整合过程中，各方职责需清晰划分，以确保长期合作。

服务中心的运行需要科学的管理体系支撑。管理团队可以由村干部、教育工作者及社会志愿者组成，负责课程编排、活动策划和监督管理。明确运行规则，如设施使用、报名流程与安全管理等，有助于提高管理效率。同时，服务中心要通过村民反馈机制收集意见，结合乡村治理需求动态调整服务内容与重点，使教育活动与治理工作更加契合。

数字技术为服务中心提供了更多创新手段。例如，开发在线管理平台，实现信息发布、课程报名与反馈收集的数字化；利用远程教育系统，让村民通过手机或电脑在家中学习；结合大数据技术分析村民需求，为课程设计和活动策划提供数据支持。此外，将教育资源与地方治理数据对接，可构建更加完善的服务体系。

效果评估贯穿服务中心的建设与运营全过程。服务中心可通过学员的参与率和课程完成率评估教育覆盖广度；借助问卷调查衡量课程内容的实用性与村民满意度；结合治理案例分析，评估服务中心对实际问题解决的支持效果。评估数据既可以指导中心的持续优化，也为其他地区的推广提供参考。

乡村社会教育服务中心整合教育资源和治理需求，提升了村民的知识水平与社会参与度，同时推动了乡村治理的智能化与协同化发展。这不仅为乡村社会注入新的教育动力，还增强了村民的社区认同感与互动性，有助于营造和谐稳定的乡村环境。

（二）推动乡村社会教育与基层党组织协作，形成资源共享与能力共建机制

推动乡村社会教育与基层党组织的协作，是实现社会教育与乡村治理深度耦合的重要路径。基层党组织作为乡村治理的重要支撑，其与社会教育的联动能够有效整合教育资源与治理需求，增强治理能力，同时激发村民的主动参与意识，为基层治理提供强劲动力。

首先，要强化基层党组织在教育与治理协作中的联结功能。作为政策执行与民意汇聚的桥梁，基层党组织在资源对接中具有不可替代的优势。建立常态化沟通机制，能够将村民需求精准转化为教育资源的输出方向。例如，定期组织村民座谈会，识别生活与生产中的具体问题，再由党组织汇总反馈至相关教育机构。针对农业技术、环保知识、法律教育等领域的需求，可快速形成定制化的培训内容，精准解决实际问题。

此外，以基层党组织为依托构建资源共享平台，可打破教育资源分散的局限。高校可以通过专家讲座、研究推广活动提供专业知识；社会组织能够设计具有实践性的教育项目；企业则可结合产业特点和技术专长推动技能培训。基层党组织凭借协调能力与资源整合优势，可以将这些分散资源高效聚合。在具体操作上，可依托村党群服务中心打造"教育与治理共享平台"，实现线下场所与线上服务的融合，为村民提供随时可获取的学习资源。

协作过程中的能力共建至关紧要。基层党组织的实践经验需要教育理论的补充，而社会教育机构也需要治理实践的引导。双方要组织定期培训和联合调研，使协同能力得到显著提升。例如，邀请社会教育专家对基层党员进行专题培训，帮助其掌握教育活动的策划与实施方法；同时，教育机构要深入村庄调研，更精准地了解乡村治理的复杂需求，从而优化课程内容和教育形式。

动员村民广泛参与教育活动是协作的关键一步。基层党组织可组织各种

活动，如教育主题节日、技能比赛等，将教育目标融入日常生活场景。这不仅提升了村民对学习的兴趣，也加强了他们在社区事务中的参与度。例如，通过党员带头示范，引导全体村民形成共同治理的意识，使教育与治理相互促进，产生持久影响。

激励机制的建立对于协作的长期发展非常重要。地方可评选"协作示范党支部"或其他形式的荣誉激励，对成效突出的党组织予以认可；同时，通过政策支持或资金补贴激励参与教育协作的机构，为各方提供持续动力。在激励机制的引导下，教育与治理的协作将更加制度化与规范化。

通过基层党组织与社会教育的协同推进，乡村社会教育的资源整合效率和治理能力都将得到显著提升。村民在这一过程中不仅获得了知识与技能，也逐步培养起公共事务的参与意识。这种协作既优化了乡村治理的现代化路径，也为乡村社会的全面发展奠定了坚实的基础，形成了教育、治理与社会发展的良性循环。

二、加强乡村社会教育促进治理能力提升的实践

（一）设立乡村干部与村民的治理能力提升培训课程

在乡村社会治理中，乡村干部和村民作为核心的实践主体，其治理能力直接影响治理的效果和社会发展进程。地方设立针对乡村干部与村民的治理能力提升培训课程，可通过教育的方式将治理理论与实际需求相结合，为基层治理注入新的思路与方法，强化治理成效。

针对乡村干部的培训课程需要立足实际需求，设计科学且切实可行的内容模块。例如，法律法规课程可以帮助乡村干部全面掌握相关法律框架，厘清工作职责与权利边界；基层治理实践课程则通过分析真实案例，结合资深专家的经验分享，教授冲突调解、资源协调与群众动员的具体技巧；经济发展课程旨在引导干部学习如何通过政策支持和资源整合推动产业发展，从而增强治理的物质保障；此外，数字化治理课程可以帮助干部掌握现代化工具的应用，包括智慧平台操作和数据分析技术，以提升工作效率和精确度。

而针对村民的培训课程，应以通俗易懂的方式呈现，同时注重实践性和生活关联性。例如，开展生态治理课程，普及环境保护与资源利用的基本知识，引导村民参与乡村环境改善；组织民主参与课程，讲解村务决策的规则和方法，鼓励村民主动参与监督与讨论；通过开展社区协作课程，增强村民的互助精神与合作能力①。培训形式可以采用情景模拟与实地演练，使村民在具体情境中学习解决问题的技巧，进一步提升他们的实用能力。

为了确保课程的顺利实施，需要建立完善的运行机制。一是依托党校、社区教育中心或乡村文化礼堂等现有场所，设立常态化的培训基地，降低建设成本并方便村民与干部参与。二是组建专业化师资团队，邀请法律学者、治理专家和优秀基层干部担任讲师，以保障课程内容的专业性和针对性。三是制定长期培训规划，将课程分阶段推进，使学员能够在持续学习中逐步提升能力。四是通过建立评价与反馈机制，持续优化课程设计，提高教学效果。

在实际组织过程中，可采用多种方式提升课程吸引力与参与度。例如，通过奖励机制对积极参与培训且成绩优异的学员进行表彰或提供物质奖励，激励更多人参与；利用乡村大会、公告栏或微信群等渠道，广泛宣传课程安排；结合实际治理案例，设计贴近村民生活的教学内容，使学员在学习中感受到知识的实际应用价值。此外，在乡村节庆活动中，可开展治理知识竞赛或技能展示活动，将课程内容与文化生活结合，提升学习趣味性。

地方设立系统化的培训课程，为乡村干部提供了专业指导与技能提升，还能帮助村民掌握基本治理知识与协作技巧，从而共同推动乡村治理水平的提升。这就实现了基层治理能力的持续优化，并在乡村社会中培育了更强的主体意识和责任感，为乡村社会的全面振兴和可持续发展奠定了坚实基础。

（二）推广乡村社区教育活动，普及基层治理知识

乡村社区教育活动是提升村民治理能力和参与意识的有效方式，地方组织系统性的知识普及和实践教育，能够促使村民在基层治理中从旁观者转变

---

① 张凤云，陈明. 乡村振兴和新型城镇化的耦合协调发展探讨 [J]. 北京印刷学院学报，2022，30（04）：70-73.

为积极的参与者，为乡村社会治理注入新的活力。

推广乡村社区教育活动需要明确主题并做好规划。活动内容应与乡村治理的实际问题紧密结合，涵盖土地权益、生态保护、公共服务、社会保障等核心议题。例如，组织普法教育活动，通过模拟法庭、案例解析等形式，帮助村民理解法律在解决土地纠纷、环境污染等问题中的实际作用；开展政策解读活动，邀请政策专家解读农村改革和乡村振兴政策，让村民了解政策实施对自身生活的积极影响。这些内容设计既要紧扣治理需求，又要贴近村民的生活实际。

活动形式的多样性是激发村民参与兴趣的关键。固定的"乡村治理主题教育日"可以通过讲座、影片放映传递知识；农闲时期的"流动课堂"则利用宣传车深入田间地头，为偏远村民带去教育资源。此外，针对青少年群体，可设计治理知识竞赛、短视频创作比赛等寓教于乐的活动形式，逐步培养其社会责任感。趣味性和参与感相结合，是提高教育活动吸引力的重要手段。

将社区教育活动融入村庄日常文化生活，可以增强教育的渗透力和实际效果。例如，在庙会或节庆中加入治理教育环节，通过趣味问答、展览等形式让村民在轻松氛围中获取知识；在集体劳动或公共活动中，穿插简短的治理知识宣讲，将规则意识潜移默化地融入村民的行为习惯。

要保障教育活动的可持续性，组织者和资源支持缺一不可。培养一支具备教育策划和执行能力的志愿者队伍十分必要。这些志愿者可以是乡村干部、当地村民或返乡大学生，也可以是热心乡村发展的社会人士。在资源支持方面，地方可通过政府拨款、企业合作或社会捐赠筹集资金，为活动提供物资保障。例如，与企业合作设计治理主题纪念品，如宣传册或定制礼品，既能增强活动趣味性，又能推广治理理念。

建立反馈机制是提升活动质量的必要环节。地方可通过问卷调查、座谈会或访谈形式，收集村民对教育活动的建议和意见；设立评估团队定期分析活动内容的适用性和实际效果；根据反馈优化课程设计和实施方式，使活动更加贴近村民需求、契合治理目标。

乡村社区教育活动不仅是知识传递的过程，更是村民治理素养提升的路径。通过这种教育实践，村民逐渐从治理对象转变为治理主体，其主动参与为乡村治理注入内生动力。这一由教育推动的转变，既促进了乡村社会的良性发展，也彰显了社会教育与乡村治理深度融合的价值与成效。

三、推动乡村社会教育与公共文化服务结合

（一）利用乡村图书馆开展社会教育活动，融入治理内容

乡村图书馆作为知识传播的公共平台，凭借其开放性和资源整合优势，成为推动乡村治理与社会教育深度融合的重要载体。乡村图书馆应融入治理教育内容，设计贴近村民需求的活动形式，帮助村民提升治理意识与能力，为基层治理注入新动能。

优化基础设施是提升乡村图书馆教育功能的首要任务。馆内应增加涵盖法律法规、政策解读、治理案例等内容的书籍与多媒体资源，形成专门的治理知识专区。同时，改造功能空间，增设多用途活动室，用于举办讲座、治理模拟与小组讨论。配备数字化设施，如电子阅览设备、投影仪及高速网络终端，可为线上线下融合的教育活动提供技术支持，拓展知识传播的广度。

活动设计需结合乡村实际问题，打造多样化的教育体验。例如，主题读书会可围绕乡村振兴、环境治理等议题展开，鼓励村民阅读相关书籍并开展讨论，通过思想碰撞激发新的治理思路；治理专题讲座则邀请法律专家或基层实践者，以案例为依托，帮助村民掌握解决具体问题的工具与方法。这些活动既满足了村民的知识需求，又增强了社区内部的互动和协作。

为了吸引更多参与者，活动中可融入趣味性和互动性。图书馆可制作简短生动的乡村治理教育视频，在馆内设备循环播放；设计知识问答或治理场景模拟活动，让村民在轻松的氛围中学习；开发基于虚拟现实技术的沉浸式治理体验，让村民直观感受治理过程的复杂性与解决路径，这些创新形式将显著提升活动的吸引力和学习效果。

针对不同人群的需求，乡村图书馆的教育活动应实现分层分类。例如，为青年群体提供就业指导、创业支持等内容，鼓励他们在经济发展与社区治

理中发挥积极作用；为妇女设计关注家庭治理与健康教育的课程，帮助她们在社区事务中更自信地参与；为老年人普及法律知识与矛盾调解技能，提升其在日常生活中的维权意识与协作能力。

乡村图书馆还应寻求合作，扩展教育资源与活动范围。例如，与政府联合开展政策解读与宣讲；与学校合作，带领学生走入图书馆参与治理体验，培养下一代的社会责任感；与企业协作，通过公益教育活动获取更多资源支持。这种多方协作模式将有效提升活动质量与影响力。

针对村民需求的调研与反馈机制是活动持续优化的关键。乡村图书馆应通过问卷、访谈等形式了解村民的兴趣点与痛点，有针对性地设计教育内容。例如，围绕村民对特定政策的困惑或对村务公开的关注，组织专题讨论；活动后进行成效评估，根据村民的反馈调整活动形式与内容，以实现更精准的知识传播。

宣传与动员是推动乡村图书馆教育活动的重要环节。乡村图书馆可通过村委会公告、广播和微信群发布信息，确保活动广泛传播；组织教育志愿者团队协助策划与实施，利用志愿者的示范效应吸引更多村民参与。乡村教育志愿者可作为活动与村民之间的桥梁，增强图书馆的凝聚力和活动影响力。

（二）设立乡村文化礼堂，组织治理教育专题讲座

乡村文化礼堂作为公共文化场所，其功能已远超传统的文化活动中心，成为连接乡村治理与社会教育的纽带。乡村文化礼堂可引入治理教育专题讲座，作为培养村民治理意识和能力的学习基地，为乡村治理注入更为广泛的社会参与力量。

乡村文化礼堂的功能布局需充分考虑教育活动的需求。固定的讲座区域是基础配置，礼堂应配备完善的音响系统、投影设备和舒适的座椅，为村民提供良好的学习环境。同时，礼堂内可增设治理主题展览角，以图片、视频和模型的形式展示治理成果、政策信息与相关案例，为村民提供直观的知识获取途径。灵活的空间设计还应能兼顾小型讨论和大型集会的需求，确保教育活动形式多样、灵活高效。

治理教育专题讲座的内容应紧扣村民生活的实际问题与治理需求。比如，通过案例分析讲解如何制定村规民约、解决矛盾纠纷、监督村务公开等实操性议题；根据农业生产或环保需求，适时组织有关农业政策、资源管理和垃圾分类的专题讲解。这种灵活调整内容的机制，不仅能保证讲座的时效性，还能提升村民对活动的认同感和参与度。

为了增强讲座的吸引力，礼堂可以将传统授课形式与互动体验结合。例如，在每场讲座后安排问答环节，解答村民具体问题；引入小组讨论，让村民共同商讨治理议题，交换观点；或者设计治理情境的模拟演练，使村民在角色扮演中直观感受治理决策的复杂性和影响力。这种参与性强的活动形式，有助于村民在互动中深刻理解治理概念。

文化礼堂要积极发挥文化功能，为治理教育提供创意融合的新方向。例如，将治理知识融入戏曲、小品或歌舞表演，通过寓教于乐的方式吸引更多村民关注；举办文艺创作活动，让村民以诗歌、绘画等形式表达对治理的思考和建议；在传统节庆中加入治理教育内容，如设置互动展位或表演环节，增强教育传播的趣味性和渗透力。

为了确保讲座活动的质量和影响力，组建一支专业化的讲师团队非常重要。这支队伍可以由法律学者、政策专家、优秀基层干部及政府工作人员组成，既提供理论深度，又能回应实践需求。讲师选拔时应关注其教学能力与乡村经验，同时通过奖励与表彰机制激励其长期参与。

资金与资源的保障是推动活动持续进行的必要条件。礼堂可以通过政府政策支持，将文化礼堂治理讲座纳入乡村振兴项目；也可以与社会力量合作，邀请企业或公益组织捐赠设备、赞助活动。这种多元化的资源整合方式，将减少资金压力，拓展教育活动的规模与形式。

宣传和动员是活动成功的重要环节。礼堂可通过村广播、公告栏和微信群等渠道，及时发布活动信息；利用庙会或集市派发宣传单，吸引村民关注；甚至在公共场所悬挂横幅，形成整体宣传氛围。激励措施也不可忽视，例如为参与者提供学习纪念品或电子证书，增强活动的吸引力。

为持续优化讲座效果，礼堂需建立科学的评估机制。礼堂可通过问卷或座谈形式收集村民的反馈，记录每次活动的参与情况及讨论内容；结合实际效果调整讲座主题和组织形式，确保活动始终契合村民需求。评估数据的积累，也为未来更多乡村文化礼堂的教育推广提供了经验借鉴。

乡村文化礼堂组织治理教育专题讲座，将教育资源与治理需求有效对接，为村民提供了提升能力、加强互动的平台。这不仅传播了治理知识，更促进了村民的自治意识与协作能力，是社会教育与乡村治理深度结合的有力实践。乡村的治理格局因此焕发新活力，也为更广泛的乡村振兴目标提供了坚实助力。

（三）通过乡村文化节活动增强村民社区归属感与治理参与感

乡村文化节作为乡村社会的集体活动，承载着传统文化与集体记忆，也为提升社区凝聚力与促进村民参与乡村治理提供了重要契机。在活动设计中，将治理教育内容融入其中，可以有效提升村民对治理的认同与参与水平，推动社会教育与乡村治理的深度融合。

在活动设计方面，应在传统节日庆典的基础上引入治理主题。文化节可围绕环境保护、公共服务、村规民约等议题，通过寓教于乐的形式传递治理理念。例如，设置治理教育展示区域，以图片展、视频播放和实物展示的形式呈现本村治理成果和未来规划，如村庄环境整治前后对比图、村民自治案例及公共设施建设历程，使村民直观了解治理带来的积极变化。

在文化节的表演环节，在戏剧、小品、相声和歌舞等形式中融入治理内容。编排贴近村民日常生活的节目，讲述乡村治理中的故事，如通过村规民约化解矛盾、保护公共资源等。使治理知识深入人心，增强村民的理解和接受度。

增加互动环节是激发村民参与治理的重要途径。例如，组织治理知识竞赛，将基层治理相关法规和政策设计为问答题，吸引村民组队参与，既普及知识，又增强集体荣誉感。同时，可设置模拟治理决策活动，让村民以投票形式决定公共事务方案，从中体验治理过程，强化参与感与责任感。

结合乡村特色设计创意活动，能够进一步提高活动吸引力。例如，举办

"治理摄影大赛"，通过村民的镜头记录治理成果；设置以治理为主题的文创展览，展示环保手工艺品；开展"治理文化长廊"步行活动，在村道展示治理教育内容，并结合乡村自然风光和文化遗产，使活动更具趣味性和教育价值。

活动的组织与资源整合非常重要。地方政府、社会组织、企业等多方力量的参与可以提高活动效果。例如，乡村可与政府合作获取宣传资料和专家支持，与企业合作筹集活动经费或奖品，与社会组织合作开展志愿服务与教育辅导，实现资源共享与协作。

活动的推广形式直接影响参与度。乡村可利用公告栏、乡村广播、微信平台发布信息，制作宣传短片在村内播放，或通过村民大会介绍活动亮点。同时，通过治理主题义务劳动或社区清洁日等预热活动，吸引村民的关注与参与。

四、发挥乡村社会教育组织的治理功能

（一）支持社会组织参与乡村社会教育与治理联动，增强基层社会动员能力

在推动社会教育与乡村治理的深度融合的过程中，社会组织体现出独特优势。其灵活的运作方式、广泛的资源网络以及高度专业化的能力，使其在政府与村民之间发挥了中介作用，有助于增强基层社会动员能力，优化治理效能，从而促进教育与治理的有机结合。

明确社会组织在乡村治理中的定位与功能。作为沟通桥梁，它既可以将政策信息高效传递给村民，也能够将基层需求反馈至决策层。政策支持是社会组织充分发挥作用的基础。例如，通过专项资金扶持，为教育和治理项目提供保障；通过激励机制和表彰活动，鼓励优秀社会组织的持续投入。这种支持既能促进政策落地，也能提升村民对治理项目的信任感。

与此同时，社会组织能力的提升尤为重要。组织成员只有掌握专业知识与实践技能，才能高效应对复杂治理任务。定期培训、研讨活动以及跨组织的经验交流均是有效途径。社会组织可邀请治理专家、优秀干部授课，提供实用的理论指导与实践案例分析，以增强自身的执行力与适应性。

在实践层面，社会组织需设计针对性强的项目，以满足村民的实际需求。例如，普法宣传活动能够提高村民的法律意识，环保教育项目则可推动资源保护与生态管理的社区行动。而健康教育则有助于改善公共卫生状况。此外，社会组织参与乡村事务监督与管理的机制，也为实现治理透明化与保障村民权益提供了可能性。例如，协助村务公开或开展项目评估的行动，可增强村民的监督意识和集体参与感。

为确保这些活动的长效性，需建立完善的合作机制。社会组织可与政府部门签署协议，明确责任分配及资源配置；通过联合评估机制，确保项目推进的科学性与有效性；借助定期沟通会议，及时解决运行中的问题，这些措施均能提升合作的整体水平。此外，社会组织可与企业、学校、媒体展开协作，进一步扩大活动的社会影响力与覆盖范围。

资源支持方面，政府应尽力满足社会组织在资金、场地、设备等方面的需求。例如，设立专项基金以支持其项目运营，简化审批流程以降低制度门槛。同时，鼓励多元化的融资途径，如公益捐赠、市场化合作等，为社会组织的自主发展提供更多可能。这种资源配置优化，既减轻了社会组织的运作压力，也为其创新发展创造了空间。

在实施过程中，村民的意见与反馈非常重要。社会组织可通过深入调研与持续沟通，根据真实需求调整活动内容，使之更贴合实际情况。同时，建立反馈机制以便实时改进实施方式，确保活动效果。评估与总结环节则能为未来工作提供借鉴。社会组织可定期分析项目成效，梳理经验与问题，探索更多可推广的实践模式，形成规模化影响。

社会组织的有效参与为乡村带来了专业知识与外部资源，也在潜移默化中塑造了更具活力的治理生态。这种教育与治理的深度联动，为乡村社会注入了持续发展的动力。通过各方协同努力，乡村社会的教育水平与治理能力将得到同步提升，其整体运行模式将更趋合理、高效。

（二）推动村民培训合作社承接公共事务管理，提升自治水平

在乡村社会治理的多层次实践中，村民培训合作社以其灵活性和参与性

成为连接村民与公共事务管理的重要力量。地方要积极推动该组织承接公共事务管理工作，以提升村民的治理能力，促进教育与治理的深度融合，从而构建高效、协调的基层治理模式。

建立科学的组织架构与运行机制是村民培训合作社高效运作的核心。理事会负责战略规划与制度建设，执行团队专注于具体事务的落地，监督机构则确保运作的透明度与公正性。这样的架构不仅为合作社带来了高效运转的保障，也为村民建立了信任基石，进而激发其参与热情。例如，理事会定期公开工作计划，可以增强村民的认同感；执行团队高效落实具体事务，则有助于治理项目的推进。

提升村民自治能力是合作社参与公共事务管理的关键步骤。合作社开展有针对性的培训活动，可使村民从理论学习与实践操作中掌握治理技能。例如，在财务管理课程中，教授预算编制、账目核算及资金监管等内容，可以提升村民的管理能力；在法律法规培训中，通过案例解析与互动问答，强化其法律意识和合规思维。这样的多维教育既满足了村民的实际需求，也为乡村治理增添了更多专业化的力量。

培训内容的设计需紧密贴合乡村实际需求。例如，在以农业为主的地区，重点培训农业政策解读与市场营销策略；在经济活动多样化的村庄，强化环境保护和文化发展等领域的能力建设。此外，针对不同群体的特点提供差异化课程，如为青年村民提供创业与职业规划培训，为老年群体提供健康与安全管理指导，以实现更广泛的覆盖与精准支持。

在资源整合方面，村民培训合作社可以通过多方协作实现资源优化配置。合作社可利用村内图书馆、文化礼堂等场地，降低运营成本，为村民参与创造便利条件。同时，合作社可与政府、社会组织及企业开展合作，进一步拓宽项目的资源获取渠道。例如，与农业部门合作开展技术培训，既能提升农产品质量，又能拓展市场空间；与法律援助机构的联动，则可以为村民提供法律咨询与纠纷调解服务。多方协作既提升了合作社的服务能力，也为乡村治理提供了更多样化支持。

监督与评估机制的建立为合作社的长效运作提供了保障。合作社定期评估项目进展、反馈治理效果，有助于及时发现问题并进行调整。例如，通过村民监督委员会对合作社工作进行追踪，提高透明度；通过满意度调查收集村民意见，优化项目内容与形式。引入第三方评估机构，则可以确保整个评估过程的客观性与专业性。

在推动村民培训合作社管理公共事务的过程中，文化建设与价值引导同样不可忽视。合作社可组织民主治理讲座、诚信教育活动以及志愿服务项目，在村庄内形成互信互助的氛围。例如，诚信教育活动能够增强村民之间的合作意愿；志愿服务项目则可以直接提高社区凝聚力和社会责任感。这些措施为乡村治理营造了良好的文化环境。

信息化建设为合作社提供了现代化的管理工具。合作社可建立数字化管理平台，以高效管理合作社事务。例如，利用村务管理软件监控资金流动并进行数据分析；搭建村民互动平台，增强信息透明度与村民参与感。信息技术的引入既提升了管理效率，也使合作社的服务范围得以扩展。

建立完善的管理制度与工作流程，为合作社的长远发展奠定了坚实基础。例如，制订详细的项目实施计划，明确责任分配与目标节点；建立财务管理制度，确保资金使用规范透明；制定绩效评估流程，优化工作方法与服务内容。制度化管理既提升了合作社的工作效率，也为其赢得了村民更高的认可度。

五、推动数字社会教育助力乡村社会治理

（一）开发乡村治理在线教育课程，普及治理知识与技能

随着信息技术的快速发展，数字化教育在现代社会教育体系中占据了重要位置。在乡村社会治理中，开发乡村治理在线教育课程，可以有效突破地理与时间限制，普及治理知识与技能，推动社会教育与乡村治理深度融合，从而提升治理水平和效率。

课程设计是在线教育的核心环节。乡村治理课程需紧密贴合实际需求，涵盖法律法规、政策解读、基层治理、公共服务等多方面内容，既注重理论讲解，也强调实操指导。例如，可设置模块化课程，如"农村法律基础""环

境治理实践"等，让内容通俗易懂并紧随政策与治理理念的变化。

技术支持决定了在线教育的可操作性。面对乡村网络基础设施薄弱的现状，教育平台需要优化访问速度与稳定性，支持视频播放、直播互动、在线测验等多种功能，同时兼容多终端设备，界面设计简洁易用，同时配备技术支持服务降低使用门槛。

教师培训直接影响教育质量。乡村治理教育需专业化团队。教师不仅需具备治理知识与教学能力，还需了解乡村实际情况。地方要通过现代教学技术培训、案例分析等方式提升教师水平，并邀请治理专家及法律顾问分享经验，增强课程实用性。

资源整合是教育发展的关键支撑。地方要整合政府政策、社会组织参与、企业技术支持以及高校科研资源，构建多元化资源体系。政府提供资金与政策支持，社会组织贡献调研与案例资源，企业负责技术开发，高校提供理论指导，实现资源共享与教育质量提升。

推广应用需要精准策略。地方可通过村委会宣传、线下宣讲、体验活动等多途径推广课程信息，提升村民参与度。同时设置奖励机制，如学习积分与优秀学员表彰，激励学习积极性。此外，互动环节的设计，如在线讨论、直播讲座及学习社区建设，可增强学习效果和村民联系。

评估与反馈是课程优化的重要手段。地方可通过明确的评估指标、问卷调查与学习日志，掌握实施效果并及时调整内容和教学方式。此外，定期发布评估报告，展示课程成效与改进方向，增强信任与支持。

长期运营需建立稳定机制。地方可设置运营团队保障日常管理与内容更新，探索多元化运营模式，如付费课程与认证服务，增强经济可持续性与社会影响力。课程要针对村庄特点设计多样化模块，如农业技术培训、环境保护课程等，以满足个性化需求。

实践性教学可增强课程实用价值。课程结合治理案例与实际问题设计教学内容，通过案例分析与情境模拟，提升村民实际操作与决策能力。同时，注重文化差异与语言习惯，结合本地实际，采用图文并茂、视频示范等形式，增强课程亲和力与吸引力。

如此，乡村治理在线教育课程将普及治理知识，提升村民能力，推动乡村社会治理模式现代化，为乡村社会的发展注入新的活力与动力。

（二）通过数字教育平台开展村民治理能力培训，降低教育获取门槛

在当今信息技术高速发展的背景下，数字教育平台已成为普及社会教育的重要工具，特别是在乡村地区，借助数字教育平台开展村民治理能力培训，可以突破地理与时间的限制，有效降低教育门槛，增强村民治理意识与能力，促进社会教育与乡村治理的深度联动。

针对乡村特点构建数字教育平台是开展治理能力培训的核心。平台设计需充分适应乡村网络环境与村民的数字素养，保障操作的简便与界面的直观。支持多终端访问及多语言或方言功能，确保不同文化背景的村民能够轻松参与。同时，地方要与通信运营商合作，优化网络基础设施，以提升访问速度与稳定性。

在内容设计上，培训课程应紧扣乡村治理实际需求，覆盖法律法规、政策解析、基层治理、环境保护等多个领域。课程设置需深入浅出，结合乡村实际，避免过度理论化；模块化课程设计便于村民根据需求选择学习内容。课程更新应与时俱进，涵盖最新政策动态与治理理念。

多样化的教学形式与互动方式是提升学习效果的关键。通过视频、动画、案例等培训手段生动呈现知识；设置在线讨论区促进经验交流；组织直播讲座邀请专家实时答疑；引入游戏化设计，开发治理知识问答或模拟场景，增强学习趣味性与参与度。

技术支持是平台运行与高效使用的保障。专业技术团队负责平台的维护与管理，并设立在线客服与技术支持热线，为村民提供全天候服务。同时，可通过线下培训班或现场指导提升村民数字素养，使其熟练操作平台。

评估与反馈机制对于确保培训效果非常重要。平台可通过明确的指标，如课程完成率、知识掌握程度等，全面评估学习成效。此外，要采用在线测试、问卷调查等形式收集数据，根据结果来优化课程内容与教学方法，并定

期发布评估报告，展示培训成果，以此增强各方信任。

多方协作能够推动资源整合，提升培训成效。政府提供政策支持与资金保障；社会组织贡献调研资源与案例；企业负责技术开发；高校与科研机构参与课程研发。此外，地方可与其他地区分享经验，实现资源共享与互补。

数字教育平台需具备系统的运营机制，包括专门的管理团队与完善的管理制度。平台内容需及时更新，用户管理规范，质量监控严格，确保平台高效稳定运行。同时，内容设计需尊重本地文化与语言习惯，结合实际生活场景提升课程吸引力。

（三）以智能化治理工具辅助乡村社会教育，提升治理效率

随着信息技术的飞速发展，智能化治理工具的普及在社会治理领域呈现出日益广泛的应用趋势，其对提升治理效率和效果的作用日渐显著。在乡村社会治理中，这类工具可优化治理流程、增强决策的科学性与透明度，提升村民的治理意识和参与能力，推动社会教育与治理过程的深度联动。

明确智能化治理工具的应用场景和功能，是推动其在乡村治理中高效运作的基础。借助大数据分析、物联网设备、人工智能算法与移动应用平台等工具，在治理决策、实时监控、复杂问题处理与信息交流方面具有显著价值。例如，大数据分析可全面呈现乡村人口、经济与资源分布状况，为科学决策提供依据；物联网设备能够实时监测环境与公共设施运行状态，增强治理精准性；人工智能算法在优化资源配置及预测环境变化等方面提供了智能化解决方案；移动应用平台则便于信息传播和互动协作，推动村民积极参与。

乡村治理应结合实际需求，选择合适的智能化治理工具。在环境治理中，地方可安装空气质量或水质监测传感器，实时采集数据；在公共服务管理中，开发村务管理应用能简化流程并提高透明度；安全治理领域，借助视频监控和智能报警系统加强管理水平。这些应用不仅提升了治理效率，还提供了丰富的数据支持，为社会教育活动奠定了实践基础。

智能化治理工具与社会教育活动的结合，形成相辅相成的良性循环。地方可通过移动平台传播治理知识或案例，让村民能够随时学习；利用大数据

分析了解学习需求，定制化设计教育内容；通过人工智能助手实现个性化学习支持。这种线上线下相结合的教育模式不仅能提升教育效果，还能让村民逐渐熟悉并应用智能化治理工具，进而推动治理水平整体提升。

资源整合是智能化治理工具有效运行的有力保障。技术、资金、人才与信息等资源需充分协调，例如通过科技企业引进先进设备，与教育机构共同设计符合乡村特色的课程，与政府部门合作争取资金和政策支持，或借助社会组织扩展工具应用范围。多方协作将显著提升治理工具的功能性与持续发展潜力。

培训支持对于智能化治理工具推广非常重要。地方要通过系统性培训与在线课程，让乡村干部与村民掌握操作技能；建立示范点为实际应用提供培训平台；同时设立技术支持团队，确保村民在使用过程中能获得及时指导。这种系统化培训将显著提升工具应用的效果。

科学的评估与反馈机制则保证了智能化治理工具的持续优化。地方要通过明确指标如治理效率、参与度及教育效果等，定期分析数据并调整策略，确保智能化治理工具始终适应实际需求。此外，通过问卷调查或用户反馈，了解应用中的问题与需求，从而优化用户体验。

持续的技术更新是智能化治理工具保持活力的关键。将人工智能、虚拟现实、区块链等技术融入工具设计，可进一步提升治理的互动性与透明性。结合乡村文化背景，设计亲和力强、实用性高的工具界面与内容，能更好满足村民的实际需求。

此外，丰富多样的教育内容与个性化服务，有助于提升村民的学习兴趣。涵盖法律法规、政策解读、治理技能等领域的课程，以及视频、案例分析与模拟实践等多种形式，满足不同人群的学习需求。

第六章　教育与乡村振兴耦合发展的保障措施

第一节　精准的政策引导与全面支持体系

一、制定符合乡村振兴需求的教育政策

（一）分析乡村发展的具体需求，明确教育政策的针对性

地方应组建专项调研小组，深入乡村展开全方位调查，覆盖经济、文化、社会、生态等多方面内容。调研需通过与村民、村干部及相关机构进行深入交流，获取全面且真实的数据，为乡村教育政策的制定提供依据。

地方可建立一个涵盖乡村各类信息的动态更新数据库。数据库内容包括基础教育资源分布、师资状况、课程设计及学生家庭背景等详细信息，用于分析乡村教育的具体需求与差异，为政策调整提供明确方向。

在乡村振兴的目标引领下，制定适配乡村实际的教育发展框架尤为重要。地方要明确农业科技推广、乡村文化传承及生态保护等重点方向，将这些领域的需求融入教育政策，确保教育资源能够有效地服务于乡村发展。

试点机制是验证教育政策有效性的关键步骤。地方政府可选取典型乡村试行相关政策，评估其对乡村发展的具体成效。试点期间需设立明确评估指标，如学生就业率或技能掌握率，以确保试点数据的客观性与科学性。

乡村学校的师资力量需进一步优化。地方应根据乡村具体发展需求，选派具备专业技能的教师任教，并为乡村教师制订专项培训计划，以提升其教学能力，使之更好地满足乡村学生的成长需求。

课程设计需要紧贴乡村发展实际。针对农业主导的乡村，可推动现代农业课程的开发；在文化资源丰富的乡村，鼓励增设文化遗产保护相关课程，使教育内容更具地方特色和实用价值。

必须建立政策效果的评估机制并严格执行。地方要通过实地考察、问卷调查与数据分析等多种方式，检验教育政策是否切实满足乡村发展的关键需求。评估结果需公开透明，便于社会监督和持续改进。

（二）强化政策的区域差异化，满足乡村多样化发展需求

政府应全面考量乡村在地理环境、经济水平及文化传统等方面的多样性，通过因地制宜的政策设计回应乡村振兴的实际需求。教育部门需依据乡村具体条件，展开深入调研与数据分析，为区域化政策的制定提供科学依据。

地方政府需结合乡村区位特征调整教育方向。沿海乡村可专注于海洋经济与旅游管理知识的传授，而山区乡村则适宜强调生态保护与特色农业技能教育。教育部门需围绕区域经济与产业结构，研发具有针对性的课程与教学内容，以实现资源的精准匹配，避免"一刀切"政策所带来的不良后果。

推动教育资源的均衡分布是政策实施的关键。根据乡村人口密度、经济基础及教育需求，资源分配应体现灵活性。例如，偏远乡村优先完善基础设施与师资配置，而经济较优越的乡村可加大职业教育与产业培训的投入。通过分级投入计划，地方政府将提升资源的整体效能。

教师队伍的区域化管理是教育与乡村振兴深度结合的重要一环。不同地区的教育需求决定了师资引进与培训的方向[①]。例如，以农业为主的地区需优先引入具备农业技能背景的教师，而文化底蕴深厚的乡村可集中培养传统文化教育人才。

---

① 陈景帅，张东玲. 城乡融合中的耦合协调：新型城镇化与乡村振兴 [J]. 中国农业资源与区划，2022，43（10）：209-219.

课程设置的多样化需成为教育政策的重要组成部分。地方应推动乡村学校开设具有区域特色的课程，如农产品加工、乡村旅游管理及民俗文化课程，将地方特色融入教学内容。政府需根据产业特性设计课程支持方案，增强学生在未来就业市场的竞争力。

灵活的教育方式是乡村教育突破局限的另一途径。人口稀少的区域可采用远程教育模式，而文化传统浓厚的地方则应加大乡土文化内容的教学比重。政府需在政策层面引导多种形式的教育实践，确保教育形式适应乡村实际情况。

区域间教育资源的共享可缓解个别乡村的资源短缺。政策可鼓励乡村间学校合作，例如联合师资培训、共享教学资源或联合开发课程教材。教育部门还可通过区域教育协作平台动态调配资源，进一步优化资源分布与使用效率。

社会力量的参与能够为区域差异化政策注入更多支持。地方企业可提供定向职业培训，非政府组织则可参与课程开发与文化教育推广。多方力量的协作将弥补政策执行中的资源缺口，同时提升政策的实施效果。

评价体系的建立对政策效果的动态调整非常重要。教育部门可定期进行数据监测与分析，跟踪不同区域政策的实施成效。例如，利用学生升学与就业数据、教师满意度等指标进行综合评估，并根据结果优化政策实施方案。同时，公开评价结果能提升政策的透明度与公信力。

二、加大财政投入，保障教育与乡村振兴的资金需求

（一）增加预算投入，确保乡村教育经费持续增长

政府应将加大乡村教育财政支持作为预算编制的重要方向，结合科学规划与长期目标，保障经费持续增长。中央财政需明确乡村教育的优先性，在年度预算中划拨专项资金，用于促进乡村教育发展。地方政府则需根据区域经济状况与教育需求调整预算比例，确保资金精准覆盖实际需要。

动态增长机制的建立对于优化乡村教育经费配置非常关键。教育部门需基于乡村人口数量、学生规模及学校现状，开发需求测算模型，为预算编制

提供数据支撑。例如，基础设施薄弱的偏远乡村在校舍修缮与设备购置上需优先投入，以弥补资源差距。教育部门需细化分配标准，有效避免资金分散无效或集中浪费的现象。

基础设施建设经费的保障是乡村教育发展的核心环节。专项预算应集中用于校舍修缮、教学设备采购及网络覆盖等项目。例如，未能提供清洁饮用水或供暖的地区，必须优先解决学生基本生活条件问题。此外，偏远乡村对交通工具的需求尤为迫切，通过资金支持解决通勤难题，将直接提升师生的出勤与参与度。

乡村教师的待遇提升是增强教育质量的重要抓手。地方政府可通过增加津贴、提供住房补助、设立奖励金等措施，显著提高教师的职业吸引力。例如，偏远地区教师可通过交通及生活补贴弥补环境带来的不便。合理的薪资激励将吸引更多优秀教育者深入乡村，形成良性循环。

乡村职业教育的经费投入需进一步加大，以支持技能型人才的培养。专项资金可用于乡村职业学校的基础设施改造与现代化教学设备配置，如农业机械操作、农产品加工与电子商务技能培训等课程开发。地方政府需结合区域产业特色调整投入方向，为乡村振兴储备高素质劳动者。

针对贫困家庭学生的教育资助，地方财政需以精准覆盖为原则，消除经济条件对教育的阻碍。专项助学资金可用于学费减免、教材补贴与生活补助。例如，低收入家庭的学生可享受全额学费资助及免费膳食支持。教育部门可通过动态识别与调整，实现对弱势群体的全面覆盖。

乡村教育改革与创新的经费投入应获得更强保障。创新基金可用于支持学校在教学方法、课程内容及评价模式上的变革。地方政府可设立试点项目，为教育发展探索新路径。例如，部分学校可试验混合式教学模式，通过后续经验总结推动区域内普及。

科学化、规范化的经费管理机制是确保资金效益的关键。预算绩效管理制度可通过学生入学率、升学率及教学满意度等指标，全面评估投入成效。政府可借助此类绩效评估工具优化经费使用，提升教育投入的整体效率。

乡村特殊教育的经费支持需得到优先保障。残障学生的教育需求在资源配置中尤需关注，例如特殊教育学校建设、康复设备购置与专用交通工具配置等领域的专项投入。地方应培养专业特教教师并改善硬件条件，提升特殊学生的受教育机会。

乡村教育的财政支持不仅是保障教育质量的关键环节，更是推动区域全面发展的基础。稳定增长的投入、科学的资金管理与动态的需求调整，将从根本上提升教育资源的分配效率与使用效果，为乡村振兴注入持久动力。

（二）引入社会资本，拓宽多元化融资渠道

政府应通过政策引导与激励机制，促使社会资本积极融入乡村教育的发展进程。地方政府应出台支持社会资本进入教育领域的专项措施，例如通过税收优惠、融资支持和运营激励等方式，为资本进入提供切实可行的通道。教育部门需与企业、非政府组织及社会团体建立长期合作关系，多元配置教育资源，以缓解财政压力并提升乡村教育的供给能力。

规范与引导社会资本的参与模式尤为关键。教育部门可设立协作机制，促进企业与社会组织在乡村教育中的投资行为。例如，校企合作模式下，企业可提供技术支持、设备捐赠或实习基地，而政府则需明确投资方与受益方的权责边界，制定标准化的投资规范，避免资源浪费或教育质量下滑。

公益基金会在乡村教育中可发挥独特作用。教育部门可联合基金会，通过专项资金投入改善乡村学校的基础设施条件、教师专业发展及学生经济资助。例如，基金会可设立奖学金项目，为经济困难学生提供学费和生活费补助。地方政府应通过简化审批程序、提供运营便利等方式吸引更多公益机构的参与，扩大乡村教育资助的覆盖面。

政策激励是吸引企业投入乡村教育的有效途径。地方政府可出台税收减免政策，鼓励企业将部分利润用于资助学校建设、设立奖学金或支持职业教育实训基地。例如，通过减税返还，企业的社会责任感与实际收益可实现双赢，从而激发更广泛的资本投入。

社会影响力投资为乡村教育提供了新的融资方向。地方政府可与投资机构合作设立乡村教育发展基金，用于学校建设、设备升级或教育创新项目。

这类基金应以绩效指标为导向，例如学生升学率、就业率等，确保资金使用的高效性和精准性。

校企合作机制的深化将进一步拓展乡村教育资源的利用效能。地方政府可支持学校与企业共建教育项目，为乡村发展培养针对性技能人才。例如，企业提供实习岗位与定向就业机会，学校则根据企业需求制定定制化课程，形成教育与经济需求的相互支持。

乡村教育资源的共享化发展需要社会化平台的支持。教育部门可与社会组织合作，搭建城乡教育资源共享平台，促进在线课程、教育软件及图书等资源的流通。地方政府需通过专项政策支持此类平台的建设与运营，使社会资本更高效服务乡村教育，弥合城乡教育差距。

政策手段的规范化将为社会资本的投入保驾护航。地方政府应制定合同条款及监督机制，明确资金投入与收益分配方式。同时，定期评估与信息公开将为社会资本的投入效果提供参考，确保资源使用的透明与公平，避免教育资源失衡。

（三）加强资金使用管理，提升资金透明度和效益

政府需构建全面且科学的资金管理体系，以保障教育与乡村振兴资源的高效运用。教育部门应从规划、分配、执行到监督等各环节入手，形成全流程管理机制。地方政府需明确资金使用的责任主体与操作规范，通过严格的管理手段遏制浪费和滥用，为乡村发展提供有力的经济支撑。

资金使用规划需具备精准性与前瞻性。地方政府应根据乡村学校的基础设施现状、设备短缺程度及师资水平，制定清晰的资金分配方案。例如，偏远地区需优先解决校舍建设与教学设施购置问题，而经济条件较好的地区则可将资源集中用于信息化建设及课程创新。

推动资金公开制度是提升透明度的重要手段。教育部门可利用官方网站、公告栏及新闻媒体等多元渠道，向公众公开资金分配及使用详情。例如，发布年度资金使用报告，明确资金来源、具体投向及实际用途，让社会公众对资金使用效果进行有效监督，形成透明化管理的闭环。

资金使用的监督体系需覆盖全程且多层次。教育部门可结合内部审计、外部评估与公众监督三位一体的模式，确保资金运作的合规性与效益。例如，地方政府可聘请第三方审计机构定期核查资金使用状况，针对发现的问题进行及时整改。

引入绩效评价体系可为资金使用提供明确的成效参照。地方政府应设定细化的绩效指标，如学生入学率、升学率及职业技能掌握水平等，通过这些指标评估资金使用的实际效果。例如，当某乡村学校获得专项支持后，可追踪其学生成绩提升幅度及教学条件改善程度。量化数据可为后续资金投入提供科学依据。

建立动态调整机制则有助于应对需求变化。某些地区的教育需求可能因人口变动或产业转型发生波动，政府需根据实际情况灵活调整资金计划。例如，学生人数骤增的地区需优先扩充教学空间及增配教师资源。动态调整不仅可避免资源错配，还能确保资源精准服务乡村需求。

资金管理人员的能力提升是管理有效性的关键。教育部门应定期组织专业化培训，帮助相关人员掌握现代化资金管理工具与方法。培训内容可涵盖预算编制、数据分析及风险控制等领域。地方要提升人员素质，减少管理漏洞，避免资金因不当操作造成损失。

推动资金管理的数字化转型可显著提高效率。地方政府可建设教育资金管理信息平台，实现分配、使用及监督的全流程数字化。例如，该平台应实时追踪每笔资金的去向与进度，并自动生成可视化分析报告。数字化管理将提高透明度，同时为监督提供技术支撑。

社会公众的广泛参与可形成强大的监督合力。教育部门可设立举报渠道，通过热线、电子邮件及在线平台收集公众意见。例如，对于违规行为的举报，可通过流程化处理机制进行及时反馈。社会监督的介入将弥补政府监督的盲区，从而进一步提高资金管理的公信力。

三、完善教育支持体系，提升乡村教育质量

（一）强化教师培训，提升教学能力和专业素养

乡村教师队伍的建设对提升教育质量具有关键意义。地方应设计科学、

针对性强的教师培训计划，有效增强教师的专业能力和教学水平。教育部门需根据乡村教师的具体需求，制定分层分类的培训内容，以适应多样化教学场景。

教师定期参加专业培训是提升教学水平的重要途径。例如，政府可设立专项培训基金，资助乡村教师学习教育学、心理学及学科教学法等领域的核心知识。培训内容需紧贴乡村教学实际，例如针对大班教学或多年级混合教学的策略，帮助教师在课堂中高效应用所学知识，使培训成果直接转化为教学效果。

与高校合作可为乡村教师提供更多优质资源。地方政府可协调教师赴高等院校进行短期研修，学习先进的教育理念与教学方法。此外，与高校联合开发在线课程，可解决乡村教师因地理位置偏远难以参加线下培训的困境，帮助他们灵活学习，提升专业素养。

针对乡村学生的特殊需求，专项培训不可忽视。例如，留守儿童在情感和心理方面的问题需引起重视。教育部门可邀请心理学专家和资深教师开展专题讲座，传授沟通技巧与情感支持方法，帮助乡村教师更好地关注学生的全面成长。

学历提升是增强教师专业素养的重要手段。地方政府可通过学费补贴或晋升激励等方式，支持乡村教师攻读研究生或参加进修教育。这不仅能扩展教师的学术视野，还能提升其职业自信心和归属感，从而进一步提高教学质量。

新任教师的适应性培训有助于缩短磨合期。针对乡村教育中资源匮乏、学生基础薄弱等问题，培训应注重教学策略的实用性。例如，组织新教师观摩经验丰富的课堂教学或为其配备导师，能有效帮助其快速适应并提升教学效率。

跨地区交流学习为乡村教师提供了视野拓展的机会。教育部门可组织教师赴城市学校观摩，学习先进的教学理念与课堂设计。同时，也可安排城市优秀教师到乡村支教，通过现场指导提高乡村教师的教学能力。

持续性培训可确保学习效果的巩固与深化。教育部门应为乡村教师提供定期的后续培训机会，更新内容以涵盖新兴领域，例如人工智能技术在课堂中的应用或互动教学工具的操作，助力教师更好地应对时代变化带来的教育需求。

评价机制的建立是培训效果转化的重要保障。教育部门可通过教学质量监测、问卷调查等方式评估培训的实际成效。例如，观察参加培训的教师是否在课堂中应用新方法，学生的学习效果是否因此改善。依据评估结果，政府可优化培训设计，使资源的使用更加高效。

（二）优化课程设置，针对乡村学生的实际需求

政府需依据乡村学生的具体需求优化课程结构，使教育内容更契合乡村实际与产业发展趋势。课程规划需注重理论与实践相结合，教学内容需与本地特色相呼应，实践活动则需立足于乡村经济与文化的多样性。地方政府应因地制宜，实施差异化课程政策，确保乡村教育的适应性与实效性。

课程结构调整应以提升学生实践能力为核心。传统教学模式偏重理论知识，而乡村教育需更加关注实际问题解决能力的培养。例如，在课程中加入现代农业技术、农产品加工与乡村旅游管理等实践性内容，能有效提升学生的技能储备，使其直接服务乡村产业。这既提高了课程的实际价值，也为学生未来的发展提供了更多可能。

推动课程内容的本土化是加强乡村文化认同的有效方式。乡村地区拥有独特的民间艺术、非物质文化遗产等资源，教育部门可鼓励学校将这些文化融入教学内容。例如，开设民俗文化课、传统工艺课等，既能让学生深入了解家乡文化，又能增强文化传承意识，不仅丰富了课程内涵，也为地方特色资源的保护与传播提供了新路径。

职业教育课程的设立需服务于乡村振兴的核心需求。农业主导区域可开设与农业机械化、生态种植相关的课程，旅游资源丰富地区则可引入乡村导游与餐饮管理等教学内容。为支持这些课程的落地，地方政府需提供相应的资源支持，例如实训基地的建设、教学设备的配备等，助力学生在学习中积累实际操作经验。

课程内容的动态调整是应对乡村经济和社会变化的必要举措。随着数字经济的深入发展，许多乡村开始探索电子商务。教育部门需迅速响应，在课程中增加电子商务运营、网络营销等内容。例如，通过教学帮助学生掌握电子商务平台操作、物流管理等技能，为乡村特色产品的推广注入活力。

校企合作为课程开发提供了新的方向。企业可以直接参与课程设计，为学校提供最新的行业需求信息。例如，农业企业可协助开设农产品深加工课程，旅游企业则能参与设计服务管理课程。通过校企联动，学生不仅能在课堂中学到实用技能，还能及早接触实际工作环境，为未来就业奠定基础。

乡村学生的心理发展需求不容忽视。地方政府应推动心理健康教育内容的课程化，让学生掌握情绪管理与人际交往的技巧。例如，针对留守儿童面临的心理压力，课程可融入心理疏导与团队辅导活动，以帮助学生形成健康积极的心理状态。这种课程设置有助于学生全面成长，同时也提高了教育的温度与关怀。

课程的多样化建设能为乡村学生提供更多选择。传统课程设置单一，现代教育则需涵盖多领域的知识与技能。地方政府可支持学校开设艺术、科学实验与体育类选修课程，例如音乐、美术、机器人编程等，以激发学生的兴趣与潜能。多样化课程拓宽了学生的学习视野，也为其未来发展提供了更多方向。

教师的课程开发能力是课程改革成败的关键因素。教育部门应为乡村教师提供系统性的培训支持，例如组织专家团队指导课程设计，或通过专题讲座与案例分析传授方法。同时，地方政府需推动优质教材的开发，为课程改革提供内容保障。

优化乡村学校课程是提升教育质量的关键手段。通过本土化、职业化与多样化的课程设计，学生将掌握与乡村经济社会发展相契合的知识与技能，进一步增强文化认同与个人发展能力。这种改革将为乡村振兴输送源源不断的人才，同时促进乡村教育与区域经济的深度融合。

（三）推进教育信息化，提升教育的现代化水平

推动教育信息化是缩小城乡教育差距的重要策略。地方加快乡村教育的

现代化建设，可有效提升资源共享水平。教育部门应制定全面的信息化发展规划，推动技术与教育深度融合，而地方政府则需整合多方资源，提供充足的技术支持与资金保障，让乡村学生享受现代化教育的红利。

基础设施升级是教育信息化的前提条件。教育部门应确保乡村学校的网络接入和设备更新。地方政府可通过专项资金支持网络建设，特别是在偏远地区，借助卫星网络解决通信覆盖难题。同时，应为学校配备多媒体教室、电子白板、智能投影仪等现代化教学设备，优化教学环境。例如，在多媒体支持下，教师可利用数字资源开展互动式课堂教学，提升学习效果。

数字教育资源的开发与共享能够扩大乡村学校的教学视野。教育部门应联合高校和教育科技企业，共同设计数字教材、在线课程以及虚拟实验资源。例如，利用互动视频、模拟实验等，乡村学生可以接触到原本难以获得的优质教学内容。此外，地方政府需搭建资源共享平台，使城乡学校实现教育资源的互联互通，避免资源孤岛现象。

在线教育模式的推广为乡村学生打开了新的学习渠道。针对师资短缺问题，政府可利用在线教育平台，将城市优质课程引入乡村。例如，通过直播课堂，学生可实时参与名师课程；录播内容则可帮助学生进行课后复习。这既解决了教师资源分布不均的问题，也让乡村学生拥有更多自主学习的机会。

信息化教学技术的普及离不开教师能力的提升。地方政府需组织专项培训，帮助乡村教师掌握数字化教学工具。例如，通过集中培训、在线课程和案例研讨，教师可快速熟悉智能化设备的操作及数字资源的使用方法。

在教学管理中应用信息化手段，可极大提高学校的运作效率。教育部门可开发教学管理系统，用于记录学生的学习进度、分析考试成绩及统计教师工作量。例如，乡村学校可通过数据分析发现教学中的薄弱环节，并据此调整课程安排。这样的管理方式不仅精准，还能减轻教师的行政负担。

职业教育的数字化实践为乡村学生掌握现代技能提供了可能。教育部门可联合企业，搭建虚拟实训平台。例如，农业技术课程可通过虚拟实验教授精准种植技术，而旅游管理课程则可通过模拟系统进行客户接待培训。数字化职业教育将帮助学生在实践中积累经验，为未来就业做好准备。

家校互动水平的提升同样得益于信息化的应用。地方政府可开发沟通平台，家长通过该平台了解学生成绩、作业完成情况及课堂表现。例如，家长和教师可在线讨论学生的学习进展，共同制定教育方案。这就增强了教育的透明度，也让家庭参与度大大提高。

四、推动教育公平，促进乡村与城市的协调发展

（一）缩小城乡教育资源差距，实现教育公平

教育部门需从资金投入、师资分配、设施改善等多方面入手，为乡村学校提供全方位支持，确保其具备与城市学校相近的教育条件。地方政府则需直面城乡差距的根源问题，制定精准的应对策略，保障每位乡村学生都能享有优质的教育资源。

财政投入的倾斜是改善乡村学校条件的首要任务。教育部门应优先将专项资金用于修缮校舍、升级教学设施。例如，许多乡村学校长期面临基础设施老化、设备短缺的问题，政府可拨款建设现代化教学楼，配备多媒体设备及实验室等。基础设施的改善既提升了学生的学习环境，也为教学活动提供了更丰富的可能性。

师资均衡分配是提升乡村教育质量的重要突破口。地方政府需通过政策引导高素质教师流向乡村学校，例如设置支教奖励机制或提供住房补贴等。同时，应加强乡村教师的职业支持，例如提供进修机会、设立职业发展通道等。这种双向支持既能吸引优秀教师进入乡村任教，又能提高现有教师的专业水平，从而逐步缩小城乡师资差距。

城乡教育资源的统筹与共享能够实现优质资源的有效扩散。地方政府可搭建资源共享平台，推动城市学校的优质教学资料、课件与实验设备向乡村学校开放。例如，通过城乡结对帮扶机制，共享教师培训机会与联合教研活动，使乡村教师的教学能力得以快速提升，从而推动教育资源的互补利用。

统一的教育评价标准是实现教育公平的保障。当前城乡学校在评价体系上存在较大差异，乡村学校的教育成果往往被低估。教育部门需制定覆盖学

业成绩与综合素质的评价指标，并推广标准化考试及综合素质测评。

社会力量的参与能够为乡村教育注入更多资源支持。企业、公益组织及个人的捐助与服务可显著缓解政府的财政压力。例如，科技企业可为乡村学校免费提供网络服务及教学设备，公益组织可设立奖学金资助优秀学生。这种多元参与弥补了教育资源的不足，还增强了社会对乡村教育发展的关注度。

长期的政策规划是保障城乡教育资源平衡的基础。地方政府需制定明确的资源倾斜政策，将新增教育经费优先用于乡村学校的改善与发展。例如，可规定年度预算的大部分需用于提升乡村教育的软硬件水平。稳定且持续的支持将为缩小城乡差距提供可靠保障。

（二）加强对贫困地区的专项支持，确保教育机会均等

政府应加强对贫困地区的专项支持，有效推进教育机会均等化，并为乡村振兴提供更全面的人才支撑。教育部门需针对贫困地区的具体困难，制定精准的扶持政策，着力解决资金短缺、资源不足和师资匮乏等核心问题。地方政府需结合区域实际需求，实施差异化帮扶措施，使每一位贫困学生都能享有公平的教育权利。

加大财政支持力度是改善贫困地区教育基础设施的关键。许多学校由于长期资金不足，面临校舍破损、设备老化的困境。地方政府需通过专项资金优先修缮教室、建设实验室、更新教学设备。此外，偏远地区的学生常需寄宿学习，因此宿舍、食堂等生活设施的建设也需优先考虑，以提供安全、便利的学习环境。

解决教师资源不足的问题需要优化师资力量的配置。地方政府可设立支教计划，吸引城市优秀教师赴贫困地区任教。例如，提高薪酬、提供住房补贴以及为支教教师提供职业发展机会，增强岗位吸引力。同时，还需注重本土教师的培养，通过定向招生和继续教育，帮助当地教师提升专业能力，稳定师资队伍。

全面的经济资助体系能够有效降低贫困家庭学生的就学门槛。地方政府可设立助学金、奖学金和减免学费政策，为低收入家庭学生提供支持。例如，

通过免费发放教材、提供生活补贴或减免交通费用，直接减轻家庭负担。这样的资助政策既缓解了经济压力，也确保了贫困学生学业的持续性和稳定性。

针对性的课程和教学资源开发能够满足贫困地区学生的实际需求。教育部门可根据区域特点和学生需求，设计特色课程。例如，为提升职业能力，可开发农业、林业、渔业等技能课程；为弥补学科基础薄弱的问题，可提供专门的补习课程。这不仅能增强学生的学习能力，还能提升他们的就业竞争力。

信息化教育是弥补教育资源不足的有效手段。地方政府可为贫困地区学校配备远程教育设备，例如多媒体教室和在线直播平台。这些技术手段能够让学生通过网络获取城市优质教育资源，如名师课程、精品课件和虚拟实验。

加强学校管理水平是提升贫困地区教育质量的重要环节。地方政府可通过政策引导和专项培训，提升校长和教师的管理能力。同时，组织城市优秀学校与贫困地区学校结对帮扶，通过资源共享和经验交流，帮助贫困地区学校提高教学和管理水平，进一步优化教育资源的使用效率。

第二节 广泛的社会力量动员与协同合作

一、动员政府各部门共同参与教育与乡村振兴

（一）建立跨部门协作机制，促进资源共享与政策协调

建立跨部门协作机制是推动教育与乡村振兴深度融合的关键途径。地方应整合资源与协调政策，使各领域紧密合作，实现教育资源的优化配置，并为乡村经济和社会发展注入新动能。教育部门需牵头组织农业、科技、文化、财政等多个部门，构建协作框架，明确各自职责，地方政府则需通过具体机制保障协作的落地与高效运行。

跨部门数据共享是资源优化配置的重要基础。教育部门可以利用农业部门提供的人口分布、经济活动及资源特性数据，科学规划职业教育课程和师

资配置方案。例如，科技部门提供的信息化解决方案可以助力乡村学校的现代化教学；文化部门的非遗资源则能够丰富课程内容。通过数据的流动与融合，跨部门决策将变得更加精准高效。

地方政府需要整合资源，推动协作项目的具体实施。教育部门可联合文化部门，在乡村学校开设以地方文化为主题的教育项目，例如非遗工艺课程，将传统技艺融入基础教育。同时，财政部门可设立专项资金支持农业职业教育试点，以服务乡村经济需求。明确的资源分配与责任划分，能确保项目按计划推进。

政策协作的具体化应用是跨部门机制的重点。例如，乡村教师支持政策的制定，这需要多部门合作：财政部门需参与制定补贴标准，交通部门需协助解决偏远地区教师的通勤问题，卫生部门则提供健康管理支持。通过细化政策协作，教育政策的科学性与执行力将得到大幅提升。

地方政府可设立专门的协作办公室，专责跨部门协调与监督机制的日常运行。协作办公室应负责资源整合、任务分配及政策监督等工作。例如，定期发布工作报告，分析协作成效与问题，为后续政策优化提供依据。

协作机制的常态化运行，需要明确规划与目标。教育部门可制订年度协作计划，将任务细化为具体目标清单，例如教育基础设施建设、农业技能培训及文化资源课程开发。通过持续实施和监督，各部门的协作将逐步规范化，形成推动乡村教育发展的长效机制。

乡村教育中的综合性问题，需要跨部门合作提供系统性解决方案。面对资源匮乏与管理分散的现状，教育部门可联合建设、农业及财政部门分工协作。例如，在新建乡村学校的过程中，建设部门负责施工，农业部门提供土地支持，财政部门拨付资金。资源的高效整合使项目实施更迅速、更精准。

协作机制需具备灵活调整的能力，以适应阶段性需求的变化。例如，在信息化教育初期，重点应放在与科技部门的合作，确保学校基础网络建设与设备配备。在信息化推广阶段，则需联合文化部门开发数字化教学内容，为课程资源注入地方特色。

协作效果的持续优化需通过科学评估加以保障。地方政府可组织专家组定期评估机制运行情况与成果，指标涵盖资源分配的精准度、政策实施的效率及项目完成率等。

（二）明确各部门职责分工，推动项目实施高效化

政府应明确各部门在教育与乡村振兴耦合发展中的具体职责，有效提升政策实施的效率与效果。教育部门需牵头制定职责划分方案，确保部门间高效协作。地方政府则需将职责分工具体到每项任务中，为项目推进提供制度支持。

在教育与乡村振兴耦合发展的背景下，教育部门需承担核心任务，如统筹教育资源规划与分配、制定政策目标，并负责组织教师培训、开发课程与管理学校，以确保教育资源与乡村振兴的需求相匹配。地方政府应提供必要的资源支撑，以保障相关职责的有效履行。

农业部门在乡村职业教育中担负明确职责，如提供乡村经济数据，为职业课程设置提供依据，并通过产业调研协助设计农业技能培训项目。同时，农业部门需为教育项目提供实践场地，促进教育与产业需求的深度结合。

财政部门需保障资金充足且高效使用，通过编制专项预算支持教育项目，监督资金流向及使用效率，确保用于学校建设、教师培训与设备采购的资金能够发挥实效。问责机制的引入有助于推动财政部门履职尽责。

科技部门在教育信息化中需承担技术支持任务，如网络覆盖、设备采购、软件开发以及在线教育平台的构建[1]。该部门还需协助学校进行技术培训，并定期评估信息化项目的技术性能，以满足实际需求。

文化部门需协同教育部门，开发和传承乡村文化资源，为课程内容提供支持。通过设计地方特色课程、组织文化活动，文化部门可为乡村教育注入更多活力。地方政府应通过联动机制，将文化资源有效融入教育项目。

为了避免职责交叉与推诿，政府需明确部门间的协作流程。教育部门定期召开协调会议，与其他部门共同推进项目。例如，在学校建设项目中，教

---

[1]　张会恒，马凯翔. 基于乡村振兴与新型城镇化耦合视角的城乡融合研究 [J]. 福建农林大学学报（哲学社会科学版），2022，25（02）：15-25.

育部门负责设计，建设部门负责施工，自然资源部门协调土地资源。

政府要设立工作小组，推动分工的具体落实。例如，针对某一教育项目，可设立由教育部门牵头的执行小组，明确时间表、任务清单与监督机制，确保各阶段任务均有负责人与完成期限，从而提高管理透明度与执行力。

教育部门需根据乡村振兴的阶段性变化动态调整职责分工。例如，在基础设施建设阶段，需协调建设部门保障进度；在质量提升阶段，则需加强与文化、科技部门的资源协作。地方政府可根据实际情况调整分工，增强职责分配的灵活性。

（三）推动政府各层级联动，提升执行效果

中央、省、市、县和乡镇政府之间的协调机制，构建了一条从顶层设计到具体实施的高效路径。地方政府应根据区域特点将任务分解，确保政策精准落地，推动目标全面达成。

中央政府承担政策顶层设计职责，为各层级提供方向指引。国家层面需要在教育规划与乡村振兴战略中确定重点任务，例如推进乡村教育资源均衡、强化职业教育、推动教育信息化建设等。

省级政府在中央政策框架内制定区域目标和实施方案。结合经济、文化、地理特点，不同省份需因地制宜地制定发展规划。例如，经济发达地区可以优先推进教育信息化，而欠发达地区则需聚焦基础设施改善。与此同时，省级政府需向市、县级提供技术支持和资源保障，形成自上而下的支持链条。

市级政府作为承上启下的中间环节，需将省级目标细化为具体计划。资源的中转与调配是市级政府的核心职能。例如，市级教育部门通过分析区域内学校资源需求，协调财政、农业、科技等部门参与项目支持。运用精细化管理手段，市级政府能够有效缩短政策落地时间。

县级政府是政策实施的主要执行者，负责项目的具体落实。例如，在职业教育发展中，县级政府需组织校企合作、协调实践基地、监督课程执行。在学校建设、教师招聘、课程设计等核心环节，县级政府需全程把控，并与乡镇和村级单位密切联动，保证政策覆盖范围与公平性。

乡镇政府处于政策执行的最前线，承担基层动员和反馈职责。例如，组织乡村学校、家长委员会与乡村干部协同推进政策落地。具体任务包括政策宣传、协助教师招聘、为新任教师提供生活保障等，并及时解决政策实施中的实际问题。

上下联动机制在提升各级政府沟通效率方面起到关键作用。例如，省级政府通过定期会议或信息化手段监督市、县级工作进展。县级政府可借助平台提交实时报告，涵盖资金使用、资源分配、项目进展等数据。

政策执行需动态调整以应对阶段性变化。例如，在初期阶段，中央和省级政府重点完善立法与资金支持；中期阶段，市、县级政府集中推进核心项目；后期阶段，乡镇政府进行效果总结与调整。各级政府应依据反馈灵活调整职责分配与工作重心，使政策执行更具适应性。

联合考核机制可加强各级政府的责任意识。例如，中央政府对省级政府进行年度评估，关注学生入学率、资源分配公平性和基础设施改进等指标；省级政府通过细化考核，对市、县级政府的学校建设进度与教师培训完成率进行监督。多层次考核体系保障了政策执行的有效性。

在推动政策实施的过程中，公众参与能够增强透明度和社会认同感。例如，乡镇政府通过座谈会收集家长和学校意见，为政策优化提供依据；村级单位协助宣传教育政策，鼓励家长支持子女接受更高层次教育。社会力量的广泛参与为政策的高效实施增添动力。

二、发挥企业的积极作用，促进教育与乡村发展的融合

（一）鼓励企业参与乡村教育基础设施建设

地方应通过政策引导与激励措施，推动企业深度参与乡村教育基础设施建设，显著改善乡村学校的办学条件。教育部门应与企业建立长期合作关系，利用企业资金和技术优势，推动乡村教育基础设施实现现代化、多样化发展。地方政府则从政策支持、资源协调与监督管理等多维度着手，为企业介入提供良好的合作环境。

教育部门要制定专项政策，以多种形式吸引企业支持乡村教育基础设施建设。例如，通过税收减免等优惠政策鼓励企业捐建教学楼、实验室等基础设施，减免企业所得税或增值税，从而降低企业投入成本。地方政府要进行广泛宣传，展示企业参与乡村教育建设的社会价值和长期回报，让更多企业愿意投身其中。

建立高效的企业参与协调机制是关键。教育部门可以设立专门机构，与企业沟通合作需求与细节。例如，共同制定建设方案，明确工程规模、预算安排与施工进度，确保双方责任清晰。

推动先进技术融入乡村教育基础设施，是提高设施现代化水平的重要途径。例如，在校舍设计中采用绿色建筑技术，优化学校的环保性能。企业提供最新的多媒体设备与实验器材，为教学环境注入科技活力。通过技术赋能，乡村学校的硬件水平将大幅提升。

地方政府可以引导企业参与乡村教育的配套设施建设，以补齐交通、供水与网络设施等短板。例如，针对偏远地区学校交通不便的状况，企业可捐献校车或修建道路。铺设光纤网络以改善学生的网络学习条件。这既提升了学校的硬件条件，也为学生创造了更好的学习环境。

对企业参与项目的质量监管需贯穿全过程。例如，地方政府组建质量监管小组，对项目施工与验收环节进行严格把关，确保工程质量、材料安全与预算合理使用。

评估机制是衡量企业参与效果的有效工具。例如，根据学生人数增长、教学条件改善和教师满意度提升等指标，教育部门对项目成果进行科学评估。评估结果应公开透明，为后续合作与模式优化提供数据支持。

（二）推动校企合作，提供实习和技术支持

地方应构建高效的校企合作机制，引导企业在乡村教育中深度参与，以改善学生的就业能力，为区域经济发展注入活力。政府在推动这一合作时，需要从政策引导、资源对接和监督执行等多维度着手，确保乡村职业教育与地方产业需求紧密契合，并为这种合作提供持续性支持。

教育部门需要针对校企合作出台具体的激励政策。例如，通过财政补贴、税收优惠等方式，吸引企业积极参与职业教育和技能培训。针对提供实习岗位或专业技术指导的企业，地方政府可以按照学生数量给予资金支持，以提升企业的参与热情。这不仅提升了企业社会责任感，同时也促进了教育资源与产业资源的深度融合。

建立学校与企业对接的平台是实现精准培养的关键。教育部门可以牵头定期组织校企交流会议，以讨论地方产业的用工需求和职业教育课程的改进方向。例如，分析当地优势产业的发展趋势，明确技能型人才的短缺领域，并制订有针对性的课程计划。这种动态的对接机制可使学校的教育更加贴近实际需求，显著提高学生的就业适配度。

企业作为实践资源的重要提供者，可以为乡村学校开设实习基地。例如，在工厂或农场等场所提供实习岗位，帮助学生从课堂学习过渡到实际操作。农业设备企业为学生提供设备维护实践，或是物流企业安排运输管理岗位的培训。这种实践机会将强化学生的职业技能，有助于让学生提前适应未来的职场环境。

在校内设施建设方面，地方政府要鼓励企业捐建专业化的实训室，为学生提供接触先进技术的机会。例如，制造企业可以捐赠工业机械设备以建设机电实训室，而信息技术企业可以协助学校搭建编程实验室。这些实训室既为学生提供真实的学习场景，也帮助企业推广其技术和理念，形成双赢局面。

企业的深度参与还可以体现在课程设计上。例如，企业根据行业最新动态，协助开发更具实用性的课程内容。农业企业可以设计与精准农业相关的模块，互联网企业可以引入数据分析或电子商务平台运营的课程内容。通过这样的合作，教学内容将与市场需求保持同步，使学生具备更高的就业竞争力。

在资源共享方面，校企合作还可以体现在教育与产业的深度交流中。例如，企业定期派遣技术专家到校授课，为学生传授行业第一手经验；学校组织学生到企业参观或参与短期项目，通过现场实践拓展对行业的认知。这种双向的资源共享机制能够有效提升教育质量，同时为企业输送更多适配型人才。

（三）支持企业捐资助学，拓展乡村教育资源

教育部门应设计透明且高效的捐资助学机制，为企业参与提供便捷途径。例如，可开发乡村教育捐赠信息平台，公开发布学校的具体需求，涵盖教学设备、奖学金或专项教育项目等。企业通过信息对接，能够迅速匹配合适的捐赠项目，显著提高资源利用效率。

地方政府需要制定具体政策，强化企业在乡村教育中的捐资力度。税收减免措施可降低捐赠企业的经济负担，如将捐赠金额计入所得税扣除范围。此外，政府可对积极参与的企业授予荣誉称号或进行媒体宣传，提升企业的社会形象，进一步吸引更多力量投身乡村教育。

在资源分配上，教育部门需明确优先方向，确保公平性与针对性。重点可放在贫困地区、留守儿童教育及职业技能培训等领域。教育部门需通过深入调研掌握乡村学校需求，将优先级信息准确传递给企业，使资源投入更加科学化，从而提升捐赠活动的整体效益。

捐资助学模式的多样化也值得地方政府大力推动。例如，企业可以通过资金支持完成学校基础设施建设或教师培训。物资捐赠则可满足学校在教学设备、体育器材及图书资源等方面的具体需求。此外，联合设立奖学金计划，不仅能够奖励优秀学生，还能鼓励他们持续努力学习。

教育部门应强化对捐资助学活动的监管，确保资源使用透明且规范。例如，地方政府需全程跟踪每笔捐赠资金的具体流向，并定期向社会公布相关数据。与此同时，学校需定期提交详细的资源使用报告，清晰列明捐赠物资或资金的用途。这种严格的监管体系将有效提升企业对捐赠活动的信任。

地方政府需通过专业评估机制衡量捐资助学的实际效果。例如，采用学校条件改善、受益学生数量以及教育质量提升等指标，对捐赠成效进行全面评价。这些评估结果应作为企业后续参与教育项目的重要参考，优先推荐表现优异的企业投入更多资源。科学评估既能优化资源分配，也能提升捐赠活动的效率。

引导企业将捐资助学与企业文化结合，可实现更深层次的参与。例如，

企业可通过员工志愿活动直接参与乡村教育，组织员工前往学校开展教学或服务。这不仅强化了员工的社会责任意识，也让乡村学校获得切实帮助。多样化的参与方式，使企业在教育支持中发挥更显著作用。

社会认同的推动是捐资助学活动的助力。地方政府可宣传优秀案例扩大影响力，如制作宣传片或发布公益报告。同时，鼓励公众利用社交媒体传播企业助学的感人事迹，提升社会对捐资助学的关注与支持。良好的舆论氛围将为更多企业和社会力量参与教育发展创造条件。

三、引入社会组织，拓展教育与乡村振兴的支持渠道

（一）推动非政府组织参与教育资助和项目实施

政府应通过政策和协作机制推动非政府组织参与乡村教育资助与项目实施，以拓宽教育与乡村振兴的支持渠道。教育部门应积极支持非政府组织的灵活性与创新能力，为乡村教育项目提供资金、技术指导与活动策划等服务。地方政府需要与非政府组织密切合作，构建政府与社会力量协同参与的有效模式。

教育部门应通过政策保障非政府组织在乡村教育资助中的作用，例如设立专项基金，为参与乡村教育的组织提供配套资金支持。同时，可在税收减免、场地使用等方面出台优惠政策，降低其运营成本，促使非政府组织更广泛地投入乡村教育。

地方政府应鼓励非政府组织根据乡村学校的实际需求实施精准资助。一些乡村学校在教学设备、图书资源和课外活动资金等方面存在不足，非政府组织可以根据具体需求提供针对性支持，例如捐赠电子书包、科学实验设备或资助学生参加艺术活动。

推动非政府组织在乡村教育项目中的创新探索也是关键一环。非政府组织可设计综合素质提升计划，包括艺术教育、体育训练和社会实践等活动，同时为学生提供职业生涯规划辅导，使乡村教育内容更加丰富，为学生成长注入多元化支持。

地方政府应为非政府组织与乡村学校的对接提供便利。例如，建立需求对接平台，发布学校资源缺口信息和非政府组织资助意向，并通过智能匹配提升合作效率。建立有效对接机制有助于非政府组织更快速地融入乡村教育项目。

教育部门需强化非政府组织资助活动的规范化管理。地方政府应制定资助流程和实施规范，确保资源分配公正透明。在资助活动中，非政府组织需提交详细计划和方案，政府则对项目进展和资金使用进行全程监督，以确保乡村学校切实受益。

通过科学评估衡量资助效果亦为必要步骤。教育部门可通过受益学生人数、教学条件改善等指标评估资助项目的成效，并公开结果，为其他非政府组织提供参考。评估机制不仅可以优化合作模式，也进一步提升了资助活动的实际效果。

宣传引导可有效提升非政府组织在乡村教育中的社会认知度。地方政府可通过媒体报道资助案例，展示非政府组织在图书馆建设或教师培训等方面的贡献，增强其社会影响力，吸引更多组织参与乡村教育资助。

联合资助模式有助于形成资源共享与优势互补的良性循环。非政府组织可与企业联合发起乡村教育基金项目，或与学校合作举办科技节、文化展览等活动，充分整合各方资源，实现教育资源的最大化利用。

（二）支持社区组织开展教育宣传与技能培训

推动社区组织参与乡村教育宣传与技能培训，需通过政策引导和资源支持，充分利用其贴近基层的优势。教育部门应将社区组织纳入乡村教育与振兴体系，明确其职能，促进其在教育与发展的多元参与中发挥作用。地方政府应制定长效机制，保障其在教育宣传和技能培训中的长期贡献。

教育部门需为社区组织设计具体的教育宣传任务，确保内容通俗易懂且广泛覆盖。宣传主题可围绕义务教育的价值、职业教育的实际用途展开，通过宣传手册、视频短片等多样形式协助其传播教育理念，使乡村居民更易于接受和理解。

地方政府应为社区组织的教育宣传活动提供资金支持，设立专项资金以缓解其经费压力。无论是场地租赁、设备采购，还是宣传物料的制作，都可通过财政补助有效推动活动开展，提高宣传效率和效果。

宣传形式的多样化也是关键。社区组织可结合地方特色开展活动，例如教育主题日、家庭讲座或节庆期间的宣传摊位。以本地文化和节日为切入点，吸引更多村民参与，进一步扩大教育宣传的覆盖范围。

在技能培训方面，地方政府需支持社区组织开发契合乡村实际需求的培训课程。农业发达地区可聚焦农产品加工、机械使用等技能，而以服务业为导向的乡村可优先开展餐饮服务、手工艺制作等培训。这些课程不仅切合地方经济发展需求，也能显著提升乡村劳动力的就业能力。

为提高培训质量，教育部门可提供专业的指导。教育部门明确课程设置、教学目标及评估方式，同时为社区组织培训讲师，增强其教学能力与组织水平。通过专业化的介入，社区组织将更精准地满足乡村居民的学习需求。

地方政府还可推动社区组织与学校、企业的联合协作，利用学校的场地与设备资源开设培训班，或通过企业提供实习机会与就业推荐，形成多方共赢的合作模式，进一步增强培训的实效性。

在实施过程中，地方政府需建立科学的评估机制，全面衡量培训成效。政府可通过问卷调查、就业数据和技能认证等方式，评估学员的技能掌握情况与经济改善状况，确保活动的实际效果与乡村需求相匹配。

此外，对社区组织宣传与培训活动的推广不可忽视。政府可通过媒体报道优秀案例，展现其在教育普及与技能提升中的成果，同时鼓励居民分享个人经历，提升社会认同感与参与度，从而激励更多社区组织加入乡村教育事业。

（三）建立政府、学校与社会组织的合作平台

推动政府、学校与社会组织间深度协作，需要构建合作平台实现教育与乡村振兴目标的融合。教育部门在平台建设中要起到核心协调作用，整合资源、明确分工，通过制度化设计保障高效运作。地方政府则应通过创新管理和技术应用，使平台成为资源共享与政策实施的有力支点。

合作平台的建设需明确目标和功能定位，其任务涵盖资源整合、政策对接及信息发布等方面。平台不仅要为学校提供与社会组织协作的机会，也要为社会组织提供介入教育项目的通道，同时作为政府监管的工具，有效促进多方间的沟通与协作。

信息化建设是提升平台效率的重要路径。开发在线管理系统可实现需求与资源的精准匹配。例如，系统实时更新学校的资源缺口及社会组织的服务能力，学校通过平台提交需求，社会组织在线认领任务，政府则通过平台进行监督。信息化手段在透明度和协作效率上具有显著优势。

平台还需通过明确职责分工确保合作有序推进。政府负责政策制定与资源调配，学校专注项目执行与反馈，社会组织提供资金、技术或服务支持。通过平台设立任务清单与时间表，各方的责任与工作内容得以清晰界定，减少推诿现象，提高执行效率。

资源共享与优化配置是合作平台的重要功能。例如，学校通过平台共享教学设备、图书或活动场地，社会组织则根据平台信息精准提供支持。教育部门通过平台统筹教师培训、远程教育等资源，使乡村学校能够享有更多教育资源，提升利用效率。

合作平台还可推动多样化的教育项目落地。通过平台，学校与社会组织可开展以文化传承、环境保护为主题的特色课程，或联合举办科技展览、艺术比赛等课外活动。这类项目既拓展了学生的学习领域，也为社会组织展示自身价值提供了机会。

对合作项目的监管与评估是平台运作的关键一环。通过平台实时监控资金使用、活动执行与成效评估，可确保项目运行质量。学校需提交实施报告，社会组织反馈成果数据，政府发布评估结果并据此调整政策，形成闭环管理。

社会化推广可增强合作平台的吸引力。通过宣传活动介绍平台功能，或发布成功案例，吸引更多社会组织与学校参与。邀请相关主体分享经验，展示如何通过合作改善教学条件或提升学生素质，有助于扩大平台的社会影响。

区域性合作模式可借助平台实现进一步优化。乡村学校间可通过平台共享资源，社会组织间也能合理分工。区域内的联合活动，如师资培训或招生宣传，通过平台组织，能够形成教育发展的区域合力。

四、动员志愿者力量，提升乡村教育服务水平

（一）组织专业志愿者参与教学与课后服务

推动专业志愿者力量参与乡村教学与课后服务，需要政府通过系统化规划和组织，为提升乡村教育服务水平提供可行路径。教育部门需在志愿者招募、任务分配与能力培训等方面细化措施，地方政府则应通过政策支持与资源保障，确保志愿服务活动的持续性与实效性。

专业志愿者的招募计划需明确标准和渠道。适合参与乡村教育服务的志愿者包括具备教育学、心理学、艺术或职业技能背景的个人，如大学生、退休教师及企业员工。招募活动可通过线上平台宣传与线下招募结合的方式推进，覆盖更多有能力和意愿参与的志愿者群体。

地方政府需为志愿者提供灵活而多样的服务任务。根据志愿者特长，可安排其教授英语、音乐或科学实验等课程，同时鼓励他们组织艺术创作、体育比赛或自然科普等课外活动。任务分配应结合学校实际需求，通过清晰的任务清单与实施指南，确保志愿服务具有针对性与高效性。

为提高志愿服务的质量，教育部门需设计系统化的能力培训方案。通过专家团队或一线教师的指导，志愿者能够学习课堂管理、教材运用及学生沟通技巧。同时，心理健康专家可为志愿者提供针对留守儿童的辅导建议，帮助其建立信任与支持关系。经过培训后的志愿者将更适应乡村教育环境，充分发挥自身价值。

志愿者的服务条件需通过政策加以保障。地方政府可提供交通补助、住宿安排及伙食津贴，缓解志愿者参与服务的后顾之忧。同时，设立应急联络机制与保险计划，为志愿者提供必要的安全保障，从而提升其参与积极性。

志愿者服务的多元化发展需充分结合乡村学生的多层次需求。除了传统学科教学，志愿者还可提供职业技能培训、科技创新课程及文化传承项目。例如，艺术志愿者可教授舞蹈、绘画或戏剧课程，丰富学生的学习体验与兴

趣领域。

建立科学的评价与激励机制是推动志愿服务持续发展的保障。地方应对志愿者的服务时间、质量及学生反馈进行综合评估，为其颁发荣誉证书或公益积分，并通过媒体宣传优秀案例，增强志愿者的成就感与社会认可度。

志愿服务的社会推广需要以案例为切入点，向公众展示志愿者对乡村教育的贡献。制作宣传片、举办成果展览或感恩活动可增强社会认同感，激发更多人参与志愿服务。学生或学校的感谢信同样能够深化志愿者与社区间的联系。

信息化平台的建设是优化志愿服务组织效率的有效手段。政府可通过乡村教育志愿服务平台，实时发布学校需求与志愿者意向，实现任务匹配、在线报名及反馈功能，为志愿者提供便捷的服务对接渠道。

专业志愿者的参与为乡村教育服务注入了多元化资源与新活力。从招募到培训，再到长期支持与激励，这一过程丰富了乡村学生的学习体验，也为教育资源匮乏的地区带来了新的发展可能。志愿者服务的规范化与广泛化，标志着社会力量在乡村教育发展中的有效融合。

（二）推动志愿者项目常态化，确保服务的持续性

通过制度化设计和常态化机制，让志愿者项目将深度嵌入乡村教育发展体系，为服务的持续性和高效性提供保障。教育部门需从政策框架、资源配置与评价体系等维度构建全面支持，地方政府则需引导多方参与，共同搭建以志愿服务为核心的教育支持网络。

政策框架的明确是推动志愿服务常态化的关键环节。例如，可设立长期服务计划，如"乡村教育守护计划"，将志愿者项目纳入乡村教育发展的阶段性目标体系。政策应涵盖招募标准、服务形式、激励措施与退出机制，形成规范的运行模式，确保项目具备延续性与适应性。

地方政府需设立专门的志愿服务管理机构，对项目实施进行统筹协调。例如，成立"乡村教育志愿服务中心"，负责志愿者招募、任务分配及绩效评估，并与学校、社会组织及企业密切协作。

资金支持是保障项目稳定运行的基础。地方政府可设立专项基金，用于志愿者的生活补贴、培训费用及活动支出等。同时，通过企业捐赠与社会筹资，形成多元化资金渠道，减少因资源短缺导致项目中断的风险，从而确保资金流动的稳定性。

志愿者服务需全面融入乡村教育，以扩大服务范围与效能。例如，项目可涵盖从幼儿教育到职业教育的多学段需求，并拓展至课堂教学、课后辅导、心理支持与技能培训等领域。如此，志愿服务将为乡村教育提供系统性支持。

推动志愿服务的定期化与周期化是实现常态化的重要手段。例如，每学期或学年组织集中活动，使志愿服务成为乡村学校的固定工作安排。志愿者可根据个人条件选择长期或短期服务模式，例如每周固定课后辅导或集中数周完成主题课程。定期性安排增强了服务的可预测性与可靠性。

提升服务的组织效率与透明度需借助平台化建设。例如，可开发"乡村志愿服务平台"，实现在线报名、任务匹配及反馈收集等功能。通过这一数字化工具，志愿者将精准对接学校需求，学校也可实时反馈服务效果，形成高效闭环。

法律保障是常态化运行的底层支撑。例如，出台《乡村教育志愿服务条例》，为项目提供明确的法律依据，规范学校与政府对志愿者的责任分配，并明确项目运行中的权利与义务，为项目提供权威性与稳定性。

推动志愿者项目的制度化与常态化，不仅为乡村教育服务注入持续动力，也为社会力量的广泛参与提供了清晰路径。在政策、资金与评价体系的协同支持下，志愿服务将长期融入教育体系，为乡村学生带来更加稳定与多元的成长支持。

五、加强媒体与公众的参与，营造支持教育与乡村振兴的舆论环境

（一）利用媒体宣传教育与乡村振兴的成功案例

地方应通过多层次、多形式的媒体宣传有效引导舆论，使乡村教育与振

兴的优秀实践在更大范围内推广，进而激发社会各界的关注与支持。教育部门需与多种媒体合作，挖掘典型案例并创新传播手段，而地方政府则需充分运用多元平台，扩大宣传覆盖面与影响力。

挖掘真实案例是媒体宣传的重点。乡村学校在信息化教学中的探索与成效，优秀教师的长期坚守与奉献，这些感人事迹为宣传提供了丰富素材。媒体应展现教育发展背后的故事与成就，在情感层面打动公众，深化对乡村教育价值的认知。

地方政府需组织媒体深入乡村一线，以生动的报道形式记录教育改善的具体成果。例如，记者走访乡村学校，拍摄课堂上的新教学工具或校舍升级后的变化；自媒体通过短视频呈现学生参与科学实验的过程，以更快拉近公众与乡村教育的距离。

通过专题栏目，教育部门可系统介绍乡村教育的新面貌。例如，与电视台合作推出固定栏目，以视频形式讲述乡村教育的发展历程；在报纸、杂志上设立专栏，聚焦教师支教经历或学生成长故事。这种多媒体形式的结合，能够吸引不同群体的关注。

地方政府还需利用媒体，展示教育政策的具体成效，以增强社会对政府工作的信任与支持。例如，通过新闻发布会或专栏报道，披露乡村学校基础设施升级的数据，以及学生入学率或教学质量提升的成果。这些基于事实的数据与分析，增强了宣传内容的可信度。

公益广告是一种更直观且广泛的传播形式。例如，教育部门可与企业联合制作视频广告，展现教师与学生的日常，传递乡村教育的正能量。这些广告通过电视、地铁屏幕或户外大屏幕播放，以视觉冲击吸引更多关注。

地方政府需通过宣传鼓励社会力量加入教育与乡村振兴工作。例如，媒体可报道企业捐资助学的实际行动，或者记录非政府组织支持乡村教育的成功经验。同时，志愿者帮助乡村学生的故事也可通过详细刻画来引发更多公众的行动。

新兴传播形式则赋予宣传更多活力。短视频平台可记录乡村学校的真实日常，如学生使用电子设备学习、教师在线授课等；直播形式则可展示如开学典礼或颁奖仪式等具有参与感的活动。这些方式不仅传播迅速，还能直观触及公众情感。

长期合作机制是保障宣传持续性的必要条件。例如，教育部门与地方媒体签订协议，定期组织采访并发布成果。这不仅保障了宣传的连续性，还能通过不断更新内容吸引更广泛的社会关注。

（二）推动公众对教育项目的监督与反馈

地方应构建有效的机制和广泛的公众参与平台，实现教育项目监督的透明化和高效化。教育部门需从信息披露、反馈收集到制度化设计构建一体化监督体系，地方政府则需通过资源整合和政策支持引导社会力量的积极参与，为教育发展注入持久动力。

建立全面的信息披露机制是公众监督的起点。教育项目信息，例如资金分配、施工进展和目标实现情况等，应通过官方网站、宣传手册或公共展示栏等渠道公开。信息呈现方式需注重清晰与易读，避免专业术语阻碍公众理解。

反馈渠道的多样化设计能够扩大公众参与范围。热线电话、在线表单、社交媒体应用等便捷工具为乡村居民提供了表达意见的途径。例如，家长可以反映校舍施工拖延问题，教师可以建议优化教材分配。快速响应机制与公开的处理结果能显著提高问题解决效率，同时增强公众参与的信心。

推动技术支持的监督平台建设是提升效率的关键一步。例如，"教育项目公众监督平台"可整合实时数据发布、问题反馈、解决进度展示等功能。公众通过平台可以看到学校建设进展的照片、具体资金用途甚至验收标准，这种实时动态展示有助于强化公众的监督能力，同时简化沟通流程。

公众参与实践活动能够进一步增强监督的直观性。例如，在学校新建项目中，政府可以组织社区居民参观施工现场，了解工程进展和质量控制情况。在教育设备采购环节，邀请家长和教师参与招标评审，也能确保物资选择符合实际需求。

制度化的公众监督框架则是长效机制的保障。地方政府需明确监督流程、权限边界和责任分工。例如，公众监督可覆盖施工进度和财务使用情况，但技术设计细节由专业团队负责。这种规范化设计，可有效规避监督过程中的冲突，确保各方职能清晰。

提升公众监督意识也需纳入重点工作。通过社区宣讲会、公众论坛和宣传材料分发等方式，帮助公众理解其监督权利和职责。例如，政府可制作简明手册，介绍如何有效监督教育项目并提交反馈。随着公众认知的提高，更多人会主动参与监督，形成全社会关注教育项目的氛围。

监督结果的透明展示是增强公众信任的有效方式。政府需定期公布公众监督活动成果，例如通过报告形式展示已解决问题的数量、整改进度和满意度调查数据。这些成果需通过多渠道发布，让公众清楚了解自身参与的实际成效，进而提升项目执行的公信力。

激励措施的引入能够进一步提升公众参与的积极性。地方可对提出有效建议或做出显著贡献的个人或群体，颁发荣誉证书或公益积分。媒体对优秀公众代表的报道，也可提升其个人形象，激励更多人参与监督工作。

将公众监督与专业评估相结合，能够提升监督活动的深度和客观性。例如，独立评估机构负责技术审查，公众代表则从参与角度提供建议。这种双向结合弥补了公众专业知识的不足，也强化了监督结论的公正性和权威性。

第三节　科学的监督与评估机制构建

一、建立全面的教育项目监督体系

（一）制定科学的监督标准与指标，确保监督有据可循

政府应制定科学监督标准与指标体系建设，明确教育与乡村振兴项目监督工作的具体依据。教育部门需根据项目类型和目标，从投入、过程到结果设计全面的监督标准，以保证监督工作的精准性与系统性。地方政府结合区域实际情况细化指标，提升监督工作的适用性与可操作性。

　　监督工作的核心目标需明确，为标准制定提供清晰方向。例如，教育项目监督可聚焦资金使用的规范性、项目执行效率及成果达成情况。指标设计可涵盖资金分配进度、基础设施完成率、教师培训参与比例等具体内容，以集中监督重点，避免资源浪费。

　　地方政府应推动监督标准系统化覆盖教育项目全阶段。例如，在项目投入阶段，评估预算合理性及资金拨付时效；在实施阶段，关注工程进度和教学资源到位情况；在评估阶段，考量学生成绩提升或学校管理优化成效。标准的系统化设计能确保监督工作具备连续性与全面性。

　　教育部门应通过数据分析增强监督指标的科学性与量化能力。例如，基于学校建设成本均值或教师培训周期数据设定合理阈值。具体指标如"乡村学校人均学习资源数量"较"资源是否增加"更具操作性。数据支持提升了监督指标的可信度与执行效果。

　　监督标准需动态调整，以适应项目进展与外部环境变化。教育部门根据阶段性成果与反馈调整指标权重与优先级，例如初期评估设备到位情况，后期关注软件应用效果。动态调整的设计提升了监督工作的灵活性和适应能力。

　　差异化设计满足了不同类型教育项目需求。例如，基础设施类项目关注进度、成本与质量，教育质量提升类项目则评估学生成绩变化或教师教学技能改善。差异化设计使监督更具针对性，避免因"一刀切"导致效率低下。

　　公开机制可增强监督标准的透明度，鼓励社会力量参与。地方应通过官网或媒体公布标准及其制定依据，详细说明指标定义与考核方式。社会组织及公众可通过公开平台了解监督重点，提供建议，提升监督工作的社会认知度与公信力。

　　专家咨询与行业合作将提升监督标准的专业性。地方政府可邀请教育、工程等领域专家组成团队，为指标科学性与可操作性提供建议，同时引入先进管理工具和技术方法，如项目管理软件或数据分析工具，为监督工作提供技术支持。

　　监督标准实施效果需定期评估，并持续优化。地方可对监督结果进行比较，判断指标设计与执行效果，发现问题后及时调整，如精简冗余指标或强化关键内容。持续优化可确保监督工作始终高效、科学。

（二）引入第三方监督机构，提升监督的公正性与专业性

引入独立的第三方监督机构，可有效优化教育与乡村振兴项目的监督机制，提高监督工作的专业性与公正性。教育部门需为第三方监督机构制定明确的管理框架，清晰界定其职责和监督范围。地方政府要通过政策和资源支持，保障第三方监督机构高效履职，为项目实施提供独立视角的评估依据。

教育部门需明确第三方监督机构的核心职责，以聚焦监督工作。例如，其职责可涵盖资金审计、进度评估、施工质量监控与项目成效分析。地方政府根据项目性质设定监督重点，例如工程验收或质量控制，确保职责明确且执行高效。

地方政府应制定严格的准入标准，确保第三方监督机构具备足够的专业能力。公开招标可作为选拔方式，要求机构具备审计、工程管理或教育评估等相关经验。团队需拥有多学科背景，包括财务分析师、教育研究员及工程技术专家，以提高监督工作的质量。

地方应通过制度设计保障第三方监督机构的独立性，避免利益冲突干扰监督结果。地方应明确机构与被监督单位的利益回避机制，如禁止存在直接经济关联。此外，要通过法律强化监督责任意识，例如对虚假报告规定法律后果，以提高监督结果的公信力。

地方政府需提供充足的数据和资源支持，确保监督工作顺利开展。例如，开放预算明细和考核标准等关键数据，提供交通及现场接待便利，减少工作阻力，提高效率。

教育部门需推动第三方监督机构与政府协作，构建高效的信息共享机制。例如，通过联合工作会议对比分析监督报告与监管数据，依据监督结果调整政策或资源分配方案，实现监督效益的最大化。

地方对第三方监督机构的工作模式需定期评估优化，提升其参与成效。地方可通过报告质量、问题发现率及解决建议应用效果等方面评估其表现，根据评估结果调整监督频率或细化分工，确保监督能力与项目需求匹配。

地方应宣传推广第三方监督机构工作，增强社会认知和信任。地方应公开发布监督报告，展示问题与解决建议，通过媒体宣传其贡献，例如提高项目透明度和资源使用效率，强化社会对监督工作的支持。

地方可推动第三方监督机构深度参与项目评估，扩展其应用领域。教育部门可邀请其进行长期成效分析，如评估职业教育对就业率的影响或基础设施改善对教学环境的作用。评估结果可用于优化未来项目设计，提高资源配置精准度①。

地方应通过法律手段明确第三方监督机构的权利与义务，确保监督工作的规范性和合法性。例如，规定信息获取权及数据保密责任，要求政府部门依据监督建议改进工作，为监督工作的长期发展提供法律支持。

二、构建多维度的评估体系

（一）制定涵盖教育质量与发展的系统评估框架

政府应构建系统化评估框架，全面衡量教育质量与乡村振兴多维度要素，为评估工作的科学实施提供方向。教育部门需在框架中明确目标、范围与指标体系，以保障评估工作的规范性与针对性。地方政府要结合区域特点细化评估内容，确保框架具备实际操作价值。

系统评估框架的目标需清晰，助力乡村教育和振兴的长远发展。聚焦教育项目实施成效，如学生学习成绩提升、教师队伍优化以及教育资源配置合理化。同时，框架需涵盖间接贡献，如职业教育对就业水平的推动或文化教育对社区凝聚力的促进。

地方政府要推动评估框架的全面覆盖，以确保教育与乡村振兴的所有维度均可被科学评价。例如，在教育质量方面，内容可涵盖学业成绩、综合素质提升以及毕业率；在教育发展方面，关注设施建设完善度、信息化普及率及职业教育对就业的促进效果。覆盖全面的框架可呈现教育与振兴协同发展

---

① 赵梦芳. 城乡融合背景下新型城镇化与乡村振兴的耦合协调研究——以山西省为例［J］. 建筑与文化，2022（01）：101-102.

的整体图景。

多层次指标设计有助于框架适应不同层级需求。在国家层面可聚焦宏观数据，如教育经费增长率或师资配备比例；在地方层面需关注具体指标，如某区域内学校设施改进或职业教育与产业对接情况。这种层次化设计增强了框架的灵活性与适应性。

评估指标的科学化与标准化能提升结果的可比性与一致性。通过行业标准或历史数据设定合理区间，如设施建设周期或学业成绩提升范围。同时，量化指标需明确，如"新增教学设备数量"比"设备有所增加"更易操作。标准化的设计有效减少主观干扰，提高评估结果的可靠性。

动态更新评估框架能够适应发展变化的需求。地方政府需定期检视框架的适用性，调整指标权重或内容。如在信息化教育初期，评估可重点关注设备覆盖率；后期则转向评估教学效果。动态更新将使框架始终贴合实际需求，保持评估工作的时效性。

区域化定制可提升框架对不同地区的适用性。经济发达地区可侧重教育创新与高端职业培训，欠发达地区则关注基础教育的普及与均衡发展。同时，地理条件差异也需考量，如偏远山区交通改善指标的权重设计。这种定制化策略增强了框架在实际操作中的价值。

数据支持为评估框架注入了科学性与可操作性。地方应通过历史数据分析设定合理的指标范围，如学生成绩提升幅度或教师培训参与率。同时，数据对比可为跨地区统一指标的设计提供参考依据。以数据为基础的框架能更贴合教育和乡村振兴的实际情况。

透明化机制可增强评估框架的公众信任与社会参与度。地方应通过公开渠道发布框架设计依据及指标解释，如明确各项指标的定义与考核标准。社会组织与公众可通过信息了解评估重点，并提出反馈意见。透明化的框架设计将吸引更多社会力量参与评估，提升工作的影响力。

专业团队的介入将提升框架设计的科学性与权威性。地方应邀请教育研究者、社会学者及工程专家参与设计，为框架提供理论支持与实践建议。团队可对框架的合理性、适用性及执行性进行审查并优化。

（二）引入定量与定性相结合的方法，提升评估全面性

引入定量与定性评估方法相结合的方式，能够有效提升教育与乡村振兴项目实施效果的衡量精度。教育部门需构建科学评估工具，通过标准化问卷、绩效记录和财务审计等手段收集关键数据，确保数据的准确性与可比性。定量评估可关注教育经费使用效率、设施改善数量、教师培训参与率及学生学业进步幅度等核心内容，为后续政策调整提供坚实的事实依据。

同时，定性评估可弥补定量分析的局限性，通过访谈、座谈会及实地观察，挖掘项目实施中的细节与背景信息。例如，学生对新教学设备的学习体验，教师对培训实用性的看法，这些反馈为量化数据提供了背景解读，揭示政策效果的具体影响。

多方参与是提升评估广度的重要环节。地方政府可联合高校、独立研究机构及非政府组织，共同设计评估模型并执行数据收集任务。这种协作模式能够优化问卷设计，提升数据采集质量，同时确保分析的客观性与科学性。

标准化工具的使用可使定量与定性方法有机结合。综合评估表可以将数据趋势与主观反馈相结合，例如评估学生学业成绩与综合素质提升，或探讨职业教育对就业匹配的具体影响。这种整合不仅提升了评估的科学性，更拓宽了评估视角的深度。

数据分析技术在定量评估中发挥了重要作用。地方可通过统计模型对政策实施效果进行量化分析，例如比较实施项目学校与未参与学校的教学质量变化，或运用回归模型控制外部变量的干扰，这些手段提升了数据解读的精准性。

多样化的定性评估方式则为评估工作带来更丰富的视角。例如，通过案例分析剖析典型学校的发展路径，或通过实地考察了解项目实施中的实际问题，这些方法为政策效果提供了深度观察。

数据整合分析是实现评估全面性的关键。地方应将量化趋势与定性观察结合，例如对学生成绩变化与学习满意度反馈进行对比分析，以揭示政策的综合影响，避免单一方法导致的偏差。

持续的动态优化是确保评估体系长效运行的基础。地方要定期审视评估工具和方法的适应性，根据实际数据反馈调整指标权重，丰富评估手段，不断提升评估的科学性与效率。

采用定量与定性相结合的评估方法，辅以多方合作、数据分析和公开透明的机制，将为教育与乡村振兴的科学管理提供可靠支持，进一步推动其长期发展与持续优化。

三、加强绩效考核，提升教育项目的执行力

（一）制定明确的绩效目标与考核指标

制定科学合理的绩效目标与考核指标体系，是增强教育与乡村振兴项目执行力的重要手段。

绩效目标应结合项目特点与预期成果进行精确设定，为执行过程提供方向指引。例如，基础设施建设类项目可关注建设周期、成本控制和质量标准，而教育质量提升类项目则需聚焦学生学业进步、教师教学能力提升及资源配置优化等具体方面。明确且具体的目标有助于衡量项目成效，同时为后续调整奠定基础。

考核指标的设计需要覆盖项目实施的各个关键环节，并体现多维度特性。例如，在资金管理方面，考核内容应包括拨付效率、透明度和效益分析；在执行环节，可评估施工进度、质量达标率及教育资源改善效果；在项目成果上，则需关注学生学习水平变化和学校管理能力提升。全面的指标体系可精准反映项目运行状况。

数据分析为考核指标的合理性与科学性提供支持。地方可利用历史数据和监测信息，制定贴合实际的标准，例如基础设施建设的平均工期、职业教育就业率及教育资源配置比例等。这种基于数据的指标设定可避免目标设计的偏差，提高评估的适用性。

考核指标的分层次设计能够提升其适配性和针对性。在国家层面，考核可集中于总体目标，例如乡村学校硬件设施覆盖率提升；在地方层面，则需

关注区域内项目的具体表现，如新建学校的完成情况或职业教育与地方经济的契合程度。分层次的设计既保障了全局目标的落实，也兼顾了地方实际需求。

在项目推进过程中，动态调整机制尤为重要。早期阶段应更多关注基础建设与覆盖率，而在后期需转向对教育质量与效果的考量。灵活的调整可使考核指标更贴合实际进展，避免评估结果失真。

标准化考核工具是提升考核科学性和操作性的有效手段。例如，统一的评分标准、数据来源说明及量化规则，有助于减少主观误差，增强评估的可靠性。不同项目类型可对应不同考核模板，确保工具的适配性，例如基础设施类关注施工质量，教育质量类则侧重学习效果。

公开透明的考核机制能够提高政策的社会认可度。地方可通过官方网站发布绩效目标和考核方案，明确关键阶段的评估重点，学校及公众可据此监督并提出改进建议。透明的评估体系既提升了政策执行的可信度，也增强了社会参与度。

考核指标的科学性还可通过专家咨询与多方参与得到进一步优化。教育专家、工程管理学者及社会科学家可组成专业团队，为指标设计提供技术支持。同时，地方可通过听证会或公众调研收集意见，结合实际操作经验进一步完善指标内容。

持续的动态优化是保持考核体系有效性的关键措施。地方要定期回顾现有指标的适用性，并根据评估结果调整其权重或增加新的评价维度，例如关注学生综合能力或资金使用效益。

（二）引入激励与约束机制，优化项目管理与执行效果

地方应引入科学的激励与约束机制，提升教育与乡村振兴项目的管理和执行效果。教育部门应制定奖励政策和问责机制，以调动各方积极性，并对不符合标准的行为进行有效约束。地方政府则需从制度设计、执行监督和资源分配等方面入手，确保机制的高效运行。

奖励政策需多层次和具备针对性，以充分调动不同主体的积极性。例如，

对超额完成目标的学校，教育管理部门和项目承包方应实施物质奖励或荣誉表彰。设立专项基金，能够在教育资源优化、教学质量提升以及学校建设方面，对取得显著成效的单位和个人予以鼓励。

激励形式的多样化能够满足不同主体的需求，并增强政策的吸引力。例如，绩效奖金、荣誉称号以及职业晋升等措施，更适用于教育工作者和管理人员，而对于学校，预算支持和资源优先分配则更为有效。这些形式可适应不同工作需求，提升机制的灵活性和吸引力。

技术创新与管理优化是提升项目实施质量的重要途径。教育部门可通过激励机制，鼓励学校和教师在信息化教学、课程开发及教学方法创新等方面进行尝试。对于表现突出的创新项目，可通过专项资金支持或经验推广等方式加以鼓励，从而推动项目的持续改进。

约束机制需明确具体，对违规行为进行严格管控。例如，应加强对资金使用、施工质量及项目进度的审查，确保执行过程符合标准。若出现资金管理不善或工程质量不达标的情况，应采取扣减奖金、暂停项目或依法追责等措施，以强化责任意识。

问责机制的有效执行能够增强约束措施的威慑力。地方应明确问责流程，对重大问题进行专项调查并公开通报结果，确保执行的透明性和权威性。对于严重失误，还需依法追究相关责任人的法律责任，从而形成有力震慑。

激励与约束机制的动态优化，有助于适应项目实施过程中的阶段性需求。例如，在项目启动阶段，可侧重奖励创新思路；在实施阶段，则需关注目标达成率和执行质量。对于反复出现问题的单位，可通过加重约束措施提高执行标准，增强机制的灵活性。

公开透明的机制是增强激励与约束公信力和公平性的关键。通过官方网站或媒体公开奖励名单、问责结果及政策依据，能够让公众全面了解机制的执行情况。明确的标准和政策支持，有助于减少质疑，增强政策权威性。

优秀实践的推广能够提升机制的社会影响力。地方要总结成功案例并在媒体或学术交流中传播，为其他地区提供借鉴。例如，某些学校通过激励机制提升了教学质量，或某些地区通过约束机制规范了资金使用情况，这些经验能够进一步巩固机制效果。

地方还可将激励与约束机制与绩效考核相结合，形成闭环管理模式。例如，依据绩效考核结果实施奖励或问责，实现政策的相互支持。这种结合提升了管理的系统性和效率，可确保机制持续优化。

（三）利用绩效考核结果，推动资源配置合理化

科学运用绩效考核结果优化资源配置，可有效提升教育与乡村振兴项目的执行效率。将绩效结果作为分配资源的关键依据，不仅能引导资源流向，更能强化项目实施中的科学性和公平性。

明确绩效考核结果的应用范围，是优化资源分配的重要基础。绩效数据可直接影响财政预算分配、政策资源倾斜以及项目支持的优先级。例如，考核表现突出的学校或地区，可以获得新增经费、优质师资和教学设备支持；而考核结果不理想的单位，则需针对性调整资源配置，推动他们进行整改。这种明确的导向，能够促进资源利用更加高效。

动态联动机制能够显著提升资源分配的灵活性和适应性。根据实时绩效数据调整资源配置方案，可以更好地应对各地区和项目的实际需求。例如，对于教师资源紧缺的地区，应增加招聘指标或提供专项培训经费；而在教学成果显著的学校，可追加信息化建设或特色课程开发的资金支持。

深入的数据分析，可以挖掘绩效考核中隐藏的问题和机会，为决策提供科学依据。例如，分析不同学校的资源利用率、教学成果和学生反馈，可以揭示资源分配中的不平衡现象。设备闲置率较高或投入与产出不匹配等问题，可通过精准的数据分析得到解决。这种科学化的决策方式，有助于资源分配更精准、更具成效。

差异化资源配置设计能够满足多样化需求，提升资源使用效益。基础薄弱地区的教育建设需要优先支持，例如新建校舍、设备采购等；而职业教育发展良好的地区，可以加强资源投入，以进一步提升其与地方产业的融合度。

资源分配后的过程监督是确保分配效益的关键环节。地方要通过在线平台监控资金使用、项目进度和设备利用情况，避免资源浪费或挪用问题。学

校需定期报告资源使用效果，包括资金用途和项目实施结果，确保资源用在实处。透明的跟踪和监督机制，将强化各方的责任意识。

资源配置过程的公开化有助于增强公信力和社会认可度。地方要通过官方网站或媒体渠道公开分配依据、考核权重和具体内容，让公众充分了解决策的合理性。对于专项资金或试点项目，需明确公示标准和程序，接受社会监督①。这种透明化操作提升了政策的执行力和信任度。

以绩效考核结果为导向的正反馈机制，可以激励各单位持续改进。例如，表现优异的学校可优先获得新项目资金或教师进修机会，进一步提升教学质量。正反馈的激励效应，将形成追求卓越的良性竞争环境，为教育系统注入持续发展的动力。

地方还要建立长效机制确保绩效考核结果对资源分配的深远影响。地方要明确调整时间节点、权重指标和审批程序，使资源配置规则更加稳定。例如，定期评估分配效果，及时优化分配方案，从而提升整体资源配置的科学性和长期效益。

推广优秀案例的实践经验，是提升资源配置整体效率的有效途径。地方要总结并推广在资源分配和使用方面的成功实践，为其他地区提供有益的借鉴。例如，通过灵活的教师分配或精准的设备采购优化教学条件的案例，在更大范围内复制成效，推动资源利用效率提升。

四、推进信息化监督管理，提升监督效率

（一）构建数字化管理平台，实现监督过程的实时监控

构建数字化管理平台能够有效提升教育与乡村振兴项目的监督效率，实现全过程的实时监控。数字化平台的设计需系统化、功能明确，并结合区域实际需求展开推广，为监督管理提供技术和数据支持。

明确平台核心功能，是确保监督工作高效开展的关键。平台需覆盖数据

---

① 马瑞祺，马成文，张焕明. 我国乡村振兴与新型城镇化耦合协调发展及动态演进研究 [J]. 合肥工业大学学报（社会科学版），2021，35（06）：12-23.

采集、信息发布、进度跟踪、问题预警和绩效评估等模块化功能。例如，基础设施模块记录学校建设详情，资金管理模块追踪预算执行进展。这种功能分区能够针对不同项目需求提供精准支持，从而增强平台在管理中的实用性。

数据集成是提升平台监督全面性的重要手段。将资金流向、项目进度、师资配置、学生成绩等多维度信息纳入统一平台，能够实现跨部门、跨层级的数据整合。例如，教育部门与财政部门通过平台共享预算数据，可确保资源的高效使用。

通过实时监控功能，可动态掌握项目进展并快速发现问题。平台可实时更新施工进度、资金使用和资源分配等关键指标。当出现异常情况，如进度滞后或资金异常，系统自动警报并通知相关单位采取措施。动态监控功能不仅提高了问题处理效率，还减少了问题扩大的风险。

可视化设计则增强了数据呈现的直观性和决策的效率。通过仪表盘展示项目进度、资金流向和资源分布，管理者可以迅速掌握整体状况。热图、柱状图或趋势图等形式，能够清晰展现区域差异、资源利用率和时间变化趋势。这种直观的数据呈现方式有助于管理者快速作出科学决策。

移动终端的对接，使平台使用更加便捷和灵活。例如，开发手机应用或小程序，允许用户随时查看数据、提交反馈或上传施工现场照片。教育部门也能通过移动端审核资金申请或监控项目进度。便捷的移动化功能提升了平台的使用效率和用户体验。

为了确保平台覆盖全面，用户培训和推广工作必不可少。学校管理者、施工单位和监督人员需接受系统培训，熟悉平台操作流程，包括如何录入数据、生成报告或分析指标。通过在线教程、现场指导或使用手册的方式推广平台，能够提高各方对平台的接受度与应用效果。

监督成果的公开展示则能增强社会对项目的信任和参与。例如，通过平台发布资金使用明细、建设进展和培训成效，让公众清晰了解项目成果。同时，公众的意见反馈机制进一步完善了监督模式。这种透明的成果展示方式，能够有效增强社会对教育与乡村振兴工作的支持。

（二）加强信息安全管理，确保数据完整性与隐私保护

构建健全的信息安全管理体系，能够有效保障教育与乡村振兴项目相关数据的完整性与隐私保护，为监督与评估工作的顺利开展提供有力支持。信息安全管理的重点应从制度设计、技术保障和意识提升等多方面着手，形成全方位、多层次的保护体系。

信息安全管理的核心目标需要明确，其设计应围绕保密性、完整性和可用性展开，避免数据在传输、存储或使用过程中发生泄露或篡改。例如，针对学生隐私数据、教师绩效记录及项目资金信息等敏感内容，应设定严格的访问权限和保护机制，确保只有授权人员才可查看或操作，为信息安全工作的推进指明方向。

推动分级分类管理是提升数据保护效率的有效策略。根据数据的重要性与敏感性，可将信息划分为普通数据、关键数据和敏感数据等类别。例如，学生健康档案或学校财务数据需要更高等级的加密与权限控制，而普通数据则可实施相对宽松的管理。这种分类处理方式可合理分配保护资源，实现重点突出与高效管理的双重目标。

技术手段在信息安全管理中占据关键地位，其应用可显著降低数据泄露与篡改的风险。例如，端到端加密技术可确保数据在传输过程中的安全性，而访问控制技术则可限制用户对数据的操作权限，防止越权访问。不同技术的结合使用，如加密、认证与分布式存储，能够进一步提升整体数据保护水平。

完善数据备份与恢复机制，能够有效应对数据丢失或损坏的突发情况。定期备份教育项目的核心数据，并将备份存储于不同安全地点，可以避免因自然灾害或系统故障导致的重大损失。一旦发生问题，恢复机制可迅速还原关键数据，确保监督与评估工作不间断。

动态监控与审计技术的结合，使信息安全管理具备更强的实时性与响应能力。例如，监控系统可识别数据访问中的异常行为，及时发出警报并阻止潜在威胁；审计功能则通过记录操作日志，为问题溯源与责任认定提供依据。

动态管理模式可在问题发生前及时干预，从而降低安全风险。

法律法规的支持是信息安全管理规范化的重要保障。明确数据使用与保护的责任与义务，例如限定个人信息的采集范围、使用目的和保存期限，可防止数据被滥用。同时，对违规行为设定具体的惩罚措施，能够增强制度的威慑力，提升信息管理的执行效果。

普及信息安全意识是减少人为因素导致问题的重要措施。通过开展培训课程、制作宣传材料或举办在线讲座等方式，可以提高管理者、技术人员和其他相关人员的安全意识。例如，掌握密码管理方法、识别网络钓鱼手段和安全使用设备的技巧，可以有效降低因疏忽导致的数据泄露风险。

技术升级的动态化是应对新兴安全威胁的关键策略。例如，利用人工智能识别网络攻击模式或引入区块链技术确保数据不可篡改，能够使信息安全管理始终处于技术前沿。此外，及时修复已发现的安全漏洞，并根据新威胁调整保护措施，有助于持续提升管理体系的适应性。

信息安全管理的成果需要通过定期评估与公开展示，增强公众对监督工作的信任。例如，发布年度数据安全报告，展示主要成效与改进方向，可提升政策的透明度。同时，总结成功应对安全事件的经验，通过公开分享促进社会对信息安全的认知和支持。

五、完善法律法规，保障监督与评估的法治化

（一）制定与监督评估相关的法律法规，明确其法律地位

制定科学合理的法律法规，能为教育与乡村振兴项目的监督与评估提供法治保障。教育部门需明确法规的适用范围和核心内容，为监督与评估提供法律依据。地方政府应结合实际需求，推动法规的制定与实施，以服务教育和乡村振兴的整体目标。

教育部门需要设定法规目标，指导监督与评估规范化，例如规范流程、明确参与者权责、提升监督透明度和公正性等。教育部门需以教育质量和乡村振兴成效为核心进行目标设定，避免出现因法律空白或模糊导致责任推卸

或执行不力的情况。

地方政府应推动监督评估法律法规的系统化设计，使其覆盖项目实施的全过程。例如，明确项目规划、资金分配、执行进度和成效评估等重点环节，同时细化监督报告编制标准、数据采集方法和结果公开形式。系统化设计能减少法律条款的片面性，降低执行争议。

广泛的社会参与能够提升法规制定的科学性与可操作性。例如，通过听证会、座谈会和调研等方式，吸纳学校、企业、非政府组织及公众的意见，了解法规对各主体的潜在影响及实际需求。这种参与使法规更加贴近现实，提升执行的接受度和适应性。

监督评估相关法规需与其他政策保持衔接，确保统一性与协调性。例如，审查现有教育政策与乡村振兴战略，避免新法规与现行政策冲突。同时明确与其他法律的关系，如资金管理与财政法规、土地使用与土地法的衔接，增强法规的执行力。

明确法律条款，可增强监督评估工作的权威性与执行力。例如，法规需详细规定监督机构的职责，包括信息收集权、现场检查权和对违规行为的处罚建议权，并赋予评估报告法律效力，使其成为项目改进与资源分配的依据。

宣传与普及法律法规有助于提升参与主体的法律意识和执行能力。例如，通过宣传手册、培训课程和法规宣讲会，让学校管理者、项目实施方及社会监督人员了解法规内容及执行要求。针对不同主体设计适配内容，例如对学校强调责任，对公众强调参与权利，提升法规知晓率和执行效果。

法律条款中的激励措施可鼓励社会力量参与监督评估，扩大监督的覆盖面和多样性。例如，为社会监督提供支持，保障志愿者权利、提供技术培训、奖励积极参与者等。这种激励机制将吸引公众参与，形成多方共治的局面。

（二）建立法律责任机制，确保监督与评估的有效实施

建立法律责任机制，可推动教育与乡村振兴项目监督与评估工作的高效

运行。教育部门需在法规中明确各相关方的法律责任范围，确保执行工作的严肃性和清晰性。地方政府则需结合实际需求，设计具体的责任追究程序，为处理违规行为提供可靠依据，推动监督与评估工作的规范化和高效化。

法律应明确监督与评估责任范围，为相关方提供操作指导。法规应详细规定政府部门的职责分工，例如财政部门负责监管资金使用，教育部门监督项目实施进度，审计部门审核资金流向。此外，学校、施工单位与评估机构也需履行特定义务，如实提供数据、接受现场检查和按时递交报告。责任范围明确将有效减少责任分散或推诿的现象。

地方应推动法律责任机制的精细化设计，使各方责任具体化、可操作。法规需针对不同环节制定详细条款，例如项目实施方未按时提交报告需承担延误责任，评估机构提供失实信息需依法追责。对于常见的违规使用资金或未按要求整改，法律条款需明确处罚方式。

强化问责体系建设是提升法律约束力的关键。法规应明确列举失职行为，例如未按要求履行监督职责或未及时处理问题，并规定相应法律后果，如经济罚款、岗位调整或司法追责。这种明确的问责体系能够增强执行人员的责任意识，推动监督与评估工作落实到位。

法律责任的公开化，可增强社会的信任与监督支持。政府可以公开责任追究案例，例如某地因监督不力导致资源浪费的处理经过，警醒其他主体避免类似失误。也可宣传优秀履职案例，例如某机构精准发现问题并成功规避风险，以提升公众对监督工作的信心。责任机制的公开化既增强了透明度，也强化了社会对法律实施的监督作用。

责任机制需与其他法律法规形成协同作用，建立综合保障体系。法规需明确各部门间的责任交叉点，例如财政、教育和审计部门如何协作监管资金使用，避免职责重叠或空缺。

推广与普及法律责任意识是确保责任机制落地的基础。法规宣传需结合多种形式，例如组织培训、发放手册或举办专题活动，向相关人员讲解法律责任的具体内容及执行标准，从而帮助执行单位理解法规，增强社会整体的法律意识。

（三）推动法律法规的动态修订，适应教育与乡村发展的变化需求

推动法律法规的动态修订，可及时回应教育与乡村振兴工作的变化与需求。我国应建立常态化的法律评估机制，确保法规内容与实际发展相匹配，地方政府要结合区域特点优化法规设计，为教育与乡村振兴提供精准支持。

法律法规的动态修订需要明确调整的目标与原则，为修订工作指明方向。例如，调整目标应包括反映教育政策的最新趋势、适应科技发展的要求以及回应社会实际需求。修订工作需遵循科学性与广泛参与的基本原则，通过深入调研和充分论证，使调整后的法律更具权威性和适应性。

评估机制的建立是推动动态修订的关键环节。定期审视现有法律法规的适用性和实际效果，有助于发现问题并提出改进建议。例如，通过专项分析，识别法规在教育项目监督中的盲点或限制，并结合绩效数据与实地调研明确调整方向。

多方参与是提升修订过程科学性和公信力的重要方式。组织专家座谈、行业讨论和公众听证等活动，听取不同领域的意见和建议。例如，教育专家的专业视角、学校管理者的操作反馈、公众对公平性的关注，都可以为法律的完善提供有价值的参考，增强法规调整的社会接受度。

地方性法规的优化需要结合区域发展实际，满足不同地区的差异化需求。例如，在经济发达地区，法规修订可鼓励教育创新，以支持信息化教学或跨学科课程开发。在经济欠发达地区，则需强化对基础教育的保障，规范教师薪酬水平或改善学习条件。

技术发展给教育与乡村振兴带来了新的挑战，法律修订应及时回应。例如，在线教学的普及要求明确数据隐私保护的法律标准，智能设备的广泛使用则需设定质量与技术规范。

试点探索为修订内容的全面实施提供了实践支撑。选择特定地区或学校试行新条款，验证效果并发现问题，是降低实施风险的有效策略。例如，在试点中测试资源分配新机制或监督流程优化方案，能够为全面推广积累宝贵

经验。

公开透明的修订流程有助于增强社会信任度和支持度。各地应通过政府网站发布修订草案、组织公众征求意见，及时公开修订背景、目标与具体内容，让社会各界了解调整的必要性和预期效果。

修订后的法律需要进行全面宣传与普及，确保执行效果。例如，通过政策解读、培训课程和在线问答等形式，帮助相关主体掌握法规的核心变化和实施要求。对于重大条款调整，需通过多渠道覆盖，确保所有利益相关方明确职责与义务。

第四节　营造良好的外部环境与氛围

一、加强社会文化建设，提升教育与乡村振兴的社会认同

（一）倡导尊师重教的社会风尚

倡导尊师重教的社会风尚，需要通过系统化的政策推动和多层次的文化建设，在全社会形成对教师职业价值的深度认同。通过政策支持、文化传播以及多方协作，构建积极的社会氛围，为教育发展和乡村振兴奠定文化基础。

教育部门可设立表彰机制提升教师的职业荣誉感，使社会更加认同教师的付出。例如，定期评选"乡村教育卓越奖"或"优秀教育贡献奖"，表彰在教学中有卓越表现的教师。活动可结合节庆开展，在教师节时邀请公众参与颁奖仪式，学生赠送手工礼物，社区提供致谢活动。这种以仪式为载体的社会认可，能有效传递尊师重教的理念。

多渠道的宣传有助于扩大尊师重教文化的覆盖范围。教育部门可通过电视专题、广播访谈、社交平台短视频等形式展示教师的工作与生活。例如，拍摄记录教师深夜备课、走访学生家庭或创新教学的真实场景，用具体的故事凸显他们的奉献精神。

学校是尊师重教理念的内化阵地。学校可举办"感恩教育"主题活动，例如学生撰写感谢信、手绘纪念作品，表达对教师的敬意；或者组织趣味运动会、师生互动晚会，增进对彼此的理解与情感纽带。这些充满温度的活动既让学生更加感恩，也强化了教师职业的社会意义。

地方政府可改善教师福利制度，为尊师重教文化提供长期保障。例如，提高乡村教师工资水平、优化职称晋升通道，或为边远地区教师提供住房补贴和交通补助，改善他们的生活条件。在此基础上，尽力解决配偶就业、子女教育等实际问题，进一步减轻教师的后顾之忧，让他们能够全心投入教学工作。

尊师重教文化需要融入乡村社区的日常生活，强化其社会认同感。例如，通过民俗节庆活动将教师的故事编排成戏剧、小品，展示其在乡村教育中的关键作用。村委会可以组织庆祝活动，赠送锦旗或举办教师表彰大会，通过村民的共同参与，提升教师在社区中的地位。

教师的专业成长需要政策的支持与资源的倾斜。教育部门可以定期开展针对乡村教师的培训活动，例如线上教学技巧、线下教研观摩以及跨区域交流。还可以联合高校提供学历提升机会，帮助乡村教师拓宽学术视野，增强其教学能力与专业认同感。

社会力量的协同能够强化尊师重教的实际效果。例如，地方企业参与教师福利计划，提供交通补贴或健康保险；公益组织通过捐赠多媒体设备、提供教学资源等方式改善教师的工作条件。这种多方联动形成了共同支持教师的良性循环。

现代技术是传播尊师重教理念的有效工具。教育部门可以开发专门的教师文化平台，用于展示优秀教师的职业事迹、教学反思以及教育心得的文章。同时通过社交媒体，发布与教师相关的励志故事、名言分享和节日策划，激发公众对教师职业的关注与尊重。

弘扬尊师重教的社会风尚，可让更多优秀人才投身教育事业，为乡村振兴提供文化支撑与人才保障。通过政策激励、文化认同和社会协同，教育系统与乡村发展之间的纽带将更加紧密，形成可持续发展的强劲动力。

（二）宣传乡村振兴与教育发展的重要性

推动乡村振兴与教育发展的宣传工作，需要在多层次、多渠道中传递清晰且深入的价值信息，促使全社会形成对乡村教育战略意义的高度共识。政策解读、数据展示、案例传播和创新形式是系统宣传的核心路径，既加深了公众的理解深度，也提升了社会支持的广度。

教育部门要进行系统化政策解读活动，更直观地阐明教育在乡村振兴中的作用。例如，组织专家学者深入乡村，通过社区讲座、学校开放日等形式，解析教育对经济转型、文化传承和社会治理的促进效应。宣讲活动结合真实案例，比如某地区通过职业教育转型带动就业增长，使公众切身感受到教育与乡村发展的实际关联。

视觉化展示是扩大宣传影响力的有效手段。地方政府可设计数据图表、短视频和宣传海报，通过直观的视觉表达，展示乡村教育对基础设施改善、文化复兴及就业提升的显著影响。例如，短视频记录教师在偏远山区授课的场景，或学生在新建校舍中学习的画面，能够以情感为媒介，与受众产生深刻共鸣。

典型案例的传播为宣传注入具体内容。例如，某乡村学校引入智能教学设备提升了教学质量，或某职业学校的毕业生返乡创业改变了地方经济格局。通过新闻报道、访谈节目以及社交媒体推送，这些成功经验可以触发公众对乡村教育的更大关注，进一步强化对教育投资必要性的理解。

贴近生活的宣传活动更能增强乡村居民的接受度。例如，利用乡村集市、庙会等日常场景，设置教育主题展位或开展文艺演出，将教育政策的内涵转化为通俗易懂的表达形式。村民以互动方式参与，聆听政策讲解、领取宣传材料，能够更直接地理解教育如何提升生活品质。

将公益活动融入宣传是一种更为互动的方式。地方政府可组织城市与乡村学校进行交流，例如志愿者教学、物资捐助或乡村教育体验日，让公众通过亲身参与，更深刻地认识乡村教育的重要性。

宣传工作还需定期发布成果报告以强化社会信任。例如，以年度报告形式呈现乡村学校建设进展、教师队伍变化和学生成长数据，通过翔实的内容和数据的透明化，使公众看到教育政策的实施效果，进一步巩固支持基础。

宣传形式的创新能够吸引更广泛的受众群体。例如，创作反映乡村教育主题的歌曲或微电影，通过情感和艺术表现形式，调动不同层次受众的兴趣。在学生群体中，举办征文比赛、插画创作或教育主题知识竞赛，增强其对教育价值的认知，让宣传更具趣味性与互动性。

常态化宣传机制可确保宣传效果的持续性。地方可设立教育主题宣传月或乡村振兴活动年，围绕教育与乡村发展的关键点开展系列活动，例如巡回成果展示、公众互动体验等，以深化宣传效果，不断引发社会对乡村教育的持续关注。

二、促进绿色教育与可持续发展，营造生态友好的教育环境

（一）推广绿色校园建设，提升学校生态环境

推进绿色校园建设，需要在政策规划、资源整合与文化培育中体现系统性与可操作性，使绿色理念贯穿校园建设全过程，从而提升教育生态的整体质量，助力乡村振兴。

教育部门要制定详细的绿色校园建设标准，涵盖规划设计、资源管理与设施配置等方面，为学校提供明确的实施方向。例如，在建筑设计中，可优先选用高效节能材料，并结合地域特点优化校舍通风和采光方案，以减少能源消耗。校园绿化比例须符合生态标准，通过设置屋顶花园、生态步道或小型湿地等设计，让自然环境成为学生学习与生活的一部分。

地方政府需集中资源，优先升级乡村学校的基础设施，消除绿色校园建设的硬件瓶颈。例如，设立专项环保改造基金，用于更换低效照明设备、引入可再生能源系统或完善雨水循环利用设施。

绿色设施的推广与普及，是学校实现环保管理的重要步骤。例如，设置垃圾分类站和废弃物回收中心，逐步培养学生与教师的环保行为习惯。学校还可安装太阳能电池板或小型风力发电装置，为校园供电提供绿色解决方案。

不仅降低了传统能源的使用比例，也为学生提供了真实的环保学习场景。

在生态景观方面，地方政府需推动乡村校园的绿化多样化，使其兼具美观与教育功能。例如，种植本地树种和观赏植物，构建生态走廊或小型植物园，为生物多样性教育提供生动案例。这些自然环境可潜移默化地增强学生对生态系统的认知与感知能力。

文化建设是推动绿色校园理念深入人心的关键。教育部门可支持学校组织一系列活动，开展植树节、节能宣传周或环保创新大赛，让师生在实践中增强环保意识。例如，学生设计环保主题海报、参与废旧物品再利用创意大赛，可将生态保护从理念转化为行动，形成校园内外共同响应的文化氛围。

政策激励是促进绿色校园建设创新的有效途径。政府可通过奖励机制支持示范性绿色校园项目，例如对实现能源零消耗的学校给予额外资金支持或荣誉称号。对于以学生主导的生态研究或学校发起的具有创新价值的实践项目，可提供展示与推广平台，扩大绿色校园的社会影响力。

宣传绿色校园建设成果，能够进一步引发社会对生态教育的关注与支持。通过短视频、专题报道或公众开放日，展示校园绿色设施的实际效果，例如能耗降低的数据、废弃物管理的改善，以及学生环保意识的提升。

（二）开展环保教育，培养学生生态意识

推进系统化的环保教育，对于深化学生对生态保护和可持续发展的理解具有重要意义，并能为乡村振兴和教育现代化赋予绿色动力。教育领域应围绕课程设置、教学活动及实践体验全面培养学生的生态意识与行动能力；地方政府则需结合乡村实际与自然资源优势，推动环保教育深入人心，使绿色理念植根于学生的成长过程。

教育体系应明确环保教育的目标，将其纳入学校课程体系。修订后的课程标准可将环保知识、生态系统及可持续发展内容整合至语文、地理、生物等学科。学校要设立专门的环保课程，讲解全球气候变化、生物多样性保护、资源循环利用等主题，帮助学生构建全面的环境科学视野。

地方层面应推动环保教材和教学资源的开发，以满足乡村学校的实际需

求。地方要与环保组织、科研机构合作，聚焦当地生态环境、动植物知识、环保实践等内容编写契合不同年龄阶段的读本，教材应结合乡村自然特色，如农田生态、河流保护、森林管理等，使学生更容易从生活实践中获取知识。

教学形式的多样化能够增强环保教育的吸引力。教师可采用探究式教学，例如通过实验室模拟污染治理、监测水质变化或分析土壤健康状况，让学生直观感受科学探究的过程。同时，视频教学、角色扮演、小组讨论等互动形式也能提高课堂的参与度，使学习更具趣味性。

结　语

教育与乡村振兴的耦合发展，是时代赋予我们的历史使命，也是社会进步的必然选择。本书对教育与乡村振兴之间的复杂关系进行了系统的分析与探讨，试图为这一领域的研究提供新的视角和思路。教育不仅是知识的传递，更是价值观的塑造和能力的培养。乡村振兴需要的不仅是经济的增长，更是文化的传承、社会的和谐以及生态的改善。两者的融合，蕴含着无限的可能性。

在耦合理论的指导下，本书深入解析了教育对乡村振兴的作用机制。从知识传播到技能培训，从人才培养到思想引领，教育在乡村振兴中发挥着多层次、多维度的影响。耦合发展的概念界定，为理解两者之间的互动关系奠定了理论基础。教育的深化改革，与乡村振兴战略的实施，有着内在的逻辑关联。

然而，现实中存在的困境不容忽视。教育资源的分配不均，使得乡村地区的教育质量难以提升。教育内容与乡村实际需求的脱节，导致人才培养的方向与乡村发展的需要产生偏差。耦合机制的不健全，阻碍了教育与乡村振兴的有效结合。师资队伍与乡村需求的不匹配，更是加剧了这一矛盾。这些问题的存在，亟待我们从更深层次去审视和解决。

影响教育与乡村振兴耦合发展的因素是多方面的。政策与制度的导向，经济与社会的环境，技术与创新的推动，地理与区位的条件，都在不同程度地影响着两者的融合进程。只有全面认识和把握这些因素，才能在实践中找到有效的应对策略。

基于以上分析，本书提出了教育与乡村振兴耦合发展的机制构建。资源整合与优化配置，旨在最大限度地发挥现有资源的效能。需求导向的人才培养机制，强调了教育应紧密结合乡村发展的实际需求。协同创新与合作共赢机制，倡导多方力量的共同参与，促进乡村的全面振兴。

在实践路径的探索中，高等教育、职业教育、基础教育、社会教育等不同层次的学科教育，都找到了与乡村振兴融合的切入点。高等教育通过科研成果的转化，为乡村提供了技术支持。职业教育则为乡村培养了大批实用型人才。基础教育在传承乡村文化、培养下一代方面发挥了重要作用。社会教育提升了村民的综合素质，促进了乡村社会的治理和发展。

保障措施的落实，是确保教育与乡村振兴耦合发展的关键。精准的政策引导，全面的支持体系，为两者的融合提供了制度保障。广泛的社会力量动员，协同合作，形成了强大的合力。科学的监督与评估机制，确保了各项工作的有效推进。营造良好的外部环境与氛围，增强了社会各界的参与意识和责任感。

教育与乡村振兴的耦合发展，是一个复杂而系统的工程，需要从理论到实践的全面探索和深入研究。本书的讨论，旨在为这一领域的研究和实践提供一些有益的思考和借鉴。未来的道路上，还有许多未知的挑战和机遇，需要持续地关注和努力。

乡村的未来，寄托在一代又一代人的奋斗中。教育的力量将启迪智慧、激发潜能，为乡村振兴注入源源不断的动力。希望本书对教育与乡村振兴耦合发展的研究，能推动乡村走向更加美好的明天。

参考文献

［1］张沁蕊，段笑. 基于"三螺旋"理论的高职校创新创业教育与乡村振兴耦合协调发展路径研究［J］. 公关世界，2024（07）：45-47.

［2］董芩. 民族地区高等职业教育与乡村振兴的耦合协调发展研究［D］. 呼和浩特：内蒙古师范大学，2024.

［3］古洁灵. 乡村振兴与新型城镇化耦合协调研究：以郑州市为例［J］. 山西农经，2024（17）：100-103，116.

［4］周武生，余聪聪. 中部6省新型城镇化与乡村振兴的耦合协调发展［J］. 科技和产业，2024，24（17）：136-141.

［5］郭瑜. 乡村振兴视角下青海省新型城镇化耦合协调发展研究［J］. 青海师范大学学报（社会科学版），2024，46（04）：34-44.

［6］刘松. 山东省农村发展与新型城镇化的耦合协调度关系研究［D］. 烟台：烟台大学，2024.

［7］陈柳钦. 乡村振兴与新型城镇化战略耦合协同发展研究［J］. 贵州师范大学学报（社会科学版），2024（01）：24-42.

［8］张立垦，吴文婕. 乌鲁木齐市新型城镇化与乡村振兴协调发展研究［J］. 南方农机，2024，55（01）：97-104，118.

［9］王栋. 成渝地区双城经济圈乡村振兴与新型城镇化协调发展及影响因素研究［D］. 雅安：四川农业大学，2023.

［10］蔡承智，贾欣. 西部地区数字基建对乡村振兴与新型城镇化协调的影响

［J］. 商业经济研究，2023（09）：179-183.

［11］张迪. 新型城镇化、乡村振兴与生态环境协调发展水平研究［D］. 郑州：河南财经政法大学，2023.

［12］孙静雯. 河南省生态功能县旅游经济与新型城镇化耦合协调研究［D］. 信阳：信阳师范学院，2023.

［13］杨雪琴，邓生菊. 基于乡村振兴和新型城镇化耦合视角的甘肃城乡融合研究［J］. 寒旱农业科学，2023，2（04）：369-376.

［14］张一鸣，李睿. 西北地区乡村振兴与新型城镇化耦合协调发展及影响因素研究［J］. 农业科技管理，2023，42（02）：22-28.

［15］徐雪，王永瑜. 城乡融合的逻辑机理、多维测度及区域协调发展研究——基于新型城镇化与乡村振兴协调推进视角［J］. 农业经济问题，2023（11）：49-62.

［16］徐颖慧. 中部地区乡村振兴与新型城镇化耦合协调研究［D］. 天津：天津财经大学，2023.

［17］安雪梅，刘星，李忠华. 河北省乡村振兴与新型城镇化融合发展研究［J］. 华北理工大学学报（社会科学版），2023，23（01）：54-62.

［18］李艳丽，李学坤，张榆琴. 乡村振兴与新型城镇化研究态势——基于CNKI 文献的 CiteSpace 可视化分析［J］. 云南农业大学学报（社会科学），2023，17（02）：25-34.

［19］喻嘉莹. 乡村振兴与新型城镇化动态协调发展关系研究［D］. 南昌：江西财经大学，2022.

［20］张凤云，陈明. 乡村振兴和新型城镇化的耦合协调发展探讨［J］. 北京印刷学院学报，2022，30（04）：70-73.

［21］陈景帅，张东玲. 城乡融合中的耦合协调：新型城镇化与乡村振兴［J］. 中国农业资源与区划，2022，43（10）：209-219.

［22］张会恒，马凯翔. 基于乡村振兴与新型城镇化耦合视角的城乡融合研究［J］. 福建农林大学学报（哲学社会科学版），2022，25（02）：15-25.

［23］赵梦芳. 城乡融合背景下新型城镇化与乡村振兴的耦合协调研究——以

山西省为例［J］．建筑与文化，2022（01）：101-102.

［24］马瑞祺，马成文，张焕明．我国乡村振兴与新型城镇化耦合协调发展及动态演进研究［J］．合肥工业大学学报（社会科学版），2021，35（06）：12-23.